故宫

博物院藏文物珍品全集

故宮博物院藏文物珍品全集

特邀顧問：（以姓氏筆劃為序）

王世襄　　王　堯　　李學勤
金維諾　　宿　白　　張政烺
啟　功　　蘇秉琦

總編委：（以姓氏筆劃為序）

于倬雲　　王樹卿　　朱家溍
杜迺松　　李輝柄　　邵長波
胡　錘　　耿寶昌　　徐邦達
徐啟憲　　單士元　　單國強
許愛仙　　張忠培　　高　和
楊　新　　楊伯達　　鄭珉中
劉九庵　　聶崇正

主　編：　楊　新

編委辦公室：

主　任：　徐啟憲
成　員：　李輝柄　　杜迺松　　邵長波
　　　　　胡　錘　　高　和　　單國強
　　　　　鄭珉中　　聶崇正　　姜舜源
　　　　　郭福祥　　馮乃恩

總攝影：　胡　錘

玉器（下）　Jadeware（Ⅲ）
故宮博物院藏文物珍品全集
The Complete Collection of Treasures
of the Palace Museum

主　編 ·················· 張廣文
副主編 ·················· 周南泉　張壽山
編　委 ·················· 宋海洋　楊　杰　趙桂玲
攝　影 ·················· 胡　錘

出版人 ·················· 陳萬雄
編輯顧問 ·················· 吳　空
責任編輯 ·················· 安若如　陳　杰
裝幀設計 ·················· 三易設計有限公司
出　版 ·················· 商務印書館（香港）有限公司
　　　　　　　　　香港筲箕灣耀興道 3 號東滙廣場 8 樓
　　　　　　　　　http://www.commercialpress.com.hk
發　行 ·················· 香港聯合書刊物流有限公司
　　　　　　　　　香港新界大埔汀麗路 36 號中華商務印刷大廈 3 字樓
製　版 ·················· 昌明製作公司
　　　　　　　　　香港北角英皇道 430 號新都城大廈 C 座 536 室
印　刷 ·················· 中華商務彩色印刷有限公司
　　　　　　　　　香港新界大埔汀麗路 36 號中華商務印刷大廈
版　次 ·················· 2006 年 2 月第 1 版第 3 次印刷
　　　　　　　　　© 商務印書館（香港）有限公司
　　　　　　　　　ISBN 13 - 978 962 07 5199 8
　　　　　　　　　ISBN 10 - 962 07 5199 X

故宮博物院藏文物珍品全集

玉器

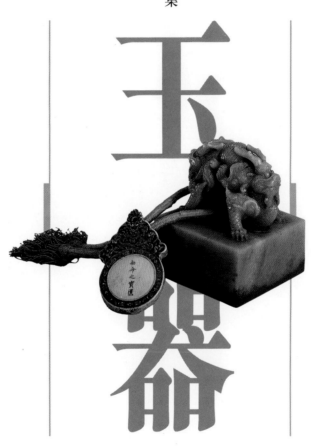

（下）

清代

主編：張廣文

商務印書館

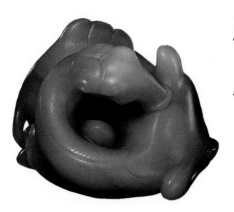

總序

楊新

故宮博物院是在明、清兩代皇宮的基礎上建立起來的國家博物館，位於北京市中心，佔地72萬平方米，收藏文物近百萬件。

公元1406年，明代永樂皇帝朱棣下詔將北平升為北京，翌年即在元代舊宮的基址上，開始大規模營造新的宮殿。公元1420年宮殿落成，稱紫禁城，正式遷都北京。公元1644年，清王朝取代明帝國統治，仍建都北京，居住在紫禁城內。按古老的禮制，紫禁城內分前朝、後寢兩大部分。前朝包括太和、中和、保和三大殿，輔以文華、武英兩殿。後寢包括乾清、交泰、坤寧三宮及東、西六宮等，總稱內廷。明、清兩代，從永樂皇帝朱棣至末代皇帝溥儀，共有24位皇帝及其后妃都居住在這裏。1911年孫中山領導的"辛亥革命"，推翻了清王朝統治，結束了兩千餘年的封建帝制。1914年，北洋政府將瀋陽故宮和承德避暑山莊的部分文物移來，在紫禁城內前朝部分成立古物陳列所。1924年，溥儀被逐出內廷，紫禁城後半部分於1925年建成故宮博物院。

歷代以來，皇帝們都自稱為"天子"。"普天之下，莫非王土；率土之濱，莫非王臣"（《詩經·小雅·北山》），他們把全國的土地和人民視作自己的財產。因此在宮廷內，不但匯集了從全國各地進貢來的各種歷史文化藝術精品和奇珍異寶，而且也集中了全國最優秀的藝術家和匠師，創造新的文化藝術品。中間雖屢經改朝換代，宮廷中的收藏損失無法估計，但是，由於中國的國土遼闊，歷史悠久，人民富於創造，文物散而復聚，清代繼承明代宮廷遺產，到乾隆時期，宮廷中收藏之富，超過了以往任何時代。到清代末年，英、法聯軍、八國聯軍兩度侵入北京，橫燒劫掠，文物損失散佚殆不少。溥儀居內廷時，以賞賜、送禮等名義將文物盜出宮外，手下人亦效其尤，至1923年中正殿大火，清宮文物再次遭到嚴重損失。儘管如此，清宮的收藏仍然可觀。在故宮博物院籌備建立時，由"辦理清室善後委員會”對其所藏進行了清點，事竣後整理刊印出《故宮物品點查報告》共六編２８冊，計有文物１１７萬餘件（套）。1947年底，古物陳列所併入故宮博物院，其文物同時亦歸故宮博物院收藏管理。

二次大戰期間，為了保護故宮文物不至遭到日本侵略者的掠奪和戰火的毀滅，故宮博物院從大量的藏品中檢選出器物、書畫、圖書、檔案共計13427箱又64包，分五批運至上海和南京，後又輾轉流散到川、黔各地。抗日戰爭勝利以後，文物復又運回南京。隨着國內政治形勢的變化，在南京的文物又有2972箱於1948年底至1949年被運往台灣，50年代南京文物大部分運返北京，尚有2211箱至今仍存放在故宮博物院於南京建造的庫房中。

中華人民共和國成立以後，故宮博物院的體制有所變化，根據當時上級的有關指令，原宮廷中收藏圖書中的一部分，被調撥到北京圖書館，而檔案文獻，則另成立了“中國第一歷史檔案館”負責收藏保管。

50至60年代，故宮博物院對北京本院的文物重新進行了清理核對，按新的觀念，把過去劃分“器物”和書畫類的才被編入文物的範疇，凡屬於清宮舊藏的，均給予“故”字編號，計有711338件，其中從過去未被登記的“物品”堆中發現1200餘件。作為國家最大博物館，故宮博物院肩負有蒐藏保護流散在社會上珍貴文物的責任。1949年以後，通過收購、調撥、交換和接受捐贈等渠道以豐富館藏。凡屬新入藏的，均給予“新”字編號，截至1994年底，計有222920件。

這近百萬件文物，蘊藏着中華民族文化藝術極其豐富的史料。其遠自原始社會、商、周、秦、漢，經魏、晉、南北朝、隋、唐，歷五代兩宋、元、明，而至於清代和近世。歷朝歷代，均有佳品，從未有間斷。其文物品類，一應俱有，有青銅、玉器、陶瓷、碑刻造像、法書名畫、印璽、漆器、琺瑯、絲織刺繡、竹木牙骨雕刻、金銀器皿、文房珍玩、鐘錶、珠翠首飾、家具以及其他歷史文物等等。每一品種，又自成歷史系列。可以説這是一座巨大的東方文化藝術寶庫，不但集中反映了中華民族數千年文化藝術的歷史發展，凝聚着中國人民巨大的精神力量，同時它也是人類文明進步不可缺少的組成元素。

開發這座寶庫，弘揚民族文化傳統，為社會提供了解和研究這一傳統的可信史料，是故宮博物院的重要任務之一。過去我院曾經通過編輯出版各種圖書、畫冊、刊物，為提供這方面資料作了不少工作，在社會上產生了廣泛的影響，對於推動各科學術的深入研究起到了良好的作用。但是，一種全面而系統地介紹故宮文物以一窺全豹的出版物，由於種種原因，尚未來得及進行。今天，隨着社會的物質生活的提高，和中外文化交流的頻繁往來，無論是中國還是西方，人們越來越多地注意到故宮。學者專家們，無論是專門研究中國的文化歷史，還是從事於東、西方文化的對比研究，也都希望從故宮的藏品中發掘資料，以探索人類文明發展奧秘。因此，我們決定與香港商務印書館共同努力，合作出版一套全面系統地反映故宮文物收藏的大型圖冊。

要想無一遺漏將近百萬件文物全都出版，我想在近數十年內是不可能的。因此我們在考慮到社會需要的同時，不能不採取精選的辦法，百裏挑一，將那些最具典型和代表性的文物集中起來，約有一萬二千餘件，分成六十卷出版，故名《故宮博物院藏文物珍品全集》。這需要八至十年時間才能完成，可以說是一項跨世紀的工程。六十卷的體例，我們採取按文物分類的方法進行編排，但是不囿於這一方法。例如其中一些與宮廷歷史、典章制度及日常生活有直接關係的文物，則採用特定主題的編輯方法。這部分是最具有宮廷特色的文物，以往常被人們所忽視，而在學術研究深入發展的今天，卻愈來愈顯示出其重要歷史價值。另外，對某一類數量較多的文物，例如繪畫和陶瓷，則採用每一卷或幾卷具有相對獨立和完整的編排方法，以便於讀者的需要和選購。

如此浩大的工程，其任務是艱巨的。為此我們動員了全院的文物研究者一道工作。由院內老一輩專家和聘請院外若干著名學者為顧問作指導，使這套大型圖冊的科學性、資料性和觀賞性相結合得盡可能地完善完美。但是，由於我們的力量有限，主要任務由中、青年人承擔，其中的錯誤和不足在所難免，因此當我們剛剛開始進行這一工作時，誠懇地希望得到各方面的批評指正和建設性意見，使以後的各卷，能達到更理想之目的。

感謝香港商務印書館的忠誠合作！感謝所有支持和鼓勵我們進行這一事業的人們！

1995年8月30日於燈下

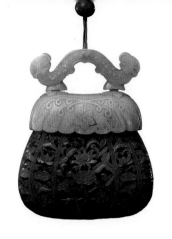

目錄

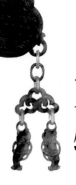

文物目錄

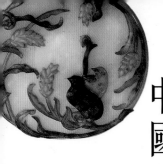

中國玉器年代表

清 代	公元1616-1911
天 命	1616-1626
天 聰	
	1627-1643
崇 德	
順 治	1644-1661
康 熙	1662-1722
雍 正	1723-1735
乾 隆	1736-1795
嘉 慶	1796-1820
道 光	1821-1850
咸 豐	1851-1861
同 治	1862-1874
光 緒	1875-1908
宣 統	1909-1911

導言

張廣文

清代二百六十八年間，中國經濟文化發展經歷了巨大變化。其間有北方民族文化與中原傳統文化的融合，有東方文化與西方文化的碰撞，也有文化領域中的新探索。這些對藝術與工藝美術的發展，包括玉器的生產、使用和收藏無不產生巨大影響。

中國古代玉器經過漫長歲月的發展，形成了獨立的用玉體系和傳統。明代晚期，由於商品經濟的發展，玉器的使用與收藏已相當普遍，出現了研究與收藏的熱潮。明末清軍南下，社會騷動不安，百業俱廢，玉器生產一度低落。清王朝一統天下後，歷順治、康熙數十載，勵精圖治，經濟與文化得以恢復和發展，為宮廷玉器的收藏、製造和使用創造了條件。乾隆時期，宮廷中更重視古玉收集，精研用法及以玉製造生活用具，宮廷玉器發展蓬勃。清宮所遺古玉及用玉，大都是在乾隆時收集整理或製造的，這一趨勢，一直持續到嘉慶時期。清後期，民間製玉業發展，玉器生產的重點自宮廷轉到民間，而宮廷玉器的生產能力及工藝水準皆不如前，逐漸衰落。

清代宮廷玉器的孕育

清代玉器發展是一個漸進的過程。滿族原是遊牧民族，崇尚武力，靠軍事力量奪取天下，建立了清政府。但是在文化方面，清統治者企圖採用本身民族文化同化其他民族的政策卻遭失敗。面對漢族的優秀文化，清統治者最終採取了承認、學習和利用的態度，使北方民族文化與中原漢族文化走向融合，而兩方民族的用玉傳統也趨合流，出現了清代宮廷的用玉體制。順治、康熙時期是清代宮廷玉器的孕育期，目前有關這時期玉器使用情況的文獻及實物材料雖不多，但大致脈絡尚可辨識。

在現存的文獻中，記載康熙以前清代玉器的使用及生產情況的資料非常少。而在清代宮廷遺玉中，至今尚未發現有康熙年款的作品，顯示康熙時期宮廷玉器的製造，似落後於其他類別的工藝品。因此，康熙及其以前，社會上收藏玉器和使用玉器的情況如何，清宮廷是否重視玉器，以及這一階段玉器的生產製造情況，一直是古玉研究者所關注的問題。

經過皇太極、順治等時期的努力，清初社會經濟已得到恢復和發展。順治、康熙年間，百業俱興，生機勃勃，藝術品及工藝品的製造，在品種和數量方面都有很大發展，尤其是康熙時期，有些工藝品的製作水準甚至超過了明代中晚期。康熙時期瓷器、琺瑯器、絲織品以及傢具都有表現。這些工藝品中，很多都有康熙年的製造年款，是典型的宮廷用品。就整體社會而言，玉器的使用與其他工藝品一樣，是同一經濟模式及文化傳統的產物，因此在發展上不會與其他工藝品有很大的差距。事實上，在清朝初年，社會上已出現了收藏古玉的風氣。康熙年間，孔尚任在《享金簿》[1] 中記述了他所見和收藏的古玉，其名目有"漢玉笛"、"雷公斧"、古玉荷葉洗"、"白玉螭玦"、"碧玉小玦"、"漢玉環"、"碧玉羊頭"、"漢玉鷹揚硯"等。其中並記："漢玉笛……予得于越人余敍庵，錦囊檀奩匣守為重寶，不啻天球矣。"1962年，在北京西郊小西天師範大學工地施工時，發現了一處康熙十四年下葬的滿族貴族墓葬，墓中所葬是大臣索額圖之女。隨葬器物中有諸多玉器，其中有"子剛"款玉樽，花形玉佩等前代作品，也有白玉雞心佩，碧玉雞心佩等康熙時期作品，還有一些玉器為唐宋時所製[2]。這一墓葬中的隨葬玉器並非臨時應製的明器，而是索氏家族的藏玉。其中的仿古雞心式玉佩，是清代製造的實用玉器，可能為墓主生前所佩帶，這就說明清初部分滿族貴族的藏玉和用玉觀念與漢文化的傳統觀念相一致，並佩用漢文化傳統的仿古玉器。

在清宮遺存文物中，保留了漢文化傳統的用玉觀念。順治時使用的玉諡冊及玉璽，與歷朝禮制傳統一致，但器型粗笨，表現出使用者不求工藝雕飾而偏好玉質的傾向。清宮遺存中有"康熙十七年劉源恭造"款的貢墨[3]，這類貢墨分為三月所製及五月所製。三月所製是為康熙萬壽生日所貢，墨以十四笏為一組，形態各異。有昭示天下太平者，有以龍頌德者，有珍玩秘寶之形者。其中一笏為"蒼璧"，一笏為"玉佩"。蒼璧墨為璧形，璧是禮器，是祭祀活動中禮天的重器。"玉佩"墨為玉劍璏之形，清代把它稱之為璲，是宋代之後最受青睞的玉器。"璲"與"歲"諧音，常用於祝壽。劉源以玉器為墨形，為康熙生日貢，由此可見當時宮廷對傳統玉器的重視。

清宮遺玉中，有兩類典型的康熙時期玉器，一類是在玉器附件上刻有御製"玉杯記"的仿古玉器。"玉杯記"為乾隆所撰，記玉工姚宗仁指認該玉杯為其祖所製，並道明燒古做舊之法。

姚宗仁於乾隆初年即在造辦處供職，其祖應為清朝初年人物。這類帶題記的玉杯在北京故宮博物院存有三件，台北故宮博物院亦存類似風格的器物。第二類玉器以一件白玉硯盒為代表。在有款識的康熙年製硯中，有嵌有玉或瑪瑙的硯盒，其中一件為鐘式硯，松花石製成，硯上有白玉蓋，硯下有白玉座，合而成盒，其間幾無空隙。其硯不似為配盒而製，硯、蓋、座應為同時的作品。白玉硯盒上有凸雕的篆字詩句，末署"子昂"。類似鳳格的琢有"子昂"款詩句風格的玉器在宮廷遺玉中亦見，這類作品同明代琢有文人詩句的玉雕作品不同，多數是康熙年製造的宮廷玉器。另外，明晚期文人官宦中盛行撫琴之風，影響到清初的工藝品造型，康熙年名家製墨中多有琴式墨，清宮遺玉中亦有小型的琴式玉盒，風格與一般明代玉器有別，也可能是康熙時作品。這幾類作品皆有小巧精緻，光澤明亮，棱角圓潤的特徵。上述情況說明在清朝初年，宮廷玉器已開始起步，且具一定規模。

清代宮廷玉器的發展

1723年，世宗繼位，年號雍正。雍正初政便面臨政治、經濟方面的複雜局面，政事繁忙，本無暇顧及宮廷玉器的收藏與使用，但由於康熙年間經濟的發展與官僚體制的形成，官僚收集古玉和以玉為貢已成風氣，地方玉器不斷進入宮廷，致使雍正在理政之餘，也收藏玉玩，裝點宮室。雍正年製造的玉器，帶有製造年款的不多，僅故宮博物院存有少量作品。目前，全國博物館及個人收藏中，能確定為雍正年作品的玉器數量很有限，這就給研究雍正年玉器，尤其是宮廷玉器的使用情況帶來困難。第一歷史檔案館現存清代檔案中，有雍正年間各級官吏向朝廷進奉的禮單，和雍正年造辦處製辦宮中用品的《各作成做活計清檔》，從這些檔案得以了解雍正時期宮廷玉器的一些情況。

雍正時期，宮廷造辦處設有多項工種，各作坊稱為"作"，如銅作、漆作、匣作等，還有玉作。其中諸多作坊都作業頻繁，如琺瑯作製造銀茶壺，漆作製造如意式黑漆盤，銅作製造天然竹節如意等。與銅作、漆作、匣作等比較，玉作的生產能力顯然是十分有限的。造辦處玉作所承擔的活計，主要是玉器收拾，改做，刻款等小修小改項目，很少有製造成品活計。玉作活計清檔所記內容，主要為收拾玉器。如雍正五年九月十一日記："據圓明園來帖，內稱本月初十日，郎中海望持出青玉荷葉式雙喜杯一件，白玉雙圓龍頭靶杯一件，青玉方形靶杯一件，白玉八角靶杯一件，青玉方形靶杯一件，白玉腰圓螭虎靶杯二件，漢玉方足靶杯一件，白玉乳丁圓形靶杯一件……奉旨。玉杯大小十件，著照杯的樣式配硯，其螭虎頭有不好之處俱各收拾。欽此。" [4] 所謂收拾，是在原作品上加以修飾，提高工藝水準。改做是將原有玉器改變形態，製成其他器物。如雍正六年玉作活計清檔記九月初六日："圓明園來帖內稱本月初四日郎中海望持出白玉心猿意馬一件，隨紫檀木座。奉旨。將上面的猴砣去，改做

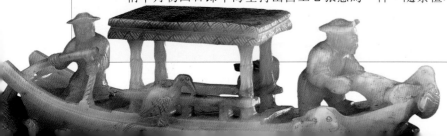

筆架用。欽此。"⁽⁵⁾ 類似的改做玉器的活計，在造辦處檔案中還有許多記載。從檔案中還可看出，雍正年間，造辦處玉作已有少量玉器的製造，如造辦處活計清檔記雍正五年十月十二日："做得銀提油墩一件，隨鍍金靶銀杓一件，共重五錢四分，郎中海望呈進。奉旨。著照此樣做玉提油墩一件，其靶子用廢玉筷子做，欽此……于十二月二十三日做得……"⁽⁶⁾ 這裏所言提油墩不知何形，銀製品與杓共重五錢四分，想必不會太大。照做的玉提油墩應屬小件玉器，自十月十二日至十二月二十三日，費時兩月有餘，製造時間頗長，可見造辦處玉作的生產能力是較低的。造辦處是宮廷玉器的主要提供者，它所承辦的活計以收拾，改造為多，只能進行少量的製造，另外還有玉器採辦，以滿足宮廷用玉的需要。

宮廷玉器的另一來源是地方的進貢，貢品可分為兩類，一類是宮中必要的日常用品，一類屬珍寶玩賞類器物。在珍寶玩賞類器物中，玉器佔有相當數量，這一點在雍正時期宮廷進單中有所反映。如雍正七年十二月二十二日，長蘆巡鹽御史鄭禪寶所進器物中，就有銀晶花瓶成件，百乳玉鼎成座，萬年玉瓶成件，交泰玉盒成件，雙喜玉鏄成件，……漢玉筆山成件，鸞鳳玉罐成件，脂玉花囊成件，脂玉水注成件。"⁽⁷⁾ 鄭禪寶於雍正十年十月二十三日又貢入類似的玉器多件，如"脂玉鼎爐成座，碧玉梁卣成架，脂玉花囊成件，銀晶花樽成件，碧玉花插成件，玉龍鳳樽成件，漢玉筆山成件，白玉花插成件……。"⁽⁸⁾ 前後兩份進單相距不足三年。貢玉的頻繁，反映出宮廷的玉器需求，也道出玉器自社會流入宮廷的情況。

目前見到帶有雍正年款的玉器僅有杯、洗、碗、仿古鹿盧環等，品種單調。實際上，雍正時期宮廷使用的玉器品種異常豐富，遠非上述幾種。雍正八年十月二十日，伊拉齊向朝廷進貢的器物中有玉器21件，主要品種如下："萬年一統玉尊，九王一統玉尊，九如水晶尊，瑞芝碧玉尊，吉慶有餘玉磬，白玉如意，碧玉如意，白玉花插，茶晶壓紙，白玉圖書盒，碧玉兩管瓶，白玉筆洗，雙玉臂擱，玉匙著瓶，白玉墨床，白玉水丞，白玉合符，白玉連環，碧玉花插，白玉筆典"等⁽⁹⁾。主要是陳設品和文房用品，有些還屬大件玉器。從名目上看，並非"漢玉"和"舊玉"主要是時作玉器。這類進單顯示，雍正時期宮廷玉器的使用量已很大，品種也十分豐富。

清代宮廷玉器的鼎盛期及其出現的原因

清中期，經濟與文化發展取得了巨大成就，為宮廷玉器的發展提供了條件。乾隆二十四年平定了新疆地區準葛爾部和回部的動亂，新疆玉料大量進入宮廷，解決了長期阻礙玉器發展的原料問題，宮廷玉器生產出現了繁榮局面。

在乾隆時期的宮廷用玉中，新製玉器大大超過了舊玉和傳世玉，玉器品種激增，大型玉陳設品不斷出現，玉器皿出現了批量生產，宮廷組織生產的玉器成為用玉的主體，宮廷收藏的古玉也形成了系統和規模，使宮廷玉器的發展進入了鼎盛期。推動這期玉器發展的因素主要有下列幾個方面：

（一）社會盛行用玉藏玉之風

縱觀歷史，歷代玉器使用的鼎盛期，皆出現於社會穩定經濟發展時期。收藏與使用玉器是經濟充裕後人們普遍追求的習尚，而清代康乾時期蓬勃的經濟就助長了玉器的發展。前面已經分析過，收藏古玉之風在康熙時已在社會上出現，及至乾隆時期，此風有增無減，在官宦之間更為崇尚，特別對一些小玉件渴求甚殷。若玉上有鮮活斑點，天然蘊色，更是身價倍增，千金難買。紀昀在《閱微草堂筆記》中記有小玉件的買賣情況：“嘗見賈人持一玉簪，長五寸餘，圓如畫筆之管，上半純白，下半瑩澈如琥珀，為目所未睹，有酬以九百金者，堅不肯售。”[10] “見董文恪公一玉蟹，俱不甚巨，而純白無點瑕，獨視之亦常玉，以它白相比，則非隱青，即隱黃隱赭，無一正白者，乃知可貴……以六百金轉之矣。”[11] 從這兩件小玉件索價的情況看來，當時的玉器確是價值不菲。由於古玉市場的擴大，玉器的仿古作偽及鑒別真假的研究也發展起來，有關玉器的文章書籍相繼而出。乾隆親自撰寫的《玉杯記》就是在識別玉器時的有感而發，所記着重於姚宗仁所述古玉做舊之法，又兼識別之竅門。乾嘉之時，學術領域中考據之風盛行，在乾隆授意徵集散佚書籍時，又冒出了一部署名宋人龍大淵的《古玉圖考》。此書收錄玉器數百件，多數器物似古非古，怪誕不經，並逐件考據，洋洋大觀，言之鑿鑿，也反映出人們對古玉的追求和學術領域對古玉的重視。

（二）帝王崇尚，推波助瀾

乾隆對古玉的收集和研究推動了宮廷藏玉的發展，他利用宮廷的財勢，興玉器收集、考據、研究、製造之事，玩玉器於股掌，置玉器於高堂而管領風騷。

關於古玉的收集和整理方面，乾隆對所知道的著名玉器，想方設法也要收羅宮中，其中以收集瀆山大玉海最為聞世[12]。瀆山大玉海為蒙元宮廷所製，歷經滄桑而流落民間，成為道士的菜盆。乾隆使人以銀易之，納入宮廷，後又多次進行修整。乾隆收集古玉的興致為臣下所知，不少臣屬逢迎其意，廣徵古玉，貢入宮廷，使宮中藏玉不斷增加。例如淮安關監督寅着於乾隆四十二年三月所進舊玉，計有六十二件，數量不少[13]。乾隆初年已就收集到的古玉分類收藏，造辦處檔案記載了乾隆三年的一次玉器整理情況：“太監毛團、高玉交洋漆匣一件，內盛糊錦匣四十件，共盛各色玉器七百六十二件。傳旨：將此箱內玉器按次序名色寫一琳琅笥榻子盛在箱內。欽此。」[14]「于本月二十九日司庫劉山久，催總白世秀，將洋漆箱一件，內盛玉器琳琅笥本紙榻一件，交太監胡世杰、高玉呈覽。奉旨：此榻子不好，照寶笈榻子樣做磁青紙榻子一件，殼面上寫乾隆戊午集成，其玉器另著人認看名色，準時。著梁詩正寫。欽此。」[15] 這次整理涉及的七百多件玉器雖僅限於認看名色、分類裝箱、登記造冊等事項，卻使管理條理化、系統化，把古玉收藏納入正軌。

其二是對古玉進行研究和鑒別。現存的乾隆御製文中有專門討論古代用玉制度及玉器形制的《御製搢圭說》[16] 和《御製圭瑁說》[17]，還有識別古玉的《古玉斧佩記》[18]。乾隆御製詩中，有八百多首是詠玉器的，其中詠漢玉、宋玉、舊玉、古玉的作品佔了相當數量。這些詩句及其所附注釋，不僅敘述了古玉的歷史，同時還指明玉器的時代、名稱、用途及鑒定與評價，其中有些是十分準確的。這些並非乾隆一人之能，而是代表了當時清宮廷對古玉器識別的整體水準。在清宮遺存的明代以前舊玉器中，有很多作品或附件上帶有御製鑒賞詩句，絕大多數是乾隆時期琢刻，從中顯示乾隆時期對各種玉器收集、研究、鑒別的情況，為其後各期古玉收集打下了基礎。

（三）宮廷玉器生產體制加強及擴展

雍正之前，由宮廷直接生產的玉器數量不多，只是集中供應宮廷用玉。就整體社會而言，玉器生產的主流卻不在宮廷。乾隆時期，宮廷使用的玉器，除古舊器物外，主要由宮中作坊製造，生產數量劇增，工藝水準也有提高，而生產供宮廷用的玉器，也漸成為玉器行業的主流。這段時期宮廷玉器生產的特點，主要是玉器生產力的加強，並控制了玉材的來源。

據現存檔案資料，雍正時期的造辦處玉作，主要活計是外來玉器的改做和修飾，而在宮中琢製和採辦的玉器則很少。乾隆初年，造辦處調整規模，加強了玉器製造的組織管理，主要表現在如下幾個方面：

第一，造辦處設立如意館，選調玉匠好手進館工作。如造辦處檔案記載乾隆五年三月的一次工匠挑選：「記事錄，十一日，司庫圖拉郎正培奉旨，挑老誠些好手玉匠一名進如意館做活計。欽此。于本日圖拉郎正培……內大臣海望隨挑得玉匠姚漢文進內承差。記此。」[19] 乾隆年間，造辦處玉匠不斷補充，當時的蘇州是南方玉器生產中心，技術力量雄厚，宮中玉匠多自蘇州選入。如乾隆二十六年，「于五月二十五日，郎中白世秀，員外郎寅著將蘇州送到玉匠張君選一名……摺片一件持進交太監胡世杰轉奏。奉旨。知道了。欽此。"[20] 造辦處所用玉匠,除蘇州選送外還有北京匠人,滿族八旗的家內匠和回子玉匠等。有時造辦處因治玉"玉匠短少,活計甚多"通過太監胡世杰轉奏,得到御批:"准計外僱幾個匠役成做"[21] 而從各方臨時招聘工匠。

第二,造辦處承擔了部分宮廷玉器的設計工作。造辦處中有一批能設計玉件的治玉高手,而重要的作品就需要由清宮內奉職的畫家繪圖,先製小樣,呈覽獲准後才能製造。如乾隆九年四月"如意館……玉匠姚漢文畫得節活吠虎羅漢陳設一張,呈覽奉旨准做。欽此。"[22]

第三,向各地區分派任務,動用各地力量為宮廷製造玉器。這一時期,宮廷直接控制的玉作有十處之多,除宮內造辦處玉作如意館外,為宮廷加工玉器的有蘇州織造、兩淮鹽政、長蘆鹽政等,另外江寧、淮關、九江、鳳陽、杭州等地也曾為宮廷製造玉器。"[23] 在乾隆的督導下,宮廷玉器的生產力大大加強,製造數量迅速提高。乾隆三年,在玉材供應短缺,玉器加工能力有限的情況下,造辦處奉乾隆旨意,一次就向蘇州織造交白玉帶板二百塊,青玉帶板五十四塊,"傳旨:著交與織造海保處,仿古款式花紋酌量做佩、璧、環、玦、合符、三、四層狀盒,不必甚急,陸續送來。欽此。"[24] 同年七月初四日蘇州織造海保送抵成品二十件,七月二十七日十件,九月初二日二十件,九月二十八日二十四件,十月二十六日二十件,十二月二十五日二十件,次年二月十九件,計有一百三十三件。一年之內,蘇州為宮廷製造了玉器133件,數量遠超雍正時期。這一時期新疆地區動亂尚存,玉材不能大量進入內地,玉器製造仍處於低潮,宮廷尚能如此大量製造玉器,爾後盛況更可想而知。乾隆二十四年,新疆地區的動亂平定後,玉料大量進入內地,宮廷玉器的產量急劇增加。所製器物以陳設,日用品為主,體積較大,工藝更為複雜。據推算,此時宮廷玉器的年生產量,最高達到二百件以上。另外乾隆時期還製造了數量頗多的大件玉陳設,其中不僅有高達數尺的大插屏和仿古大玉瓶,還有重達數千斤的玉山和玉甕。乾隆四十一年之後,相繼雕造了大禹治水圖玉山(重逾萬斤)、南山積翠玉山(玉料重約三千斤)、秋山行旅玉山、會昌九老玉山及雲龍玉甕(玉料約重五千斤)等。大件玉陳設的製造,使宮廷玉器的產量和規模達到了空前的發展。

(四)新疆玉材資源豐厚

中國古代治玉的主要原料為陽起石,屬透閃石族礦物,這類玉料多產自新疆和闐、葉爾羌地區。清代所用玉料也主要來自這兩個地區。新疆玉材按採撈方式可分為河產玉及山料玉兩種。河產玉又稱籽玉，撈於河中。張世南《遊宦紀聞》中說："每逢五、六月，水暴漲，玉隨流至，多寡由水細大，水退乃可取。"[25] 河中玉料由於隨水奔流而相碰撞，有綹縫的則多已裂開，所餘之材質地較好，但體積較小，多呈卵狀。山料玉採自山上，玉料較大但多綹裂。著名的大禹治水圖玉山，玉料重逾萬斤，採自新疆葉爾羌密勒塔山。乾隆二十四年前，由於準葛爾部割據，控制了和闐、葉爾羌地區，新疆玉料難以大量進入宮中，限制了宮廷玉器的生產。平定準葛爾部後，新疆玉料得以大量進入宮廷。據道光元年堂抄載，"新疆平定後，和闐、葉爾羌一處，每年進到玉子四千餘斛。"[26] 這段時期宮廷控制了新疆玉的開採，主要供宮廷玉器生產專用。"十八世紀清統治新疆後，官府壟斷玉石開採，嚴禁當地羣眾或商民採集或販賣玉石，每年秋季，葉爾羌辦事大臣都要向朝廷呈報開採情況並進貢玉石。"[27] 乾隆所撰《詠和闐大玉碗六韻有序》中有"二萬里溯勤拓地、德昭宵旰之籌，三十年久效勞波，心底春秋之貢，懲營私而庸臣抵罪，牟重利而市賈爭趨，維誰何必謹於岩關，而甲乙究歸於天府。"[28] 乾隆序文反映出當時官商對於玉料的態度。乾隆《乙酉題和闐玉碗詩》中又有"和闐包貢歲頻來"之句，說明和闐之玉每年都要貢入宮內。關於貢玉的數量，宮中奏折所記："乾隆三十年和闐所屬哈浪圭塔克採玉三十五塊進貢"，"乾隆三十五年春，和闐玉隴哈什河、哈拉哈什河採獲玉石進貢的有玉一百五十八塊，白玉一塊重十二斤"，"乾隆三十三年秋季分和闐玉隴哈什、哈拉哈什二河採獲進貢玉二百二十八塊，白玉一塊重十五斤。"[29] 新疆地區玉料進入宮廷的主要途徑是貢入，每年分為春秋二次，從乾隆二十五年至嘉慶十七年共五十二年，平均每年四千餘斤，共計貢進內廷的玉石多達二十餘萬斤。"[30] 另外，朝廷還依據需要，經常派專員去新疆採辦玉料，乾隆年間系辦玉磬材料使是典型事例。清代宮廷使用的玉磬分為特磬和編磬兩種，特磬每分十二面，編磬每分十六面，所用玉料較好，而且較大。如黃鐘一面，"股修一尺四寸五分八厘，股博一尺九分三厘，鼓修二尺一寸八分七厘，鼓博七寸二分九厘，厚七分二厘九毫。"[31] 這種玉器不能有綹裂，否則會影響磬的音色。宮廷需用玉磬多，地方貢入之玉不能滿足需要，清廷便派專員赴新疆採辦。乾隆四十一年"太監胡世杰傳旨：問鄒景德……挑得玉磬料有了無有。欽此。隨據鄒景德說銀庫內之玉，足做編磬者有，但顏色玉情不或一，又兼具有綹道石性，俱使不得等語。回奏。奉旨：著傳與額駙福，將從前跟德魁去過之人派往葉爾羌辦玉磬料。欽此。"[32] 類似的採辦在乾隆朝還多次進行。由於清廷控制了玉料來源，為宮廷玉器發展提供了物質條件，兼之有效的行政組織，致使宮廷玉器的製造在乾隆時取得巨大進展。

在宮廷玉器取得巨大進展的同時，一支異軍突起的痕都斯坦玉器也進入了清代宮廷。乾隆所撰《天竺五印度考訛》謂："若夫北印度，實近我回部之葉爾羌，故葉爾羌之西，過葱嶺，即撥達克山，撥達克山轉而南為什米爾，又轉而西為溫都斯坦……"⁽³³⁾清代所言溫都斯坦或痕都斯坦，位於印度北部，包括克什米爾及巴基斯坦部分地區。清代宮廷將來自印度土耳其及部分中亞地區的玉器統稱為"痕都斯坦"玉器。痕都斯坦玉器於乾隆年間大量進入清宮內廷，有碗、盤、壺、盒等器皿及刀把、鏡把、經架等用具，品種很多。痕玉的製造非常精緻，一般具有下列特點：（1）造型奇特，呈多瓣形、葉形、橄欖形等植物形狀。（2）胎薄如紙，微透明，體輕如葉。（3）裝飾圖案細碎繁密，滿佈器面，多為花葉紋。（4）嵌鑲工藝精臻，或嵌金線，或嵌玻璃，或嵌彩石，色彩艷麗奪目，與底色對比強烈。乾隆非常喜愛痕都斯坦玉器，使用並收藏了大量痕玉作品，還留下了約六十四首詠嘆痕玉的詩句，其中對某些器物的評價，甚至高於中國玉器⁽³⁴⁾。

清代宮廷玉器的使用

清代初至乾嘉時期，宮廷對玉器的需求一直上升，到了乾隆期至嘉慶初年，宮廷已儲有大量玉器，使用範圍非常廣泛，涉及種類亦甚繁多。

（1）冊與寶

冊為玉版聯結而成，版上刻文記載重要事項，常見的有封冊、徽冊、謚冊等。據《清史稿·禮七》載："冊寶初製用金，康乾時兼用嘉玉，道光後專以玉為之"⁽³⁵⁾除冊封用途之外，還有大量刻有清帝御製詩、贊、記、題等文字的玉詩文冊。另外宮廷重寶，天子印璽也大量使用玉製，乾隆十三年定交泰殿二十五寶中有玉寶，而清帝所用玉製閒章就更多了。

（2）祭祀

清代宮廷的祭祀活動很頻繁，有圜丘、方澤、祈谷、太廟、社稷的大祀，日、月、天神、地氏、歷代帝王等中祀，還有羣祀。祭祀中有祭物、樂舞、隆重的禮儀，並常常使用玉器。祭祀用的玉器有璋、琥、璧、琮、爵，還有禮樂所用的磬。據乾隆時《皇朝禮器圖式》載，璋最初用於玉朝日壇："舊制朝日壇用赤璋，形制不符，且非以祀日，乾隆十三年欽定祭器，朝日壇用赤璧……"⁽³⁶⁾琥曾用於夕月壇："舊制夕月壇用白琥……乾隆十三年欽定祭器，夕月壇用白璧……"璧除用於朝日壇、夕月壇外，還用於天壇正位："本朝定制，天壇正位用蒼璧。"玉爵用於太廟，乾隆十三年前還曾用於天壇正位。祭祀活動中要進行樂舞，而演奏中和韶樂，玉磬是不可缺少的樂器。據造辦處檔案記載，乾隆三十六年曾做玉特磬，"以為圓明園、紫光閣二處樂器內換用"，"換下之玉磬著交熱河樂器內換用"⁽³⁷⁾乾隆三十七年，"再查……圜丘壇幾處內舊有玉編磬三分，新造六分，系青玉新造，又朝日壇等十六處特磬系新造……"乾隆四十年，"查原奏採辦寧壽宮內中和樂器二分所需青玉特磬二分計二十四面，編磬二分計三十二面。"⁽³⁸⁾這說明了圓明園、紫光閣、寧壽宮、熱河文廟、圜丘

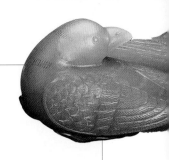

壇、朝日壇等多處的祭祀禮樂活動中用玉的情況。

（3）陳設

清代宮廷陳設品中有大量玉器，而清宮檔案中也稱一些作品為玉陳設。不同的玉器陳設方式也各異，大型香亭、角端、太平有象等陳設於寶座台上，以增加宮廷的莊嚴氣氛。大型玉山、玉海主要陳設於內廷，以供欣賞。花插，花觚等較小的玉器就用作室內陳設，插孔中還有附置其他物品作為裝飾。用於室內陳設的玉器品種非常多，包括瓶、壺、爐等仿古器物，還有插屏、盒、動物和人物造型。陳設的方式主要有下列三種：其一是置於多寶格內，與其他器物組合陳設。這一點在檔案中有記載：“乾隆十年五月初九日，太監張玉、胡世杰交漢玉乳丁圭一件。傳旨：照從前做過多寶格內圭座樣配座，將多寶格內漢玉圭取來一同呈覽。欽此。”（39）其二是掛於牆上，主要是個別的玉掛屏。其三是擺設，主要是小型的人、獸、鳥、古玩等玉擺件。檔案中有使用玉擺設的記載，乾隆二十五年正月十一日：“太監胡世杰交青玉獸耳瓶一件。傳旨：將木座刻“乙”，“字在九州清晏擺。”二十四日：“太監胡世杰交白玉有蓋瓶一件，傳旨著刻三等，交圓明園換擺。欽此。”（40）

（4）文房

玉製文房用具的品種多，製造精緻，深受帝王喜愛。御製詩中有很多是詠嘆玉文房用具的，如嘉慶帝題《脂玉臂擱》：“一片和闐寶，含輝素彩彰，匠人而小，用以佐文房。”（41）

（5）日用

宮廷日常所用玉器數量相當大，有些是樣式獨特的精製品，還有大量的重複品，這在古代玉器中是絕無僅有的。這種樣式、尺寸相同的重複品大多是乾隆時期製造。檔案中記載：“乾隆十八年四月，太監胡世杰傳旨，著德日常姚宗仁在銀庫玉石內挑選足做玉碗，桌木各一百件之玉呈覽。欽此。”（41）一次製造上百件玉碗，數量並不算少，但玉製用品終歸是少數，且非常珍貴，不能普遍使用。除帝王外，宮中其他人使用玉器的規範，較磁器漆木以至金銀的使用更加嚴格。乾隆年間所定“鋪宮”中規定的日常用品，僅皇太后，皇后各可用“玉盞金台”一副，而皇貴妃、貴妃、妃、嬪、貴人、常在、答應、王子福晉等人皆不配用玉器。“筵宴例用”中，亦僅帝王筵宴用“玉盞金盤二分”，其他筵宴也不用玉器（43）。

（6）供器

清宮及行宮的廟宇和佛堂內常設置玉供器，有五供，八寶，七珍等，還有玉爵，使用較多的則是玉圭。乾隆十八年五月，弘曆曾下旨清點，配置宮廷所用玉圭：“太監胡世杰傳旨，圓明園等處所供之佛將執的圭俱照樣做樣呈覽，何樣佛執何樣圭並數日算準，發往南邊用回殘玉成做。欽此。”（44）“于十二月二十一日……送到上帝圭一件，后土圭一件，娘娘玉圭二件……奉旨著安供。欽此。”（45）“于十九年四月三十日……送到龍王玉圭十七件，持進交

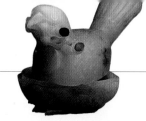

首領張玉呈覽。奉旨。著安供。欽此。"加外清宮遺玉中還有許多玉佛、羅漢，也是供佛堂使用的。

（7）收藏

宮廷珍藏的玉器主要為古玉，也有本朝的時做玉。清宮收藏珍玩玉器有兩種形式，一種是大量的集中收藏，前面提及乾隆三年進行的琳琅笥收藏和整理，涉及玉器762件，"按次序名色寫一琳琅笥摺子盛在箱內……"（46）便是一次大規模的集中收藏，其後於乾隆三十七年十月又進行了"百什件"古玩的整理。"于本月二十日傳旨：將造辦處收儲入百什件古玩玉器等選進呈覽。欽此。""于本月二十一日將造辦處收儲入百什件古玩玉器等一千八百六十四件內，先將古玩玉器等六百件持進交太監胡世杰呈覽。""本月二十二日……將百什件古玩玉器等七百三十一件持進……呈覽。""于本月二十三日將百什件古玩玉器等五百三十三件持進…呈覽。"（47）此次整理收藏玉器共1864件，較"琳琅笥"規模大了許多。第二種是屬於小件玉玩的零散收藏，將小玉玩置於各色匣盒中，置放入書房、居室或殿堂中。盒匣製造非常精緻，有漆匣、紫檀木匣、銅鍍金匣，還有金累絲匣。有的匣製成多層，有的匣形狀與所裝玉玩形狀類似，還有的用幾個匣組成一組，匣上嵌字，組成"萬壽無疆"等吉祥用語。另外一些類似百寶盒的文具盒和玩具盒中，也同時放置了古舊玉器、銅器及其他工藝品，屬雜錦式的收藏。

（8）鑲嵌

宮廷中用作鑲嵌的玉料數量相當大，用量要比"琳琅笥"，"百什件"的收藏多出許多。從清宮遺存來看，這類嵌在其他器物上的玉件着實不少，所用玉料多為小件器物，一種是古舊玉器，如劍飾、帶飾、片形玉等；一種是新製成的玉片，多為鏤雕，按使用可分為建築嵌玉，家具嵌玉，用器嵌玉和匣盒裝飾等。建築嵌玉主要見於室內，嵌在隔扇等木裝飾上作為點綴。養心殿前門外立一青玉大壁，嵌於銅座之上，正當殿內寶座視線前端，擋住大壁後面牆壁，是少見的室外建築用玉。家具嵌玉見於桌、凳、寶座、屏風還有箱櫃之上。嵌玉的家具多為深色，木質一般都很好，所嵌之玉又以白色為多，形成鮮明的色彩對比，以表現家具的華麗珍貴。有的紅漆家具上嵌有碧玉，形成紅綠色彩的對比，但這類嵌玉並不多見。用具嵌玉種類也很多，有手杖、香筒、筆筒、盆景等多種多樣，主要以木器為主體，還有竹器，琺琅器等。最常見的是嵌玉如意，這種如意以硬木為托，上、中、下嵌三塊如意大瓦，稱為"三鑲如意"。所嵌玉瓦有依如意形狀專門製造的，也有以舊玉為嵌玉的。匣盒嵌玉多嵌在木盒，文竹盒或其他質地的盒上。所見盒有盛手飾的奩盒，盛硯的木盒，盛書畫的長盒，還有文具盒，珍玩盒等，所嵌玉件較精緻，多置文房之中。盛放珍玩的木匣嵌玉則較古樸，有古香古色之美。另外，宮內收藏的銅、瓷、漆、玉等容器的木蓋上，多以舊玉為鈕。器物嵌玉不僅是為了點綴，也是收藏古玉的一種方式。

(9) 恭進與賞賜

恭進是對至尊者的進奉。目前見到的恭進主要有兩種，一種是官吏對朝廷的恭進，這在前文已多次提到；第二種是大慶時，向被祝福者的恭進。《國朝宮史經費二·恭進》[48]記乾隆年間皇太后六十歲和七十歲兩次聖壽大慶恭進壽禮，其中有大量玉器。"乾隆十六年辛未十一月二十五日，恭進皇太后六十大慶，於年例恭進外，每日恭進壽禮九九。"這次恭進持續了五日。二十一日恭進除如意等玉器外，尚有"百福磬宜白玉鰲磬一架，彩翼雲鳧白玉樽一件，南極呈符漢玉壽星一座，芝鶴同春青玉雙孔花插一件，拈花集鳳碧玉佛手花插一件，歲寒三友白玉雙孔花插一件，金萱春茂白玉筆山一件。"二十二日恭進器物中有玉如意六件。二十三日恭進碧玉朝珠一盤。二十四日恭進玉磬二架，提梁卣一架。二十五日恭進玉碗一九（九件）。共計玉器二十八件。乾隆二十六年皇太后七十大慶，此時玉器製造亦臻高峰，恭進數量巨大，恭進壽禮歷時十一日，其中又有大量玉器。如二十八日一次恭進中就有"玉磬一九"，"玉器一九"，"玉佩一九"並玉陳設二件。三十日一次恭進有"玉器一九"，"玉碗一九"，"玉杯一九"和玉如意一柄，共二十八件。

此外每年宮廷要進行大量的賞賜，其中有王族內部的賞賜，有對大臣的賞賜，還有對其他民族首領的賞賜。賞賜物品數量巨大，但賞賜玉器卻寥寥可數。乾隆時規定的"嘉禮例用"諸多器物中，有用品及賞賜品，其中唯皇子、皇孫賜配玉器："皇子周歲晬盤，皇孫同，公主暨王孫女同，惟去弧矢……玉器二、玉扇器二……"[49]其他人等不見有玉器賜配。

以上九項所列，僅為宮廷用玉之大略，其實清代宮廷內玉器使用極為廣泛，而且規例嚴明。

清代宮廷玉器的分類與評價

清代宮廷玉器主要分為兩類，一類為宮廷收藏的古玉，總體數量不大；另一類為清代製造的玉器，這類玉器數量大，品種多，加工精緻，一般所說的清代宮廷玉器，主要指這部分作品。這些玉器的主要品種如下：

(1) 典章用玉。有璽、冊、編磬、特磬、圭、璧、爵、太平有象、香亭、大型角端、嵌玉寶座和屏風。

(2) 宗教祭祀用玉。有佛像、觀音、羅漢、彌勒、佛鉢、鈴、杵、五供、七珍和八寶等。

(3) 陳設用玉。有大型玉山、大型玉甕、插屏、山子、大型彝尊、玉瓶、花插、奩盒、瓶盒爐、花薰、辟邪、鼎、爐、如意、懸鐘、懸磬、人物雕像和動物雕像。

(4) 文具。有筆、硯、墨床、筆架、筆山、筆筒、水丞、硯滴、臂閣、鎮尺、印盒、筆洗、

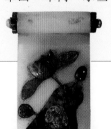

書鎮、象棋、圍棋和壓手等。

（5）生活用具。有執壺、杯、盤、碗、托杯、角杯、觥、椎胸、攭撟、杵臼、箸、香插和煙燭台。

（6）佩飾。有仿古雞心佩、宜子宗佩、夔龍佩、龍鳳佩、蚩尤環、鹿盧環、成組掛佩、十二辰佩墜、月令牌組佩、夔龍頂方牌子、齋戒牌、搬指、玉鎖、翎管、花囊、香囊、雜佩、髮簪、扁方、手鐲、帶飾、人、獸小墜和其他造型獨特的佩件。

（7）仿古玉。有方觚、籃簋、鼎、甗、豆、鈁壺、碧玉大斧、仿新石器時代圭、瑁、仿古玉人、㤠虓玉尺，仿宋明玉杯、仿古佩玉和仿古玉獸。

（8）仿痕都斯坦玉器皿、刀靶、鏡靶。

以上所列包括了清代玉器的主要品種，其間一些用玉逐漸流入民間，並為民間所效仿。清代數百年治玉歷史中，宮廷玉器在相當長的時間內居於主要地位，並推動了清代治玉業。宮廷玉器製造的特點是材料充足，技術要求嚴格，而且設計水準較高。在材料供應方面，清廷打通了新疆玉材進入內地的渠道，並以豐厚的財力人力開採玉材。由於玉材資源豐富，既可按需選材，又可因材施藝。在工藝要求方面，宮廷玉器雖分別在各地製造，但最終要集中於宮廷，按一定的標準驗收，並按需要進行加工改進，有時還會扣罰匠人銀兩，這些措施也促進了琢玉水準的提高。在設計方面，有大量宮廷畫師參與玉器設計，使清代宮廷玉器的藝術表現，明顯高於其他時代。

清晚期，清廷勢弱，宮廷玉器的使用量雖仍很大，其生產卻走向衰落，宮廷玉器生產的規模及藝術水準大不如前。又兼內廷數百年間已積累了大量玉器，因而也無積極投產的需要，玉器生產的主流就此轉移到民間。

故宮博物院收藏的清代宮廷玉器

故宮博物院收藏的玉器數量極大，主要是清宮遺存物品，也有少量是後來新收的文物。因此，清代宮廷玉器除台北故宮博物院藏有一定數量，以及有少量流出宮外，絕大多數宮廷玉器均收藏於北京故宮博物院。論數量之多，種類之全，品質之優，製作之精，在國內外是首屈一指的。

在這批宮廷遺玉中，有大量前朝古玉，也有清代各時期製成的玉器。在收藏的清代宮廷玉器中，可分為順治、康熙、雍正、乾隆、嘉慶、道光及其以後的各期玉器。

故宮收藏的順治及康熙時玉器，數量雖少，又無款識，但都具有造型小巧，玉質較好，圖案簡練的特點，尤以淺浮雕居多，雕琢圓潤，圖案中平面與線紋搭配得體，代表了當時玉器製造的最高成就，是研究這段時期玉器不可缺少的實物資料。

雍正時的玉器有胎體均勻，不厚重，紋飾簡練，表面光澤較亮等特點。故宮收藏雍正期玉器有兩種，一種在器物上刻有年款，另一種是根據造型選材與加工手法，鑒定確認為雍正年製的玉器。其中帶有年款的玉器，是研究雍正朝玉器最重要的實物。

乾隆至嘉慶初，是宮廷玉器生產的高峯期，在故宮博物院藏品玉中，屬這段時期的玉器佔絕大多數。乾、嘉作品具有品種齊全，用料講究，設計巧妙，工藝精湛的特點，並同時出現了大量的仿古鼎彝和仿古佩玉。

此期帶款玉器，有"乾隆年製"、"乾隆仿古"、"乾隆御用"、"大清乾隆年製"、"大清乾隆仿古"、"嘉慶年製"、"大清嘉慶仿古"、"嘉慶御用"等款，所用字體有楷書、隸書、篆書。款的形狀有橫行、豎行、方形印狀等。這批玉器中還有許多刻有御題詩句，或詠史述典，或追思往事，或宣揚政績。或褒讚器物，或誇獎玉色，或推崇工藝，題賦頗豐，此亦為清宮玉器特點之一。其中又惟有乾隆題詩有款，其餘皆無款。若想知其所出，得遍查各代御題詩集而別無他法。乾隆主題詩，多為儒臣所書，由內廷高手玉匠刻鑴器上，風格工整綺麗。觀其書，便可知清代館閣體書法之一班。宮中存玉造型千姿百態，又多配托、架、基座。採用紫檀、象牙、犀角、玉石、銅銀等不同素材。雕鑴有取自然之形、有巧借几、桌之乘，有古樸似拙，皆精巧絕倫，亦為雕鑴藝術之精品。

道光之後宮廷玉器，有製造年款者極少，故宮博物院藏有少量的道光至宣統各期有款作品，這時期的玉佩飾、玉人物的工藝表現已不大如前。還有些作品的造型雕工隨便，濫施吉祥圖案，加以內容上一味粉飾太平，逾顯得品位低下。

此次圖錄編輯，從數萬件文物中篩選精華，初選之時，各時代作品皆有所選，各品類作品亦求齊全，但失之於魚龍混雜，水準參差不齊。為此剔除者三，一是造型較平板的典章類玉器，如璧、圭、斧、太平有象、香亭、角端等；二是早期、晚期代表作品中省去較遜者如努爾哈赤謐冊、順治玉寶、康熙玉冊，咸豐至宣統有款爵拓等；三是雖為品類代表，但不屬精者，如饟撓、懸鐘、杵臼、翎管等。圖冊所錄盡為精品，從整體上代表了清代宮廷玉器的最高水準。

註釋

(1) 見《說玉》，上海科技教育出版社1993版。

(2) 《北京西郊小西天清代墓葬發掘簡報》，載《文物》1963·1月。

(3) 見周紹良《清代名墨叢談》，文物出版社1982·10月版。

(4) 見第一歷史檔案館存清宮造辦處《各作成活計清檔》。

(5) 同(4)。

(6) 同(4)。

(7) 見第一歷史檔案館存宮中進單。

(8) 同(7)。

(9) 同(7)。

(10) 見《說玉》（同上）。

(11) 同(10)。

(12) 見周南泉《團城大玉海和法源寺石缽》，載《紫禁城》雜誌總第3期。

(13) 見第一歷史檔案館存宮中進單。

(14) 同(4)。

(15) 同(4)。

(16) 見《高宗純皇帝御製文三集卷之三》。

(17) 同(16)。

(18) 見《高宗純皇帝御製文二集卷之十二》。

(19) 同(4)。

(20) 同(4)。

(21) 引自楊伯達《清代宮廷玉器》，見《故宮博物院院刊》1982·1期。

(22) 同(4)。

(23) 同(21)。

(24) 同(4)。

(25) 引自張世南《遊宦紀聞》。又見《各作成做活計清檔》。

(26) 同21。

(27) 殷晴《和闐採玉與古代經濟文化交流》，載《新疆文物》1994·3期。

(28) 見《中國玉器全集6》。

(29) 同(27)。

(30) 同(21)。

(31) 見清官造辦《各作成做活計清檔》。

(32) 同引

(33) 見《高宗純皇帝御製文二集卷之二十一》。

(34) 見鄧淑苹《故宮藏痕都斯坦玉器特展圖錄》。

(35) 同(4)。

(36) 見《皇朝禮器圖式·祭器》。

(37) 同(4)。

(38) 同(31)。

(39) 同(4)。

(40) 同(4)。

(41) 見《仁宗睿皇帝御製詩初集》。

(42) 同(4)。

(43) 《國朝宮史·卷十七》

(44) 同(31)。

(45) 同(4)。

(46) 同(4)。

(47) 同(4)。

(48) 《國朝宮史·卷十八》

(49) 同(48)。

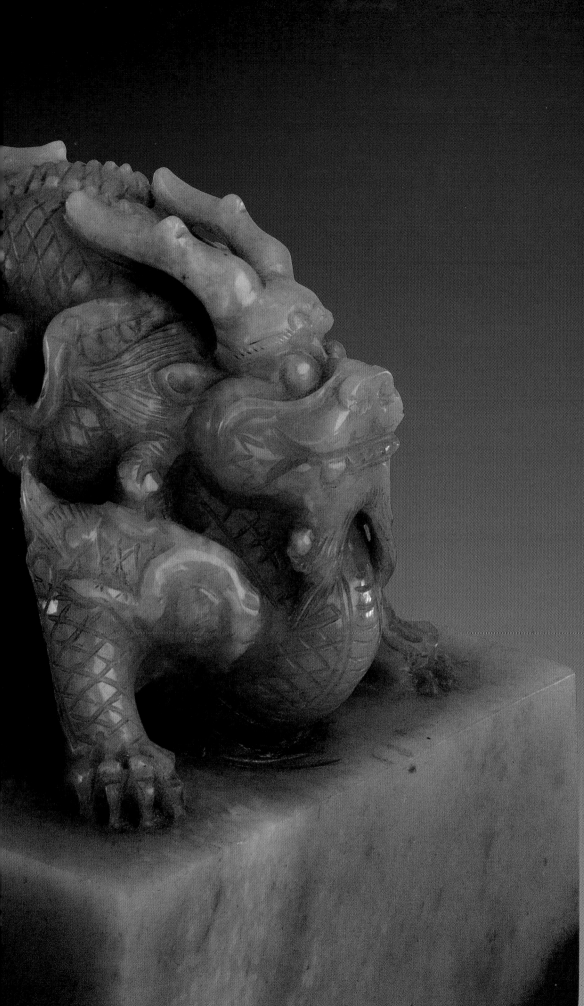

禮儀用器

*Rites
articles*

1

玉編磬
清乾隆
鼓長17.5厘米　鼓博6.1厘米
股長12.5厘米　股博3厘米
清宮舊藏

Jasper Bianqing (a chime of sonorous stones)

Qianlong period, Qing Dynasty
Longer leg: Length: 17.5cm　Width: 6.1cm
Shorter leg: Length: 12.5cm　Width: 3cm
Qing Court Collection

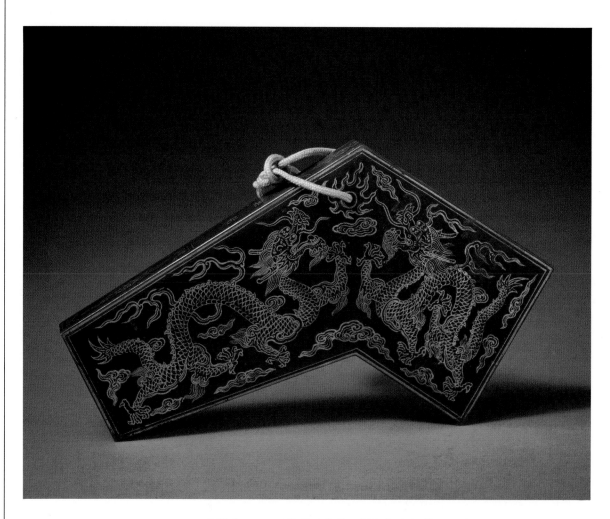

磬質碧玉，玉面飾描金龍紋。編磬為古代樂器一種，用石或玉製作，十六面一組。它的音色，除黃鐘、大呂、太簇、夾鐘、姑洗、仲呂、蕤賓、林鐘、夷則、南呂、無射、應鐘等十二正律外，又加四個半音，演奏打擊時，發出不同音響，清宮所藏玉編磬，是清乾隆時所製，在重大典禮演奏中和韶樂時使用。此件玉磬背部有"無射"二字，為清編磬中的一個。

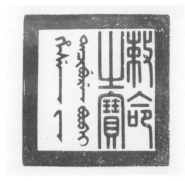

2

玉"敕命之寶"

清早期

長12厘米　寬12厘米

高13.4厘米

清宮舊藏

Green jade seal inscribed with "Chiming Zhibao"

(a seal with imperial decree)

In the early part of Qing Dynasty

Length: 12cm　Width: 12cm

Height: 13.4cm

Qing Court Collection

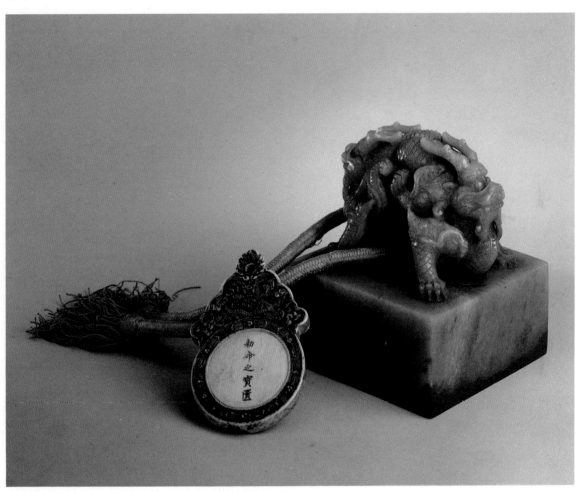

玉青白色，方形，雕雙龍鈕，印面刻朱文篆書滿漢文"敕命之寶"四字。

此寶是清朝皇帝命令臣僚時使用。

玉諡冊
清順治
每片長28.7厘米　寬12.8厘米
厚0.9厘米
清宮舊藏

Dark jade scrolls of conferring posthumous title
Shunzhi period, Qing Dynasty
Each scroll: Length: 28.7cm　Width: 12.8cm
Thickness: 0.9cm
Qing Court Collection

3

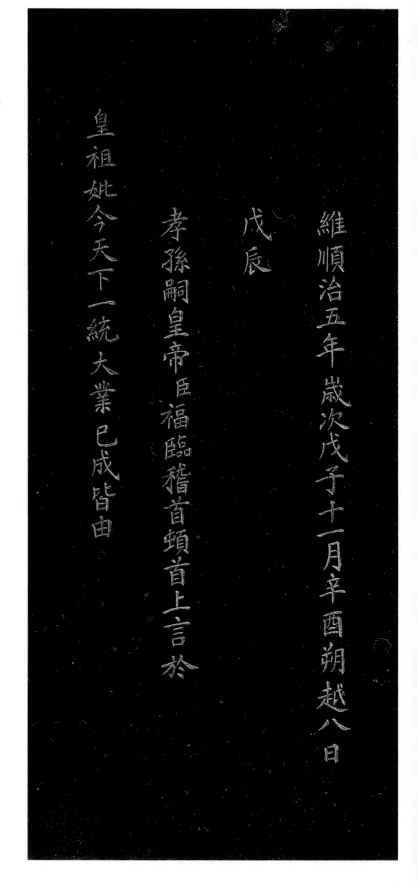

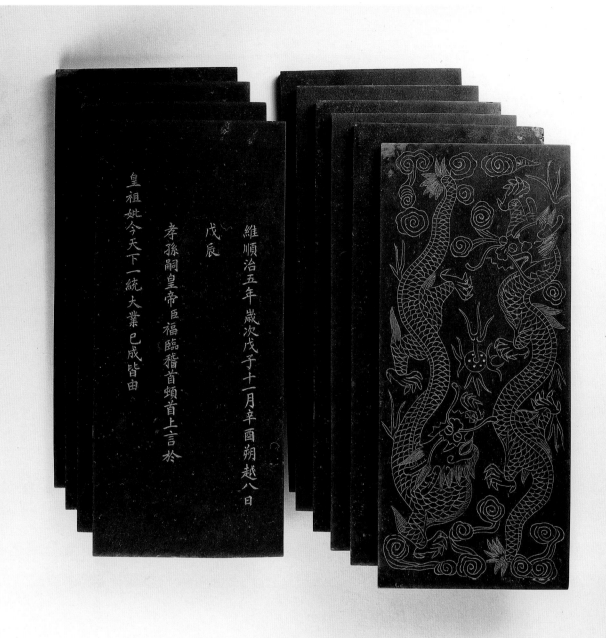

諡冊為墨玉琢製，共10片，刻有一至十的順序號，冊文為滿漢兩種文字。清代諡法，即是帝后死後，下代皇帝要為死去的帝后尊加諡號，敬獻冊寶，以示敬天法祖。此玉諡冊是清順治皇帝為其祖母尊諡號時的冊文。

其冊文是：「原皇后尊諡冊文：維順治五年，歲次戊子十一月辛酉朔月八日戊辰，孝孫嗣皇帝臣福臨稽首頓首，上言于皇妣，今天下一統，大業已成，皆由祖妣贊相肇祖原皇帝行善篤祐之所致也。爰修典禮，用殫孝思，敬薦冊寶等上諡號曰原皇后，以垂懿德於萬禩謹告。」

4

玉香亭
清
通高128厘米　筒高77.5厘米
口徑12.7厘米
清宮舊藏

**Jasper incense burner in the shape
of a pavilion**

Qing Dynasty
Overall height: 128cm
Height of tube: 77.5cm
Diameter of mouth: 12.7cm
Qing Court Collection

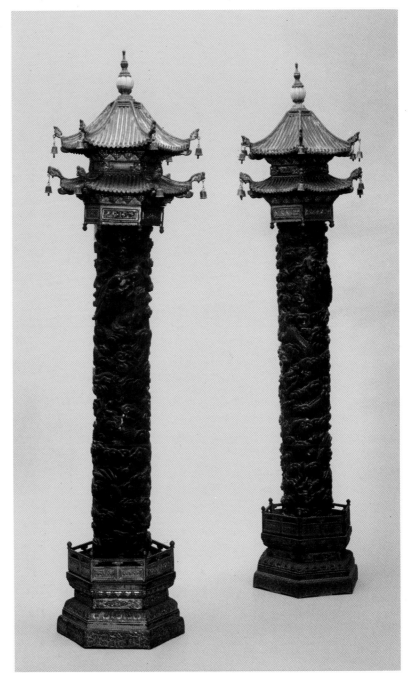

香亭中部的亭柱為碧玉。筒狀，鏤雕蟠龍流雲，下部為銅鍍金座，頂部為
銅鍍金重檐六角，脊端飾龍首，口銜風鈴。香亭為宮殿中的陳設。筒內存
放香料，香氣從筒壁孔中溢出，以淨化空氣。

玉佩飾

Jade Ornaments

5

玉簪（三件）
清中期
團壽簪長20.2厘米 梅花簪長19.4厘米
錢紋簪長19.35厘米
清宮舊藏

White jade hairpins (3 pieces)
In the middle part of Qing Dynasty
Respective length: 20.2cm, 19.4cm, 19.35cm
Qing Court collection

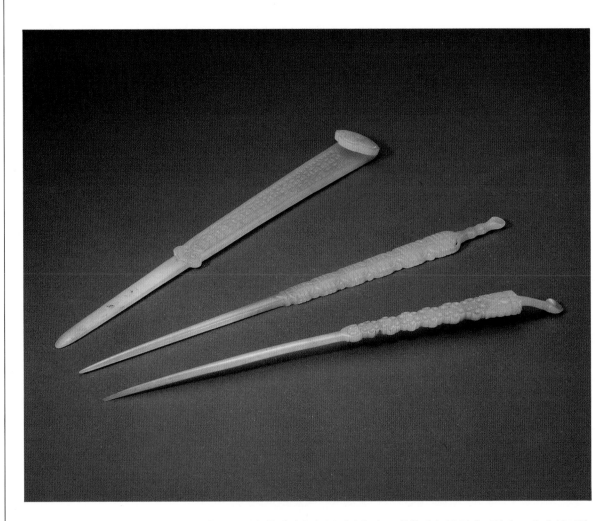

白玉。團壽簪透雕六個團"壽"字。竹節式柄端琢成耳挖勺。梅花簪耳挖勺柄下鏤雕一蝴蝶並六朵梅花紋。錢紋簪柄端海棠花紋呈如意頭形，器面浮雕二十個套連錢紋，象徵富足。

清宮簪器收藏豐富，式樣較多，紋飾精繁。還有各式各樣金鑲珠寶頭簪，屬婦女頭飾。

玉盤腸紋扁方
清中期
長28.9厘米　寬3厘米
清宮舊藏

**White jade hairpin with the endless
knotted cord design**
In the middle part of Qing Dynasty
Length: 28.9cm　Width: 3cm
Qing Court collection

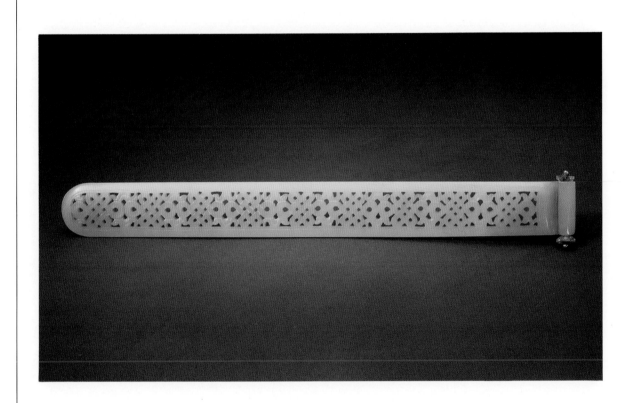

白玉。玉質潔白無瑕。長方片狀，器身輕巧，正面微拱。器柄端兩側繫碧
硒花各一朵，上面鑲翠、珠各一粒。器面鏤雕盤腸紋九個，接疊有致。屬
婦女頭飾。

盤腸為佛教八吉祥紋飾之一，是清代飾器主要紋飾。有回貫一切、長壽和
無窮盡之意。

玉嵌寶石扁方
清中期
長31.5厘米　寬3.1厘米
清宮舊藏

White jade hairpin inlaid with gems
In the middle part of Qing Dynasty
Length: 31.5cm　Width: 3.1cm
Qing Court collection

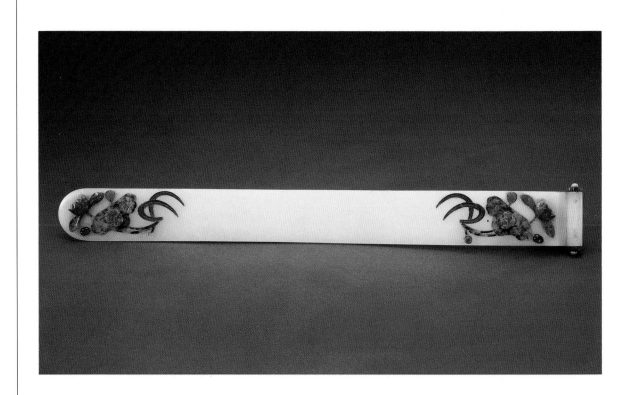

白玉。長方片狀。器面光素無紋。兩端黏嵌對稱花草，圖案由鮮艷寶石組成。枝葉、蓮蓬為翠質；荷花、青蛙為碧硒；小花朵為紅藍寶石。器柄端兩側鑲碧硒花與珍珠。玉質潔白，嵌石艷麗。為清中期婦女頭飾。

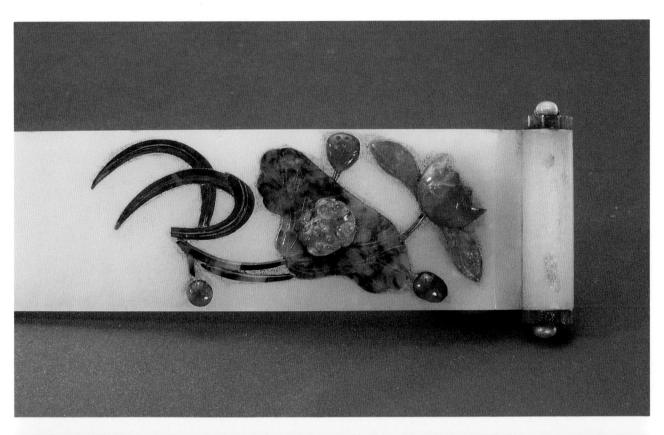

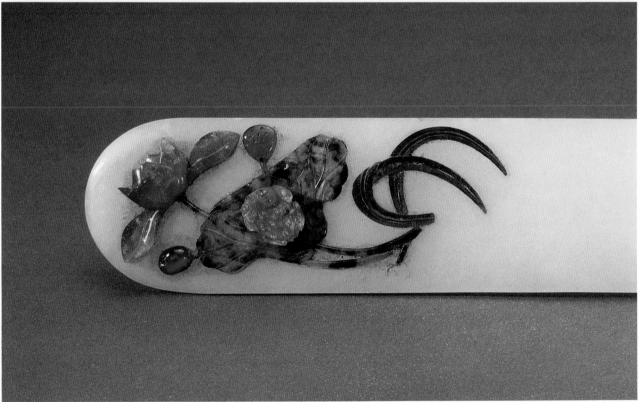

玉五蝠捧壽帶扣

清
長13.5厘米　寬5.8厘米　高1.3厘米
清宮舊藏

**Sapphire belt buckle with design of
five bats surrounding the character
"Shou" (longevity)**

Qing Dynasty
Length: 13.5cm　Width: 5.8cm
Height: 1.3cm
Qing Court collection

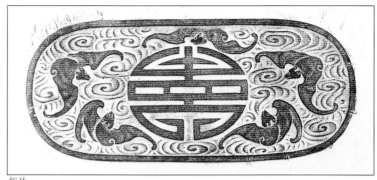

拓片

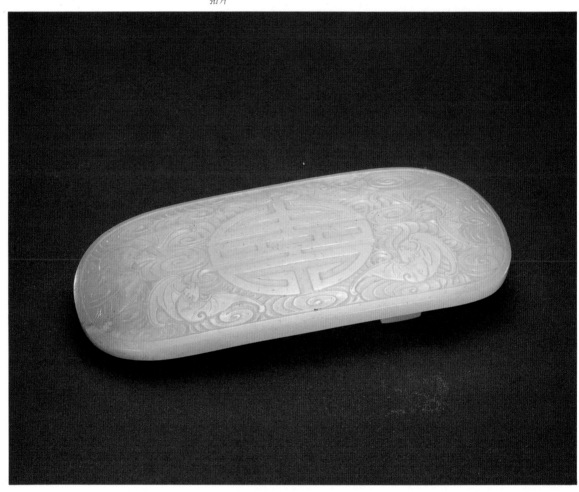

青白玉。微有瑕。橢圓形，中部微凸。表面淺浮雕大型團壽字，壽字兩側
各琢二蝠，連上部所琢一蝠，共琢五蝠，五蝠間又琢旋形祥雲。器背面有
一長方形凸榫，榫上有孔，可穿縧帶。一側端部有一桃形鈕，縧帶可繫於
上。

清代宮廷使用的玉帶飾有帶鈎、帶扣等，有以兩件玉件搭配使用，也有一
件玉件獨立使用。這件帶扣的榫、鈕，可結縧帶兩端，是獨立使用的玉帶
飾。橢圓形，且較大，與一般帶扣樣式不同。

玉龍紋帶扣

清乾隆
長6.4厘米　寬5.1厘米
厚1.8厘米
清宮舊藏

White jade belt buckle with dragon design

Qianlong period, Qing Dynasty
Length: 6.4cm　Width: 5.1cm
Thickness: 1.8cm
Qing Court collection

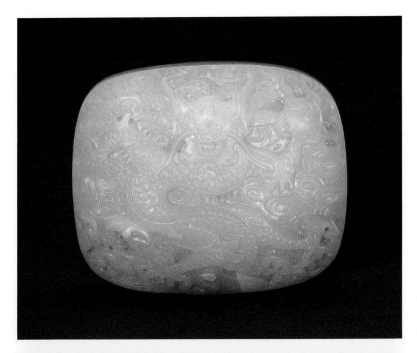

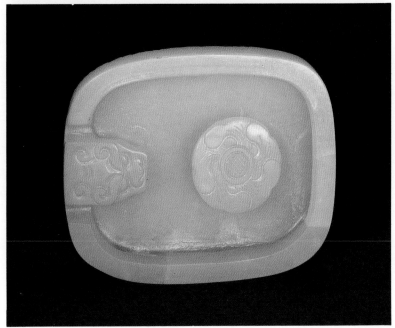

白玉。瑩潤光潔。方形，面微鼓。正面浮雕舞龍，身飾鱗紋，一爪握寶珠，周圍襯以雲紋。下部琢翻騰浪花紋。背面留邊，上沿帶鈎琢成螭首形，向下深挖成槽，靠中間凸雕一葵花形臍，腰帶一側留長條孔，可拴縴帶。

此帶扣為實用器，雕琢極為精細。是清代同器中之佼佼者。

玉龍首螭紋鉤環
清
鉤長10厘米　環長5.8厘米
清宮舊藏

**White jade dragon-head-shaped belt hook
with hydra design and a ring**
Qing Dynasty
Length of hook: 10cm　Length of ring: 5.8cm
Qing Court collection

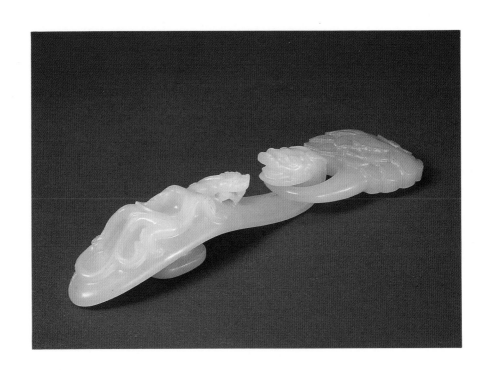

白玉。玉質潔淨。器由帶鉤及環組成。帶鉤為龍首，鉤腹凸雕一螭，龍螭
二首相對，鉤背面為一橢圓形鈕。環體如一朵盛開蓮花，一側雕環。

清代帶鉤較前更加講究實效，選材亦非常嚴格，大都採用白玉或上等粉皮
青玉加工，其製作、打磨、拋光等工藝都超過了前代。形式也多種多樣，
有龍首鉤，螭首鉤，鳳鳥首鉤，羊首鉤等。

玉雕花三套連環佩

11

清
通長13.4厘米　最大徑7.3厘米
厚1.1厘米
清宮舊藏

Jasper pendant of three interlinked rings with floral design

Qing Dynasty
Overall Length: 13.4cm
Maximum diameter: 7.3cm
Thickness: 1.1cm
Qing Court collection

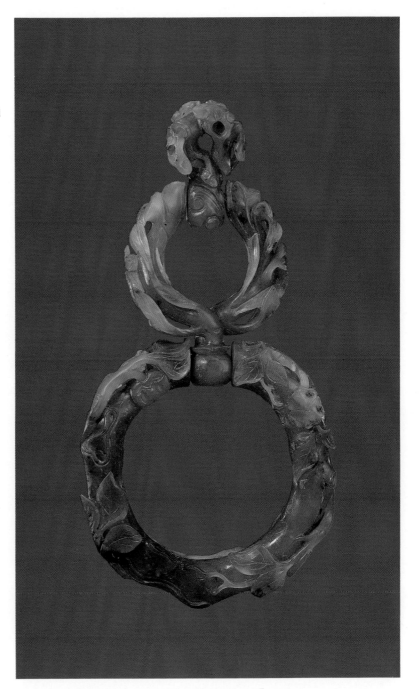

碧玉。環佩摺疊後成三套環式，展開呈葫蘆形。大環透琢柿枝、柿葉、柿子及花朵。中環鏤成百合花葉式。小環雕數個如意頭形靈芝，其中間小孔可穿繫佩掛。活動軸用管鑽從兩側穿琢而成。設計刁巧，琢磨技術超絕。

柿與事同音，寄寓"百事大吉"，"百事如意"。

玉四蝠捧璧佩

清

縱6.4厘米　橫4.5厘米

厚0.6厘米

清宮舊藏

**White jade pendant with design of four bats
at four corners in openwork**

Qing Dynasty

Length: 6.4cm　Width: 4.5cm

Thickness: 0.6cm

Qing Court collection

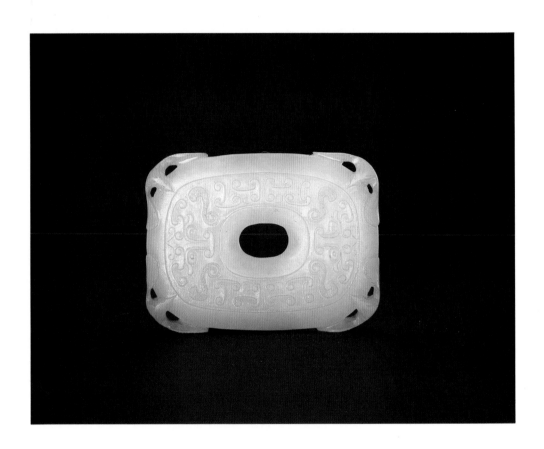

白玉。無浸色，蠟樣光澤。器呈橢圓形，中部為透長圓形孔。兩面均雕
有相同獸面紋和鈎雲紋，四角鏤雕四隻蝙蝠。全器主要紋飾為仿古獸面
紋和鈎雲紋，潔白透澈中更着古樸典雅。四角鏤雕蝠形屬傳統寓意紋
樣。

玉羊首觽
清
長5.5厘米
清宮舊藏

White jade ram-head-shaped Xi (pendant)
Qing Dynasty
Length: 5.5cm
Qing Court collection

13

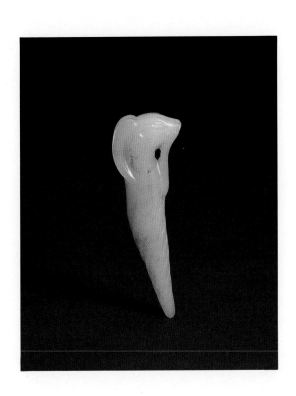

白玉。頂粗，尾部尖細。頂端飾雙角羊首，透雕陰刻長鬍鬚。器身細長似錐，琢繩紋。

觽，是古代佩飾之一，獸角形，可以解結。使用時佩帶身體一側。《禮內則》：「左佩小觽，右佩大觽。」此器造型仿戰國玉器。羊形寓意吉祥。

玉鳥首觿
清
長5.7厘米　寬1.5厘米
厚0.6厘米

**White jade Xi (pendant) with a bird
design in openwork**
Qing Dynasty
Length: 5.7cm　Width: 1.5cm
Thickness: 0.6cm

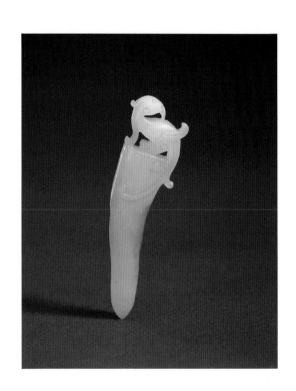

白玉。玉質純淨，器扁長條狀，一端尖，一端鏤空雕一鳥形。鳥翹首回望，意態悠閒，長尾下垂，線條簡括流暢。

佩觿習俗由石器時代佩帶獸牙或獸角的習俗演變而來。《說文》釋觿：
"佩角，銳端可以解結。"由此可見佩觿與上古之時結繩記事有密切關係。清代玉觿雖也仿古，形式多樣，但無實際用途，只是佩飾而已。

玉蟠螭佩
清乾隆
寬7厘米　高5.1厘米
厚0.6厘米
清宮舊藏

White jade pendant with a coiled hydra design
Qianlong period, Qing Dynasty
Width: 7cm　Height: 5.1cm
Thickness: 0.6cm
Qing Court collection

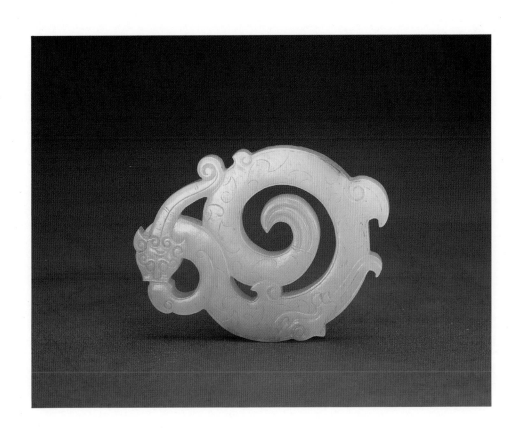

白玉。厚圓片狀，兩面飾紋。器表陰刻，器身透雕，琢成盤蜷環形蟠螭。螭身兩面陰刻勾雲紋，造型精美生動。

清代仿漢代佩較多。皆以優質"籽玉"仿製。有子辰佩、雞心佩、龍螭佩等。此佩是清乾隆時仿漢製蟠螭佩的典型器物。清代作品開片厚，刀法和紋飾都不取漢代疏暢風格，陰刻線條也無漢代般纖細，但神韻氣質則較圓渾。

16

玉比翼同心合符
清
長14厘米　寬9.7厘米
厚0.6厘米
清宮舊藏

**White jade heart-shaped tally with double
winged child design**
Qing Dynasty
Length: 14cm　Width: 9.7cm
Thickness: 0.6cm
Qing Court collection

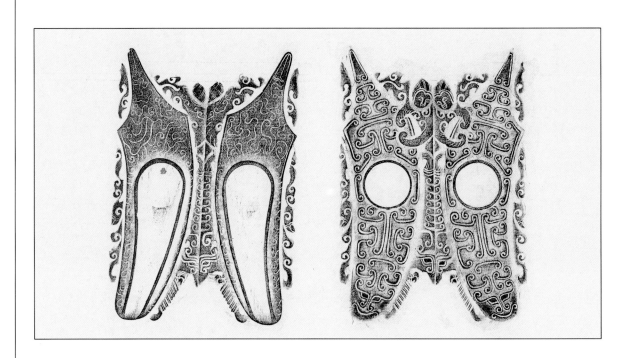

白玉。厚片狀，由兩件雞心式佩組成。一件內側琢出凸長條榫，另一件琢
長條凹槽，可隨意遷配張合。器身滿雕紋飾。正面中間上端伏兩個有羽翼
仙童，下端為獸面紋。佩兩面均飾對稱勾雲紋，外側夔式邊稜。

此器形式、紋飾均仿漢代雞心佩（或韘式佩），而組成合符是清代創新。
造型比擬"比翼鳥"、"比翼雙飛"、"比翼同心"，以祝願夫婦和好。
"合符"有憑證、信物、合歡之意。

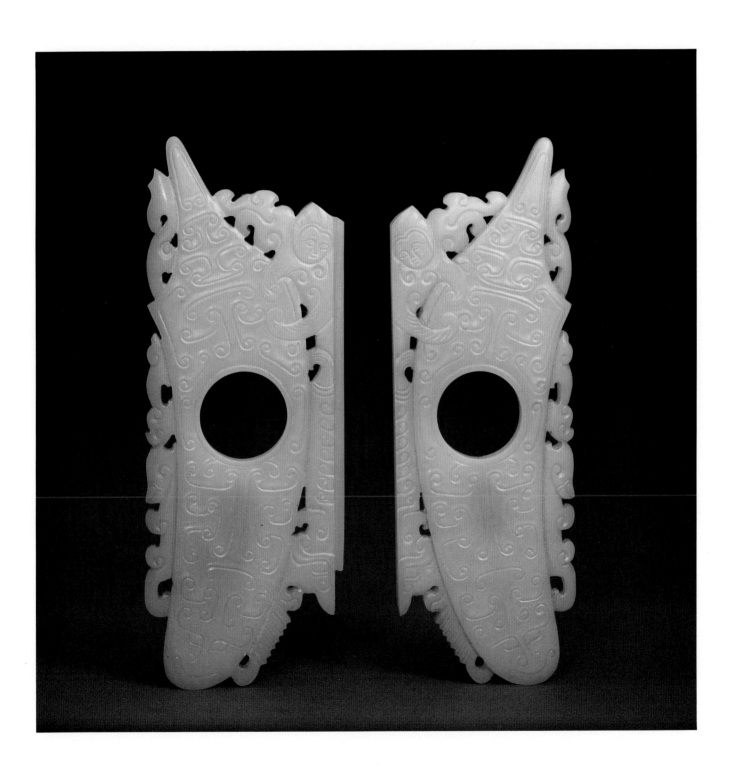

玉夔龍佩
清
縱1.5厘米　橫4.5厘米
厚0.7厘米
清宮舊藏

White jade pendant with Kui-dragon design
Qing Dynasty
Length: 1.5cm　Width: 4.5cm
Thickness: 0.7cm
Qing Court collection

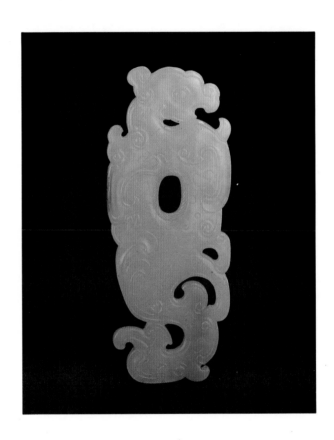

白玉。玉質呈青色。長圓形片狀，鏤雕夔龍。中有一長圓孔，兩面布飾陰刻雲紋，亦見勾爪。雕工精細，形態逼真，風格圓潤厚實。

這件玉佩所雕夔龍為清代夔龍典型樣式，局部採用漢代玉佩琢法。

玉鏤雕螭龍斧形佩
清乾隆
長13.2厘米　寬5.7厘米
厚0.7厘米

White jade pendant in the shape of an axe with hydra and dragon design in openwork
Qianlong period, Qing Dynasty
Length: 13.2cm　Width: 5.7cm
Thickness: 0.7cm

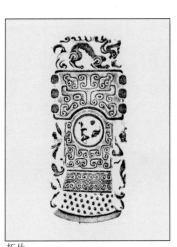

拓片

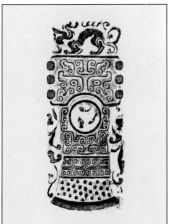

拓片

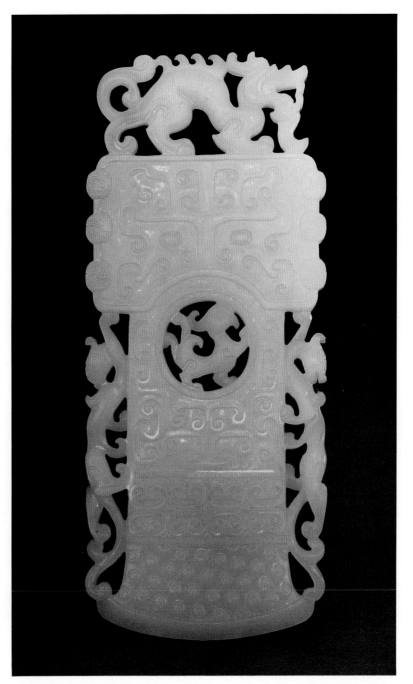

羊脂白玉，潔白無瑕，瑩潤光澤。長方片狀，斧形。鏤空，浮雕技法，刀法細膩。兩面琢紋，紋飾相同。頂部一拱身蹲龍，其下飾獸面紋，中部一孔，鏤雕一夔鳳紋，其下部飾勾雲紋和穀紋。兩側琢回首爬行螭紋。刃弧形。

此器是清代乾隆時期典型的仿戰國紋飾器物。清代宮廷收藏古代玉斧較多，其中有被認為是戰國時期作品，並加琢戰國風格的飾紋。清代斧形佩便是仿照古玉斧製造的。

玉龍螭太極佩

清乾隆
寬5.9厘米　高6.8厘米
厚0.7厘米
清宮舊藏

White jade pendant with design of dragon and the diagram of the universe (Tai Ji)
Qianlong period, Qing Dynasty
Width: 5.9cm　Height: 6.8cm
Thickness: 0.7cm
Qing Court collection

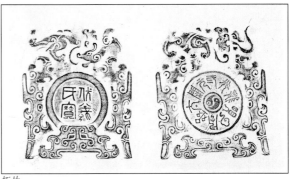

拓片

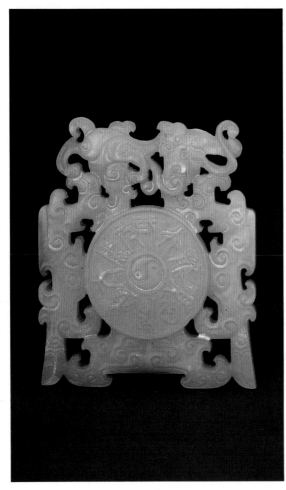

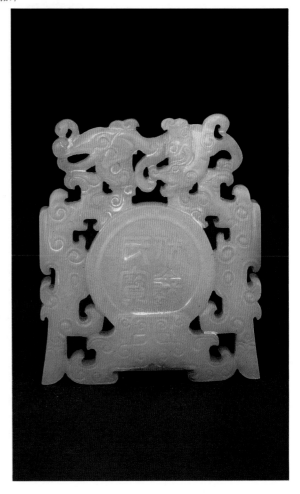

白玉。鏤空、隱起技法。長方片狀，兩面飾紋。頂端為變體龍紋，兩側為變形夔首紋，底為仰式獸面，口銜圓形飾。圓形飾一面琢"伏羲氏寶"四篆字，一面為"一元開太極風雲現龍光"十篆字，中心琢太極圖。

這是清代乾隆時期仿古玉佩。鐫刻"伏羲氏寶"四字表示對遠古人物伏羲氏的尊崇。

玉月令組佩

清

圓形玉　直徑11.3厘米　厚0.9厘米

花瓣形佩　長6.4厘米　寬5.5厘米　厚0.7厘米

清宮舊藏

White jade pendant consisting of one flower eye
and twelve petals symbolizing twelve months

Qing Dynasty

Flower eye: Diameter: 11.3cm　Thickness: 0.9cm

Petal: Length: 6.4cm　Width: 5.5cm　Height: 0.7cm

Qing Court collection

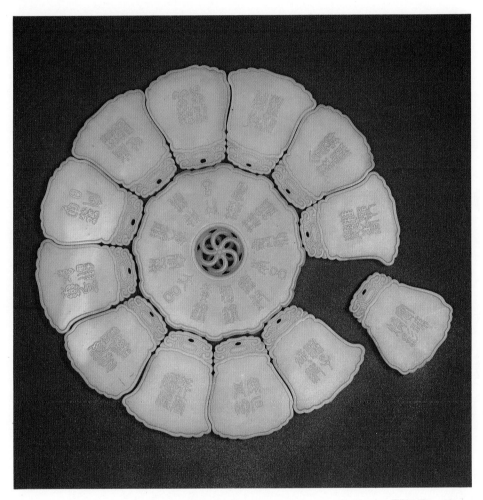

白玉。玉純白無瑕，琢工精巧。十三塊玉件可組成花形。中間一件為圓形，似花蕊，圓心琢六環式活心。圓邊一面琢水仙、海棠、萬年青、靈芝圖案；另一面琢陽文篆書十二律呂，分別為黃鐘、大呂、泰（太）蔟、夾鐘、姑洗、仲呂、蕤賓、林鐘、夷則、南呂、無射、應鐘。周邊有十二凸榫，可榫合花瓣形佩。佩瓣十二件，上端有孔可穿繫。一面琢水仙、石榴、桂花、菊花、荷花、梅枝、杏花、秋葵、牡丹、桃、芙蓉、芍藥等花枝。另一面琢相應的陽文篆字，分別為仙子凌波、寶珠煥彩、桂鄂飄香、金菊莊嚴、瑞荷清麗、梅蕊傳春、杏林吐艷、葵心向日、芍藥翻紅、緗桃獻媚、安石月暉等句。《禮記·月令》記："孟春之月，律中太蔟。仲春之月，律中夾鐘。季春之月，律中姑洗。孟夏之月，律中中呂。仲夏之月，律中蕤賓。季夏之月，律中林鐘。孟秋之月，律中夷則。仲秋之月，律中南呂。季秋之月，律中無射。孟冬之月，律中應鐘。仲冬之月，律中黃鐘，季冬之月，律中大呂。十二玉佩，組合與月令相應。

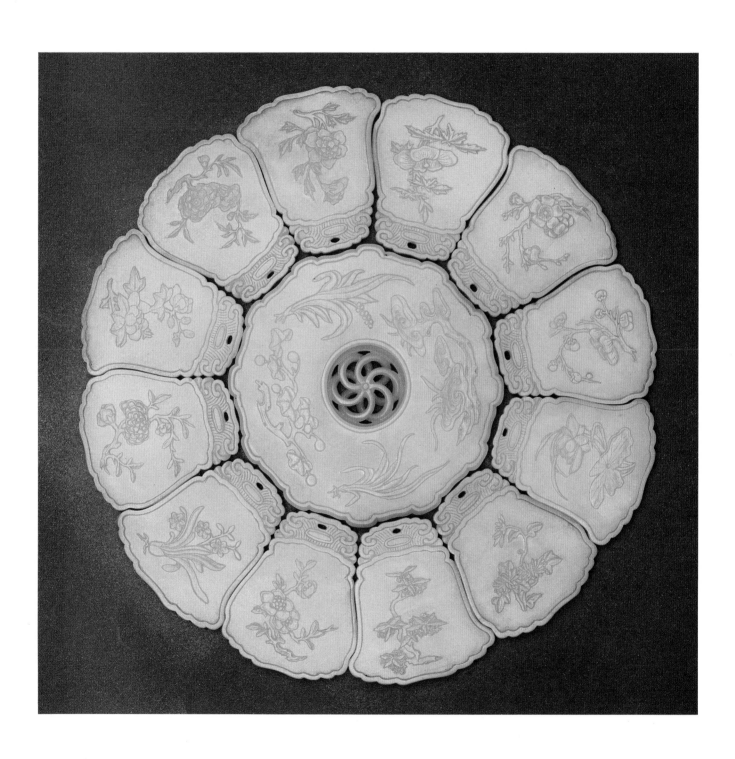

玉"齋戒"佩
清
長3.8厘米　寬3.1厘米
厚0.4厘米
清宮舊藏

**White jade pendant inscribed with
the word "Zhaijie" (Fast) in
Manchu script**
Qing Dynasty
Length: 3.8cm　Width: 3.1cm
Thickness: 0.4cm
Qing Court collection

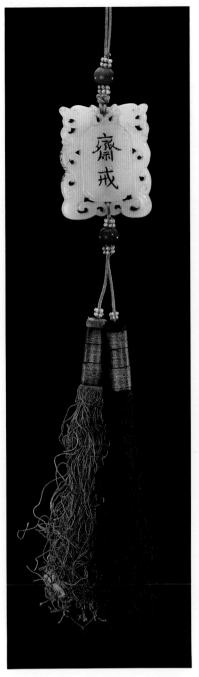
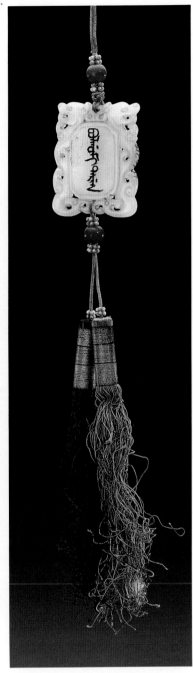

白玉。方片狀，兩面雕紋。透琢、浮雕、陰刻技法。兩側透琢雙夔龍，其
背相對，角及尾相連。正面中間開光內陰刻"齋戒"二字，填金。背面開
光內琢滿文齋戒字。佩上下繫黃絲繩，並加飾兩顆珊瑚豆，六組米珠和藍
綠絲穗。

齋戒儀為清代重要禮儀，《清史稿·禮·一》記："順治三年，定郊祀齋
戒儀"，"屆日不讞刑獄，不宴會，不聽樂，不宿內，不飲酒、茹葷，不
問疾、弔喪，不祭神、掃墓。""大祀前三日，帝致齋大內，頒誓戒……
前祀一日，帝詣壇齋宿。"齋戒牌即齋戒禮儀中使用的器物。

玉亭榭人物佩
清乾隆
長5.8厘米　寬4.3厘米
厚0.7厘米

Jasper pendant with pavilion and figures design
Qianlong period, Qing Dynasty
Length: 5.8cm　Width: 4.3cm
Thickness: 0.7cm

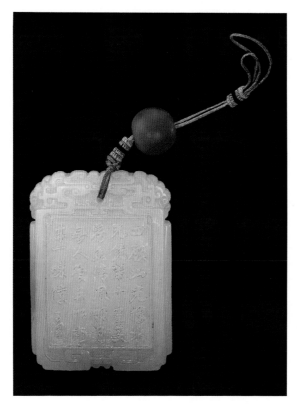 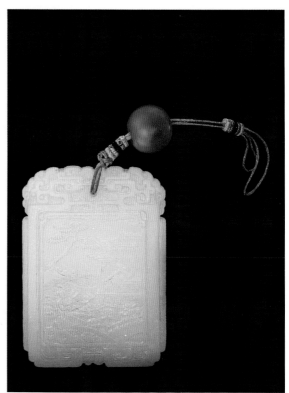

青玉。光澤瑩潤，無瑕斑。長方片狀，兩面浮雕。正面開光內琢湖水、荷花、亭榭、樹木等。亭內老人依欄觀景，前面小童手執扇子走來。玉牌上端刻對首夔龍，吻下透圓孔，可穿繫佩掛。背面開光內行書詩文：「四顧山光接水光，憑欄十里芰荷香。清風明月無人管，並作南來一味涼。」末署「子岡」二字。

陸子剛，又作陸子岡，明晚期治玉名家，其作品收藏價值極高。清代仿「子剛」款玉器大量出現，尤以玉牌為多。此器為仿陸子剛玉牌之佳品。

玉竹林七賢佩
清乾隆
長6.2厘米　寬3.95厘米　厚0.8厘米

Yellow jade pendant with design of the
"Seven Wise Men of the Bamboo Grove" (Zhu Lin Qi Xian)
Qianlong period, Qing Dynasty
Length: 6.2cm　Width: 3.95cm
Thickness: 0.8cm

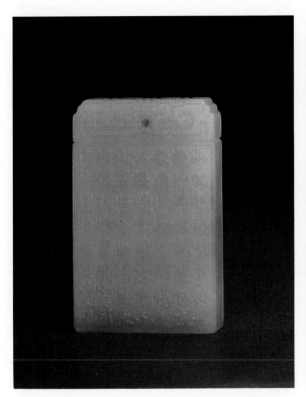 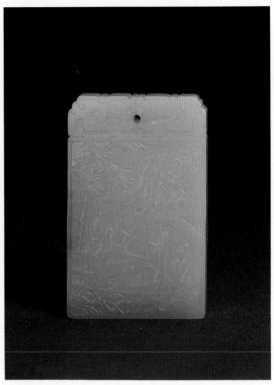

黃玉琢製。長方片形，兩面浮雕。正面開光內琢竹林及七老人，取竹林七
賢典故。七人中有彈琴，有賞酒，也有緩步漫談。布局疏暢，線條簡括。
背面開光內琢楷、行、草書詩文：「山公愛飲世爭傳，一飲八斗方兀然。
阿戎飲興亦翩翩，酣暢黃公酒煙前。風流應不減羣賢，中散酒熊更酣憐。
醉如玉山頹其巔，此中誰解識真仙。」末署「子岡」二字。

黃玉以秋蔡黃最佳，其次是粟米黃。此器玉質為粟米黃，玉材珍貴。故宮
收藏清代仿子岡玉器較多，此為上乘之作。

玉鏤雕雙魚香囊

24

清
長7.3厘米　寬5.8厘米
清宮舊藏

**Jasper perfume pendant in the
shape of twin fish in openwork**

Qing Dynasty
Length: 7.3cm　Width: 5.8cm
Qing Court collection

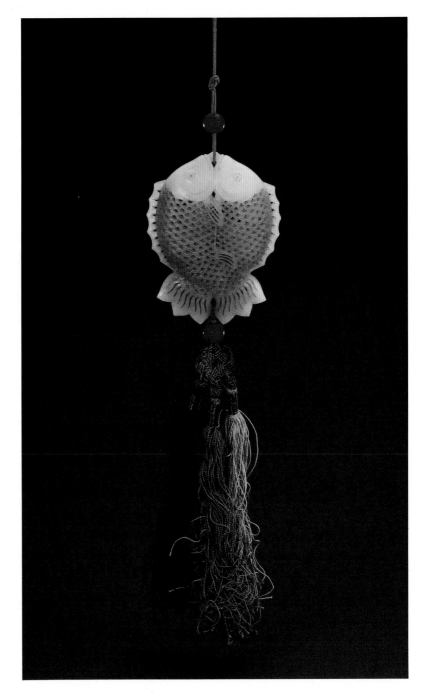

青玉。器由兩條呈半弧形玉魚合併而成，均鏤空。魚嘴處留孔，上繫穗並串連一顆珊瑚珠，魚尾處中部也透一孔，繫絲穗亦穿一顆珊瑚珠。造工精湛，構思新穎。

香囊是清宮中常見實用品。囊中空，可置鮮花等香物。

清代玉器中，日常用品佔有相當數量，而且精雕細琢，此器為代表作品。

玉蓮花紋香囊

25

清
寬7.3厘米　高8.9厘米
厚2.4厘米
清宮舊藏

Sapphire perfume pendant with lotus design
Qing Dynasty
Width: 7.3cm　Height: 8.9cm
Thickness: 2.4cm
Qing Court collection

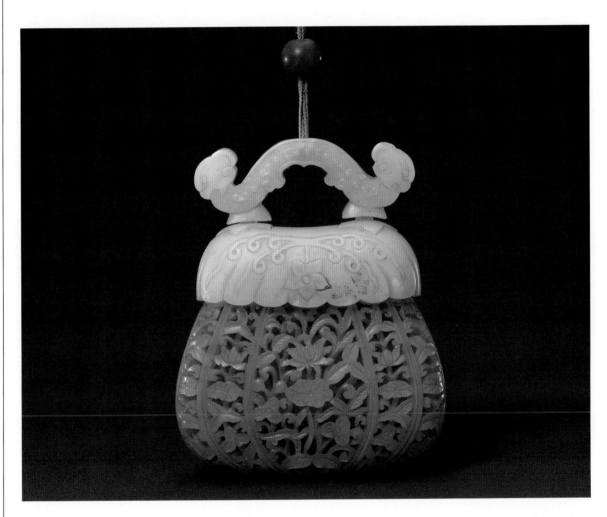

青玉。玉質青白，色澤近似白玉。器身盒狀，由兩組對稱的鏤雕扣合而成，兩組皆呈五瓣式，瓣上鏤雕荷葉、荷花、水草。器上部為包袱形蓋，飾淺浮雕五瓣形菱花。頂部為仿古雙夔龍式提樑，提樑兩側各雕一龍首，樑下部有雙榫、榫上留孔，可插入器蓋面小孔中，繫繩從孔中貫穿，繫連器身。

此器設計巧妙，器蓋包緊器身，繫繩勒緊後，器身扣合；繫繩鬆開後，器身自啟，內裏可填充香料。

玉高足香囊
清
高10.5厘米
清宮舊藏

Sapphire perfume pendant with lotus-shaped legs
Qing Dynasty
Height: 10.5cm
Qing Court collection

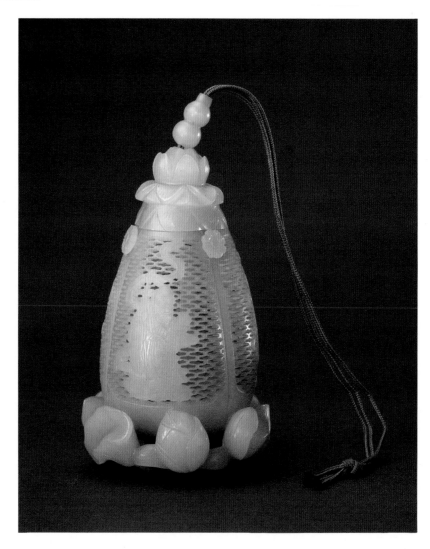

青玉。玉色青白，近似白玉。香囊為三棱柱形，上端細，三面鏤雕細密錦紋地，並淺雕人物圖案。一面雕壽星老人，左手捧壽桃，右手拄杖。一面雕側身而立的老人，左手持扇，身右側有一小獸，似狗有角。再另一面雕一正面而立的老人，右手托劍，左手下垂。三老人皆長衣寬袖，似仙道中人。器上端有荷葉形頂蓋，蓋頂穿掛葫蘆形鈕。香囊下部縷雕荷葉、荷花、荷枝為器足。此作品雕琢極為精細，壁薄而勻，三老人象徵福、祿、壽全。

玉夔鳳合符
清乾隆
圓徑6.3厘米 厚1厘米
清宮舊藏

**White jade tally with Kui-dragon
and phoenix design**
Qianlong period, Qing Dynasty
Diameter: 6.3cm Thickness: 1cm
Qing Court collection

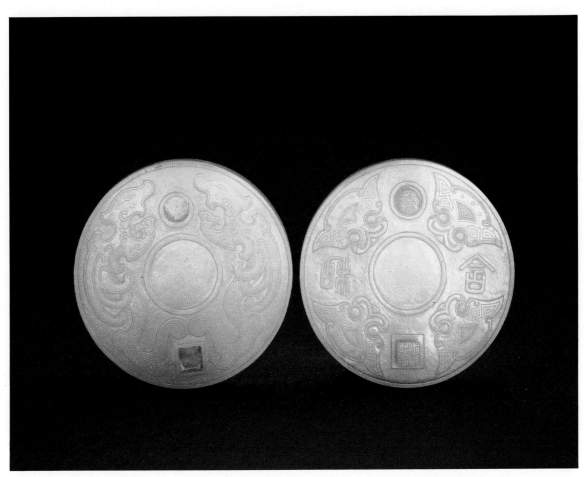

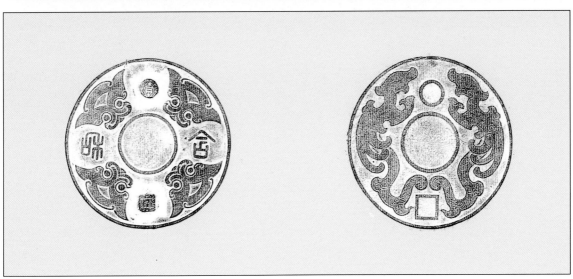

拓片

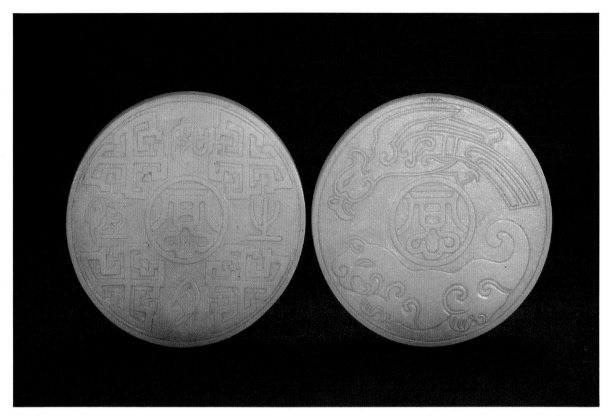

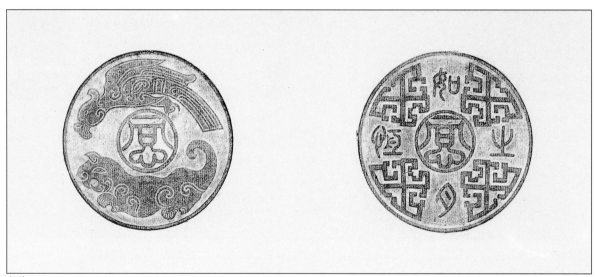

拓片

白玉。合符由兩個圓片組成,淺浮雕紋飾。器外正面上為鳳紋,下為夔
紋。中間圓開光內篆書"同心"二字。背面變形拐子紋間琢篆書"如月之
恒"四字。中心圓開光內刻"同心"二篆體字。器裏一片飾雙夔龍紋,其
首尾間為圓方插孔。另一片周圍等距飾四獸頭,及右"含"左"和"二篆
字。上面圓凸鈕上刻陽文"☰"(乾),下面凸方鈕上琢陽文篆體"隆"
字。

此作琢磨圓潤,兩片按凹凸孔鈕相接嚴絲合縫,匠工高超。

玉陳設

Jade Furnishings

玉鑲嵌如意
清
長44厘米
清宮舊藏

**Jasper Ruyi-sceptre inlaid
with white jade**
Qing Dynasty
Length: 44cm
Qing Court collection

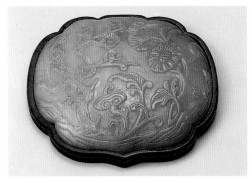

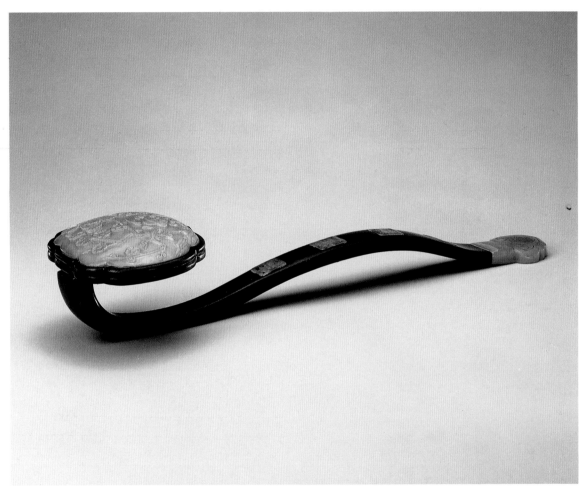

碧玉鑲白玉琢製而成。碧玉呈深綠色有黑斑，所用白玉局部略見瑕斑。如意頭部嵌白玉一塊，其上淺浮雕梅花、萬壽花、靈芝等紋飾。器柄嵌鏤雕的白玉"吉祥如意"四字。柄端嵌一白玉，如意雲狀。全器顏色分明，構思嚴謹，雕工講究，在故宮收藏的玉如意中，這種碧玉鑲白玉做工較為罕見。

玉龍鳳靈芝式如意
清
長38.8厘米
清宮舊藏

Sapphire Ruyi-sceptre in the shape of
Lingzhi with dragon and phoenix
design
Qing Dynasty
Length: 38.8cm
Qing Court collection

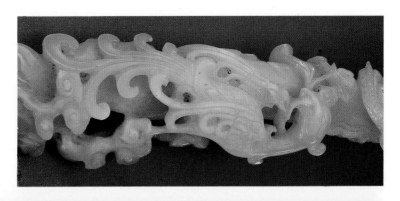

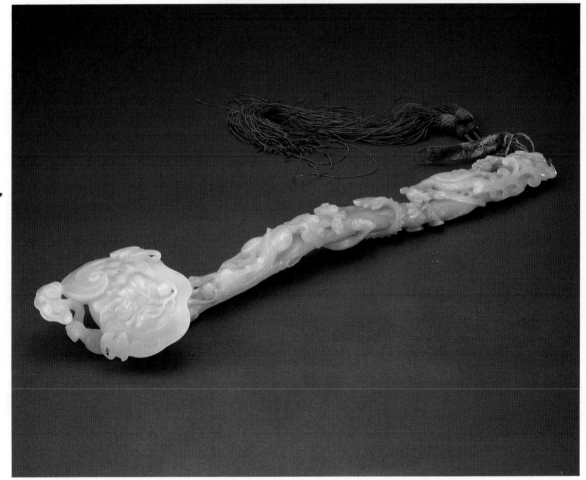

青玉。淡青色玉質，局部可見沁色和瑕斑。器呈靈芝式。柄部採用深浮雕
及局部鏤雕的手法相結合，刻畫出雲龍戲珠，丹鳳銜花和靈芝花紋，其雲
龍盤繞於柄。如意首部淺浮雕一火珠與兩隻蝙蝠相對，尾部透孔，繫一絲
穗。

清代宮廷中，如意被廣泛用於裝飾和陳設，表示不同地位和等級，也是一
種權力象徵。如意質地有金、銀、銅、琺瑯、竹木、玉等，以玉質如意最
多。而玉質如意又分白玉、青玉、碧玉和黃玉，並有多種嵌有不同寶石的
如意，各具特色，豐富多彩。

如意上所雕龍、鳳、靈芝、蝙蝠，都是清代盛行的題材，象徵吉祥如意。

玉鑲嵌歲歲平安圖如意（一對）
清乾隆
長33厘米
清宮舊藏

**White jade Ruyi-sceptre inlaid with
the auspicious design (a pair)**
Qianlong period, Qing Dynasty
Length: 33cm
Qing Court collection

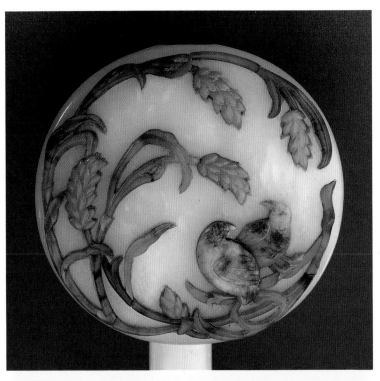

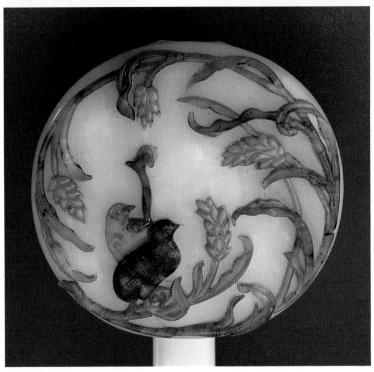

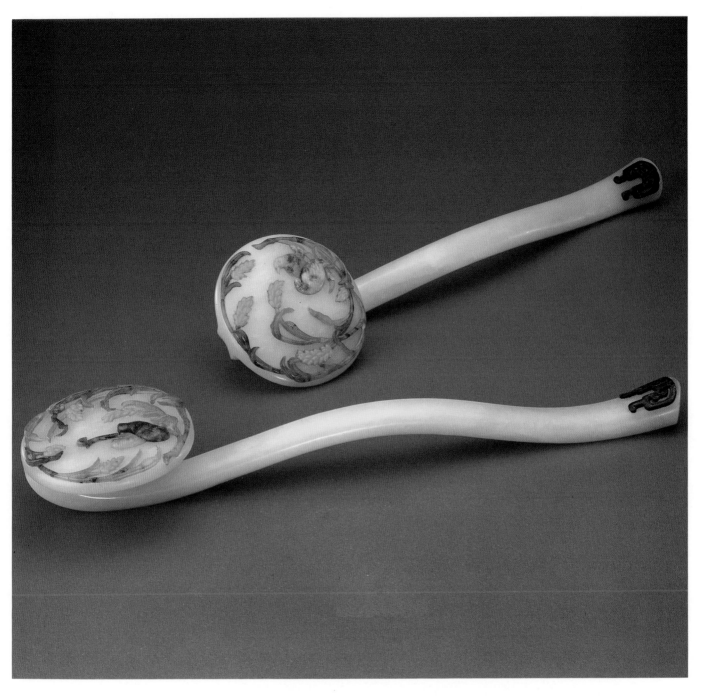

白玉琢製。柄部光素無紋，柄端嵌青金石夔式雲紋。如意頭正面用碧玉、瑪瑙等質料嵌成穀枝葉及穀穗，枝上各伏一對形象生動，意態適然的小鵪鶉。製作技巧精良，構圖豁朗素靜。先按嵌飾大小形狀琢刻陰槽，然後嵌件再黏合牢固。此器寄寓歲歲平安。

玉吉慶有餘磬
清乾隆
長31.3厘米　寬21厘米
厚0.8厘米
清宮舊藏

Jasper Qing (a musical instrument) with
auspicious design
Qianlong period, Qing Dynasty
Length: 31.3cm　Width: 21cm
Thickness: 0.8cm
Qing Court collection

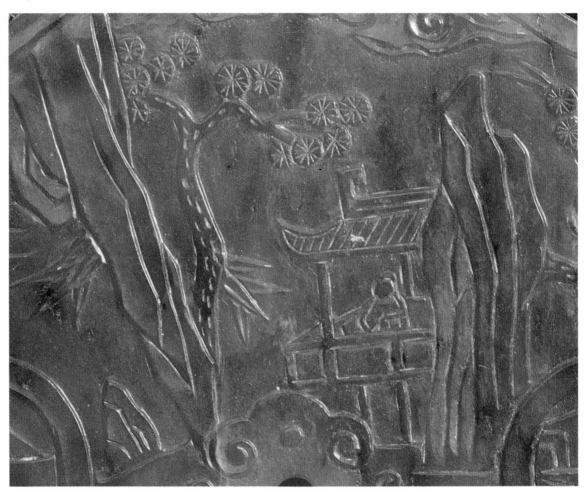

碧玉。兩面雕飾，隱起加陰刻紋理。磬一面雕鶴鹿同春、樓閣、人物、樹木；另一面飾海水、江崖、瓶、雲蝠等紋，興寓江山昇平。雙鏈上部扣雙首夔龍鎖。磬下兩端連雲頭鯰魚墜，中間懸以螭脊螭紋小磬，是謂吉慶有餘。

此器紋飾精細、工藝極為複雜。全器為一塊玉料琢製而成，且上下套鏈，實屬罕見。此磬不實用，為精美的陳設品。

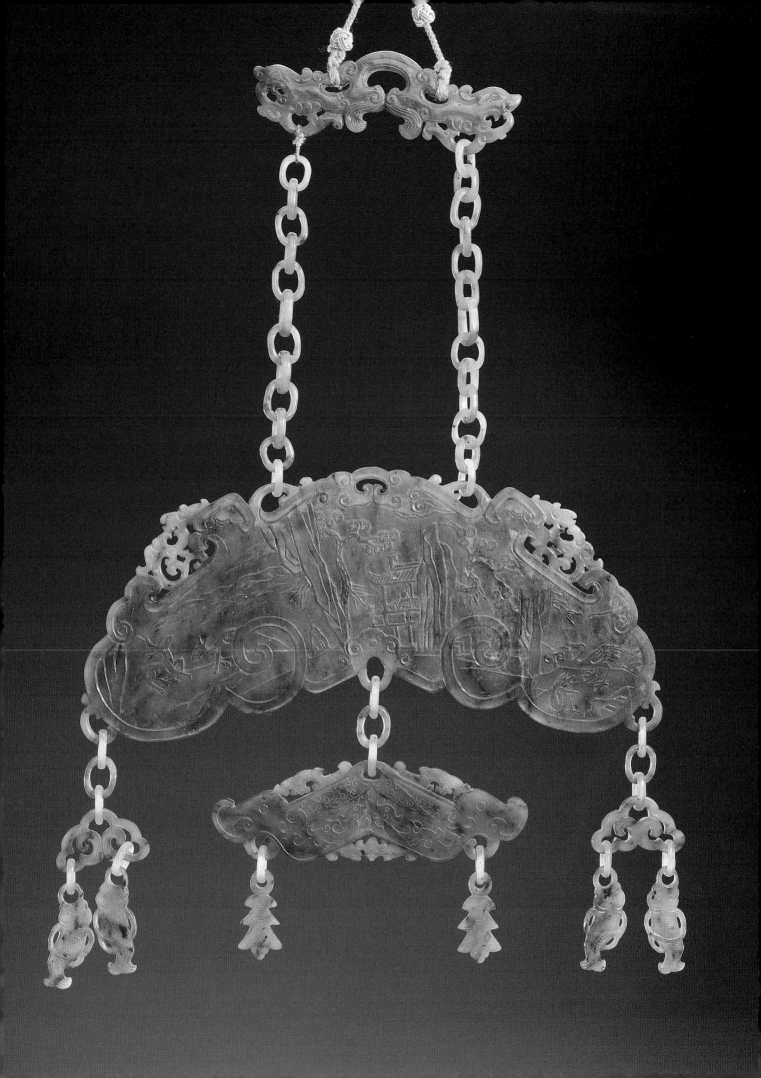

玉漁船
清乾隆
長22.5厘米　寬4.3厘米
高6.7厘米
清宮舊藏

Sapphire fishing boat

Qianlong period, Qing Dynasty
Length: 22.5cm　Width: 4.3cm
Height: 6.7cm
Qing Court collection

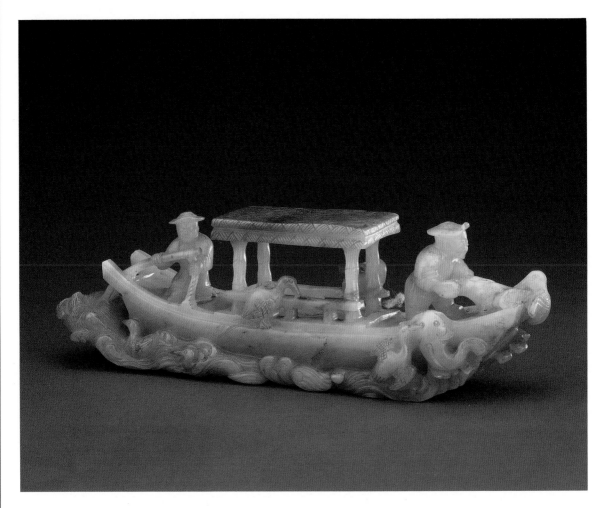

青玉。一條漁船泛於江水中，船尾一人搖櫓，船首一人手拽大鯰魚。船側雕八隻漁鷹追逐魚獲。篷頂妙留玉皮，俏色葦蓆天然色彩。造型真實生動，活靈活現。

鯰魚，寓意"年年有餘"。此器塑造出江南漁民喜獲豐收之情景。

玉葵花式香插
清
高3.3厘米　口徑13.1×7.6厘米
清宮舊藏

Sapphire mallow-shaped incense receptacle
Qing Dynasty
Height: 3.3cm Diameter of mouth: 13.1×7.6cm
Qing Court collection

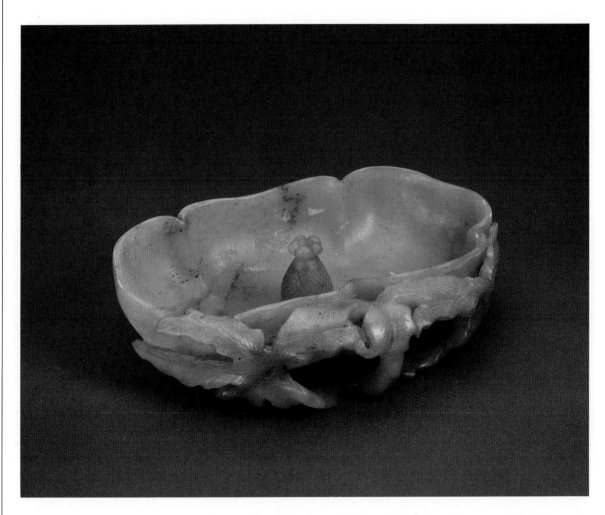

青玉。玉質有墨斑並人為着色。五瓣花朵形，橢圓口，平底花形足。五瓣
中心凸起一帶圓孔花芯飾，可插香。鏤空枝葉為柄，花葉翻捲有致，極為
寫實逼真。此器屬清宮內廷實用器物。

玉葵花式香插
清
高3厘米　圓徑11.8×12.9厘米
清宮舊藏

White jade mallow-shaped incence receptacle
Qing Dynasty
Height: 3cm　Diameter: 11.8×12.9cm
Qing Court collection

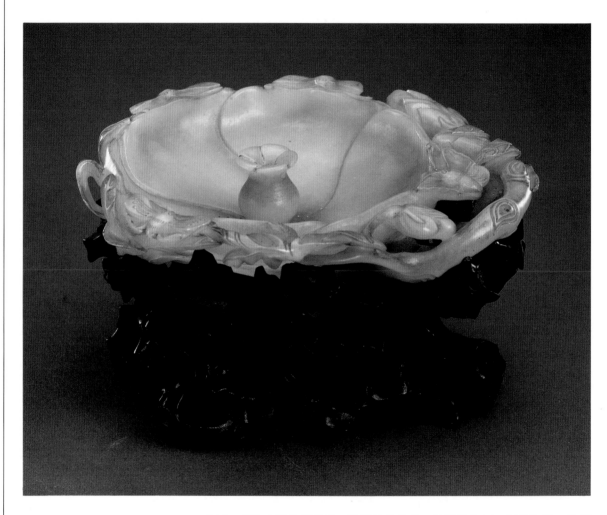

白玉。折枝六瓣秋葵花形，鏤雕枝葉花蕾，以枝幹為柄，舒捲流暢，並琢飾四隻蝴蝶伏翅棲於口沿。葵花中心凸雕一花形芯，中間深雕一圓洞，可插香。

此器設計精巧，線條優美，靜中有動，是同類香插中的精品。

玉鏤雕松鶴香筒

清
高18.3厘米　徑4.7厘米
清宮舊藏

Sapphire incense holder with pine trees and cranes design in openwork

Qing Dynasty
Height: 18.3cm　Diameter: 4.7cm
Qing Court collection

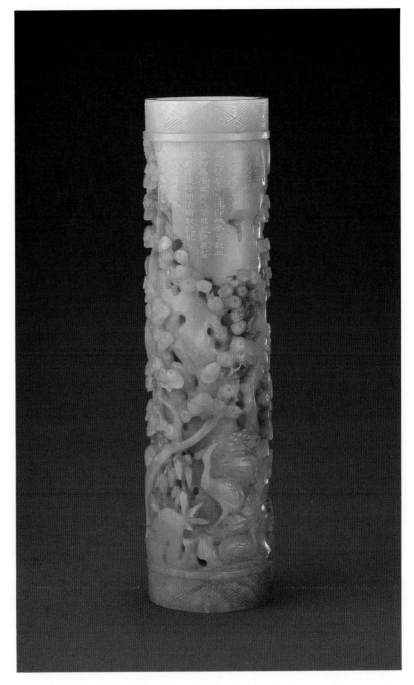

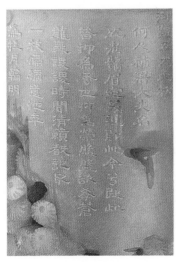

青玉。有瑕斑。器為圓筒形，鏤空雕刻盤繞山石間的五棵大松，樹幹筆直，枝繁葉茂，另有五隻仙鶴松間徘徊。一側山石上鑴填金隸書"御題五大夫松"："何心補署大夫名，五老鬚眉宛笏迎，即此為今分即笏，抑為辱也抑為榮，矗矗欲挐蒼龍舞，謖謖時間清籟歊。記永一枝偏稱意，他年為掛月輪明。"

史載秦始皇曾在泰山一大松樹下避雨，後封此樹為"五大夫"，後人稱此為"五大夫松"，而松也就有了"大夫"的雅號。把松與鶴寓意吉祥，祈盼長青不老，健康長壽。

36 玉耕讀圖香筒
清乾隆
高18厘米 徑4.4－4.5厘米
清宮舊藏

Sapphire incense holder with farmer and scholar design

Qianlong period, Qing Dynasty
Height: 18cm   Diameter: 4.4－4.5cm
Qing Court collection

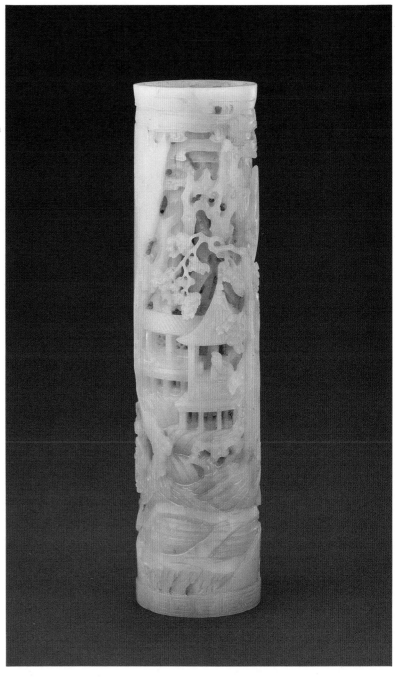

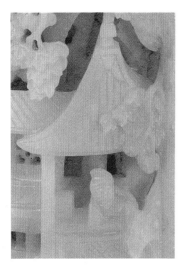

玉耕讀圖香筒

青玉。圓柱形，中空。器壁以深雕、透雕、陰刻等技法琢飾通景。高山峭壁，參天古木，又見流雲湍水，樓閣小橋。其中突出了樓閣中的讀書人和田地上扶犁趕牛的農民，構成饒富詩意的耕讀圖。

這種小型香筒於清代乾隆時期較多，紋飾以山林樓閣為主，並襯以各種人物、漁樵、耕讀、求仙、祝壽等題材。此器下有蓮花式琺瑯座，筒口有鏤花溢香銅頂。這種小型香筒為文房用具，也可作精美別致的陳設品。

玉漁樵圖香筒
清乾隆
高18.6厘米　直徑4.5厘米
清宮舊藏

**Sapphire incense holder with
fisherman and woodcutter design**
Qianlong period, Qing Dynasty
Height: 18.6cm　Diameter: 4.5cm
Qing Court collection

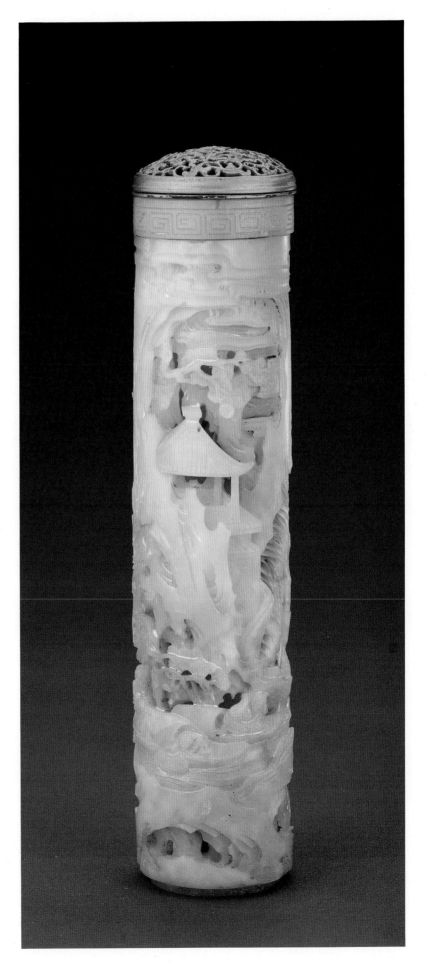

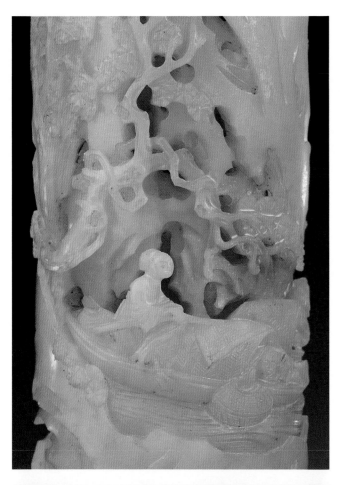

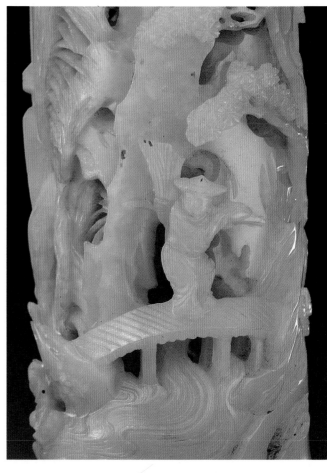

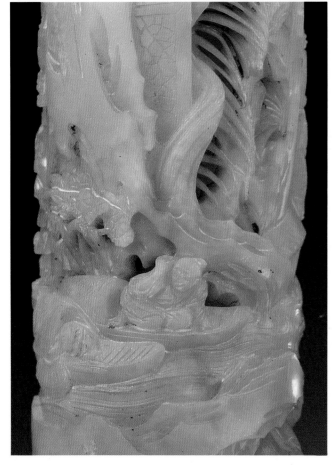

青玉。圓柱形，中空。器壁以深雕、鏤雕等法琢飾通景。下部琢挑擔渡橋的樵夫和張網捕魚的漁民並一二漁家，構成一幅漁樵圖。上部琢飾高山、樹木、亭台、流雲。畫面立體感強，景物編排細密，比例適度。

清代乾隆時期，耕讀、漁樵內容的器物較多。此器與玉耕讀圖香筒配對。

玉採藥圖香筒
清
高17.9厘米　口徑3.6厘米
清宮舊藏

**Sapphire incense holder with the
design of an old man gathering
medicinal herbs**
Qing Dynasty
Height: 17.9cm
Diameter of mouth: 3.6cm
Qing Court collection

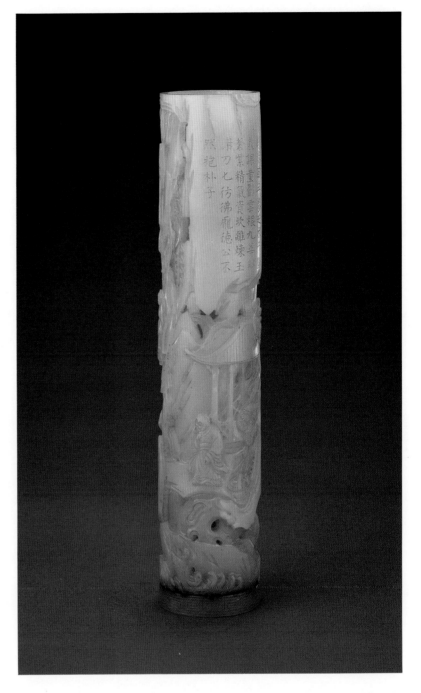

青白玉。玉質青白色，器為圓形筒狀，鏤空雕刻山水人物圖。一飛檐小亭
立於險峻山石間，旁側一棵參天松樹，亭前站立一老者，微仰頭觀看半山
中一掛於籬蘿間嬉耍的小童。腳下溪水潺潺流過，旁邊的花籃採滿靈芝。
一塊巨大山石上鐫刻填金楷書御製五言詩："夠夈百年養，芝木千齡美，
課童劚雲根，九華辦蒼紫，精氣資坎離，煉玉謝刀匕，彷彿龐德公，不然
抱朴子。"

玉香筒為清代宮廷陳設用品，有較大型的，也有小型的。小型的一般立於
香案之上或為文房用具，多鏤空雕刻，用以薰香。

玉鏤空花薰
清乾隆
高6.5厘米　口徑9.1厘米
清宮舊藏

Sapphire perfumer in openwork
Qianlong period, Qing Dynasty
Height: 6.5cm　Diameter of mouth: 9.1cm
Qing Court collection

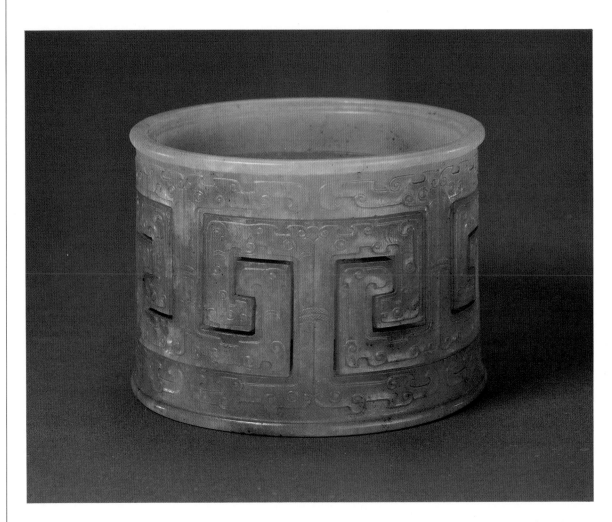

青玉。有墨斑。圓筒式。以鏤雕技法琢成可活動的俯仰變形回紋。外壁隱起對稱夔紋、變形勾雲等紋。樣式新穎，雕工精巧，是乾隆時期珍貴的玉器新品種。器裏附有移斗式鏤空蓋銅膽，可盛香料。

花薰大約在唐宋時期開始出現，至清代成為宮廷和官員家中廣泛使用的陳設品，一般由蓋及器身兩部分組成。主要用作淨化空氣，將鮮花、香料置入器內，可從孔中溢出芳香氣味。

40

玉鏤雕牡丹紋花薰
清中期
高9.3厘米　口徑13.4厘米
足徑7.8厘米
清宮舊藏

Jasper perfumer with peony design in openwork
In the middle part of Qing Dynasty
Height: 9.3cm Diameter: 13.4cm
Diameter of foot: 7.8cm
Qing Court collection

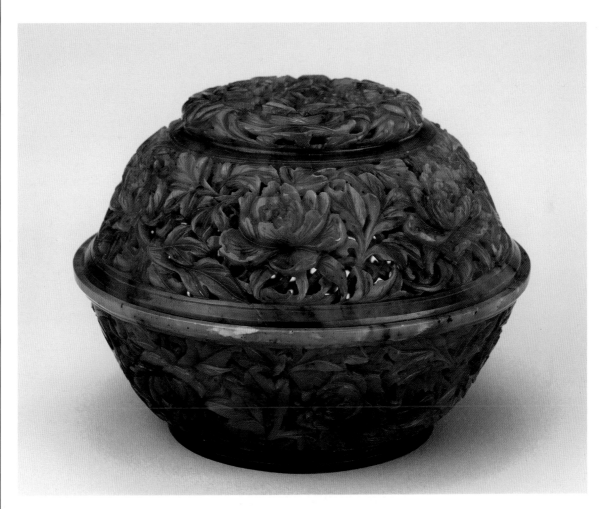

碧玉。玉質瑩潤，色澤鮮艷，圓形。分器、蓋兩部分。圓口，圈足。全器
除底部外，鏤雕盛開的牡丹和翻捲有致的枝葉紋。刀法嫻熟，紋飾精美。
牡丹是富貴花，有花王之稱，象徵吉祥。

玉鏤雕八寶紋花薰

清乾隆
通高12.8厘米　口徑11.8厘米
足徑5.8厘米
清宮舊藏

Jasper perfumer with design of the eight Buddhist
sacred emblems in openwork

Qianlong period, Qing Dynasty
Overall height: 12.8cm　Diameter: 11.8cm　Diameter of foot: 5.8cm
Qing Court collection

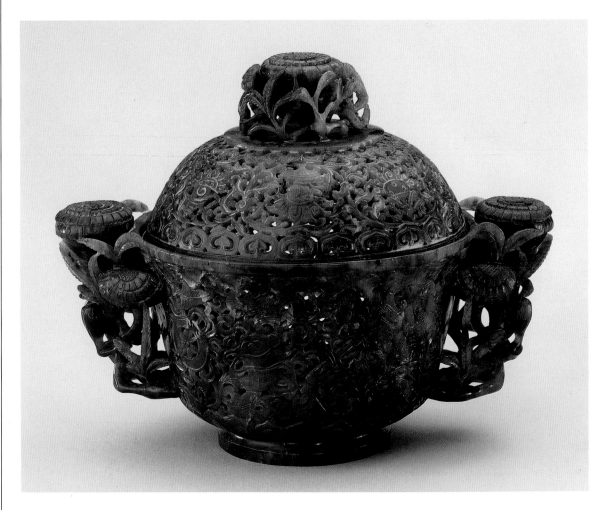

碧玉。器立體圓雕，鏤空技法。菊蕾枝葉為頂。蓋面和器身上下各雕蝙
蝠、垂雲和蓮花紋一周。其間各鏤雕輪、螺、傘、蓋、花、罐、魚、腸等
八寶紋。八寶紋飾間以鏤空纏枝，枝葉相連。器身兩側透雕菊蕾枝葉為
耳。器型秀氣，紋飾玲瓏剔透，刀法精湛，一絲不苟。蘇州專諸巷玉器，
以體輕、優雅著稱。此花薰體薄，紋飾娟秀，可能是清乾隆時期蘇州玉作
坊之作品。

玉鏤雕牡丹紋花薰
清
高10.2厘米　口徑14厘米
足徑9.5厘米
清宮舊藏

Sapphire perfumer with peony design in openwork

Qing Dynasty
Height: 10.2cm　Diameter: 14cm　Diameter of foot: 9.5cm
Qing Court collection

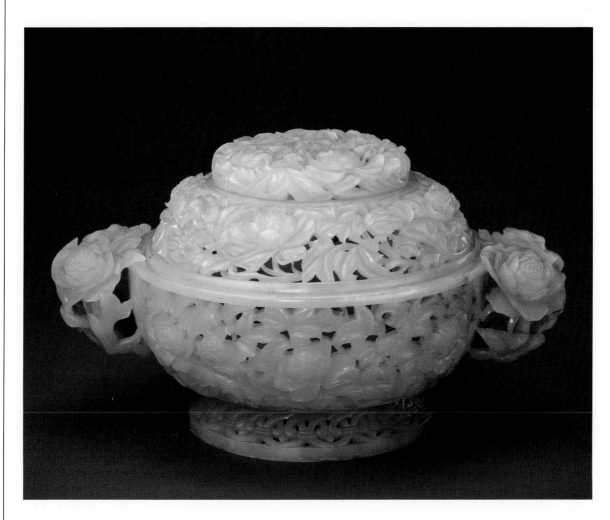

青玉。稍有瑕斑。全器由蓋及器身兩部分組成。圓盒狀蓋頂、圓口、圈形
足，蓋與器身鏤雕牡丹紋，雙耳為鏤空牡丹花葉形。全器雕工精湛，玲瓏
剔透。

玉雙耳活環薰爐

清
通高8.3厘米　口徑10.7厘米
足徑5.9厘米
清宮舊藏

**Sapphire sandalwood burner with double handles
hanging loose rings**
Qing Dynasty
Overall height: 8.3cm　Diameter: 10.7cm　Diameter of foot: 5.9cm
Qing Court collection

43

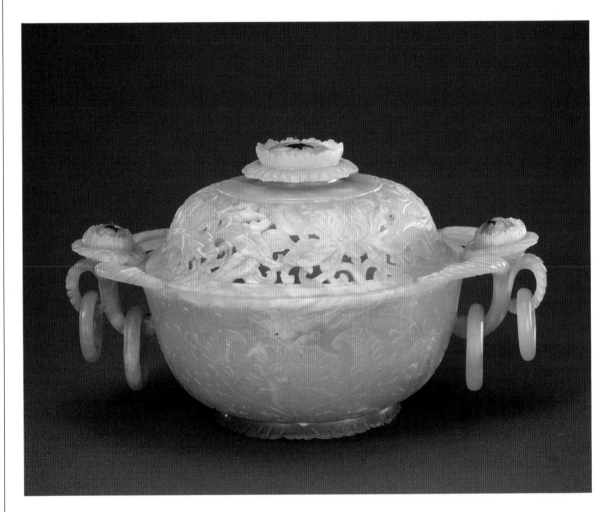

青玉。呈青白色，略有瑕斑。器圓形口，有蓋，鏤空雕寶相花與葉，蓋頂雕花形鈕，花芯嵌石失缺。器內壁雕花瓣形狀，外口沿下淺浮雕花葉紋一周。腹部凸雕寶相花及葉，兩側凸雕花耳，上套雙活環，花芯嵌石亦失缺。底為花形足。

此器為清宮仿製的痕都斯坦式玉器。正似乾隆御製詩中所描述的"耳垂翻出雙苞綴，足砥粉承碎瓣拿。"但與痕都斯坦玉器相比，玉質上更瑩白，打磨精緻，器型更規矩，胎體略厚重，紋飾也較繁複，特別是所雕飾的花耳及其上所套雙活環，皆為痕都斯坦玉器中不常見的。雖為仿製，但仍不失為一件製作精良，質量上乘的珍貴藝術品。

玉獸耳活環花薰
清
通蓋高13.4厘米　口徑22.5厘米　足徑10.5厘米
清宮舊藏

**Jasper perfumer with animal-shaped handles
hanging loose rings**
Qing Dynasty
Overall height (with cover): 13.4cm
Diameter of mouth: 22.5cm　Diameter of foot: 10.5cm
Qing Court collection

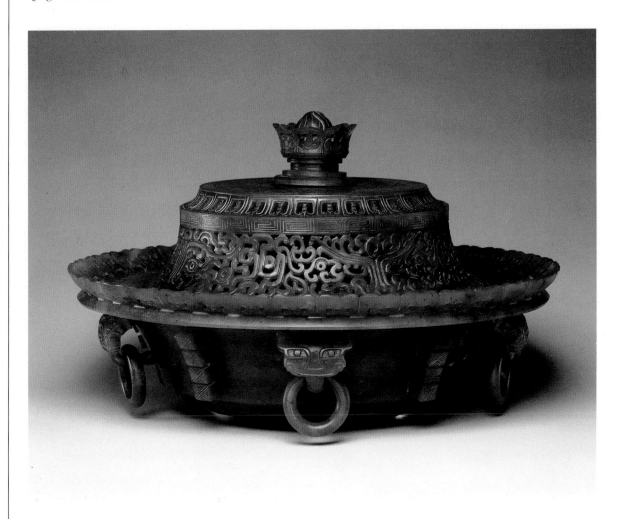

碧玉。玉質深碧色，局部有黑色斑點。全器分兩部分，蓋為折肩鈴式，僧帽式蓋頂。蓋的周邊鏤雕獸面紋及蓮瓣紋各一周，上平面刻有獸面紋。薰體為寬折邊口，鏤雕蓮瓣式雲頭紋花邊，周身外凸雕五出戟，相間五獸面活環耳。全器共有回紋五道。厚重中見靈巧。這件花薰既可實用，又是極為珍貴的陳設品。

玉燈右觀書插屏（附碧玉座）
清乾隆
寬11.2厘米　高8.4厘米　厚1.3厘米

Sapphire table screen with the design of an old man
reading a book by the light (a jasper stand attached)
Qianlong period, Qing Dynasty
Width: 11.2cm　Height: 8.4cm
Thickness: 1.3cm
Qing Court collection

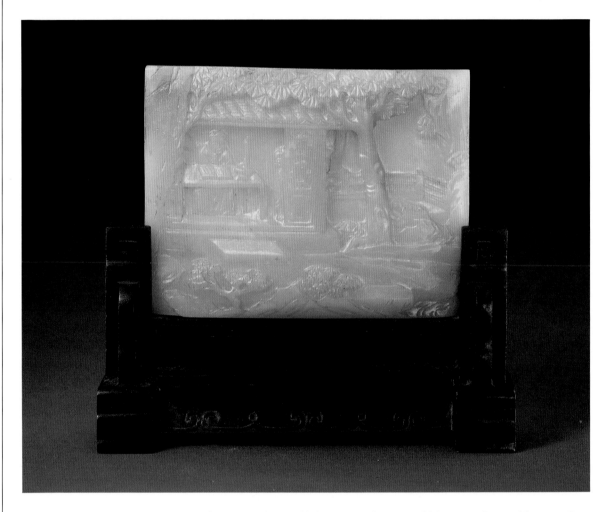

青玉。浮雕加深雕技法。一面圖紋，一面刻字。正面飾山間靜屋，環境雅
致，一老者坐在燈下觀書，一侍童立於身旁。刻畫出燈下苦讀之情景。背
面回紋邊內陰刻隸書：「繼晷焚膏者，觀書勤用功。置檠當在左，據案乃
宜中。詎祇周人尚，應專斡氏攻。光來無影亂，照處與神融。千載闋言
著，一端足理窮。展編寧藉月，翻帙不生風。順手既稱便，沃心都可通。
因思段成式，硯此事堪同。」末署「御製賦得燈右觀書」並「臣曹文埴敬
書」及「臣埴」一印。清代插屏多以檀木為座，玉座很少見，此插屏以玉
為座，更顯珍貴。

插屏為清代重要的宮廷陳設品，既可當做文房用具，又可以陳設几案之
上。清代插屏品種繁多，有白玉、青玉、碧玉，有方形、圓形及隨石賦
形，一般都配有紫檀邊框和木座。

玉松亭人物插屏

清
長24.7厘米　寬15.1厘米
厚1.1厘米
清宮舊藏

Jasper table screen with design of pine trees, pavilions and figures
Qing Dynasty
Length: 24.7cm　Width: 15.1cm
Thickness: 1.1cm
Qing Court collection

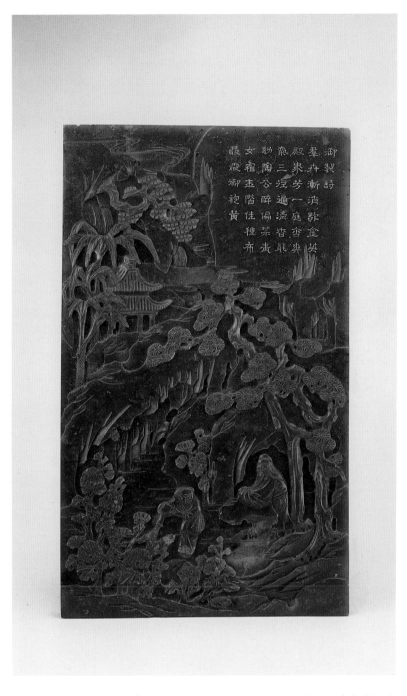

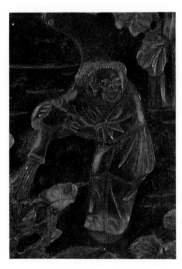

碧玉，色澤溫潤。插屏為長方形，片狀。一面凸雕松下老人、澆菊花的小童子及山石樹木、亭台等，右上角鐫描金御製五言詩一首："羣卉漸消歇，金英殿眾芳，一庭含爽氣，三經遍清香。能助陶公醉，偏禁青女霜，主階佳種布，最殿御袍黃。"另一面鐫篆文"福"、"壽"字共百個。

此碧玉插屏色如菠菜葉，略有透明感，其中還有含銅礦物質的黑色斑點，顯出深淺不同層次，增加了作品的立體感。

46

玉耕讀圖插屏

清

長18.5厘米　寬26.7厘米

厚1.2厘米

清宮舊藏

Jasper table screen with design of farmer and scholar

Qing Dynasty

Length: 18.5cm　Width: 26.7cm

Thickness: 1.2cm

Qing Court collection

47

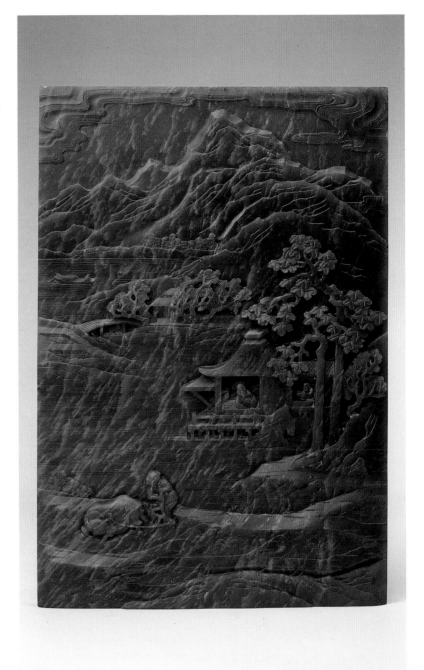

碧玉。玉色深綠，有淺色條斑。插屏上部雕流雲環繞山間，山勢重疊，河水自山間曲折而出。細雨如絲，小舟如葉。河上木橋橫披，河畔樹木錯落。一閣臨水而立，前後兩舍，窗戶並啟。一老人臨窗伏案，似觀窗外景色。案上書落成疊，有小童自後室持奉而來。閣前樹高如柱，閣側水田成畦。一農夫持犁田中耕作，犁前立牛，水沒牛腰。

此作品採用多層次雕琢，景色愈遠而浮雕愈淺，近景以高浮雕表現，層次分明，圖案布局疏密得體，情景交融。背面刻有乾隆題詩："揮汗耘田日正長，偷閑小睡午陰涼，夢還不涉邯鄲境，也抵殷勤較雨暘。右耕。三家村里古風存，白首田翁自課孫，耕織相安王道具，寧須時務細陳論。右讀。乾隆甲申御題"，"乾"、"隆"二印。

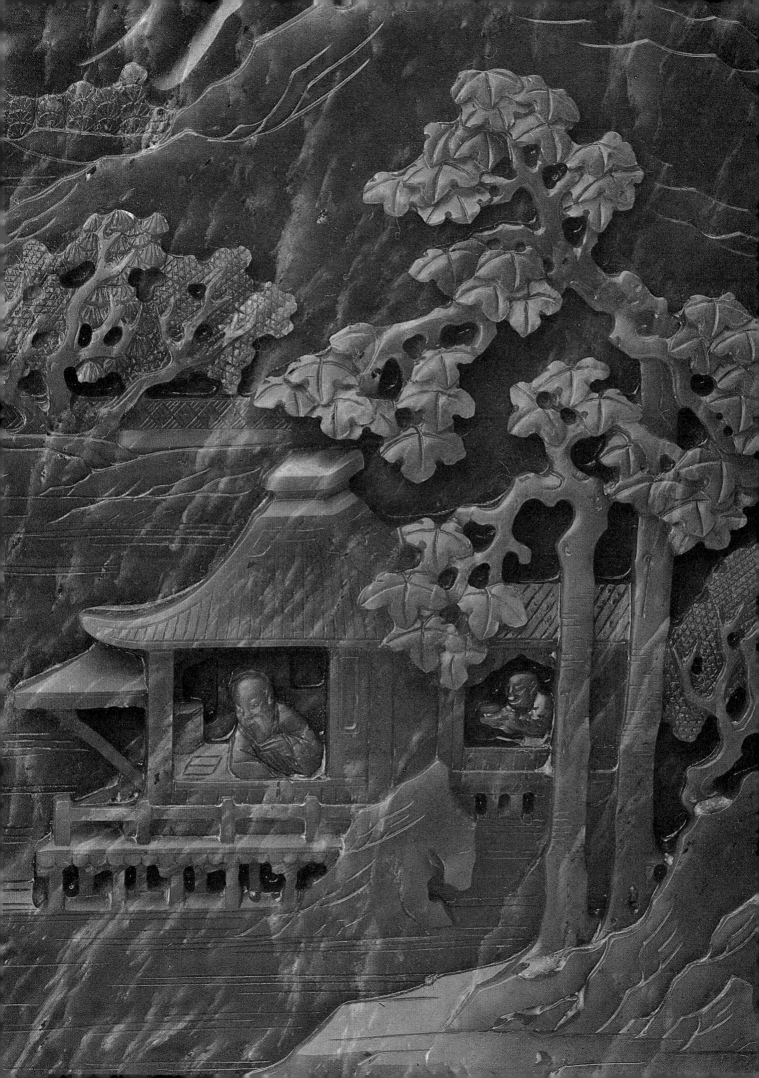

玉漁樵圖插屏
清
長18.7厘米　寬26.7厘米
厚1.2厘米
清宮舊藏

**Japser table screen with design of
fisherman and woodcutter**
Qing Dynasty

Length: 18.7cm　Width: 26.7cm
Thickness: 1.2cm
Qing Court collection

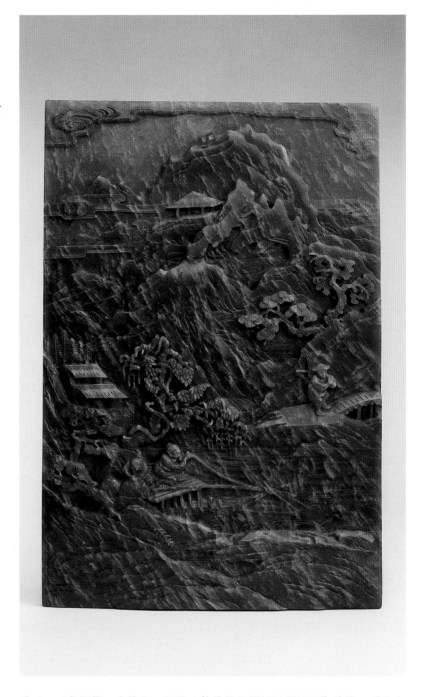

碧玉。玉色深綠，有條斑。所雕山勢較前之耕讀圖所見更為險峻。重山之
中見小屋茅舍，山上雜樹叢生，草木繁茂，小河自山中盤繞而出，匯至山
前積而成潭。河上有橋，樵夫負薪山中，走近橋邊，回首觀望漁者。河岸
古樹曲折橫生，伸向水中，樹上青藤纏掛，樹下一平台立於水畔，漁者坐
其上拉網捕魚。背面刻詩：「不教葭舫換柴扉，團聚常看婦子圍，橙岸繫
船羣曬網，盤餐喜有鯚魚肥。右漁，山頭薪負過溪濱，擔賣無過左近鄰，
何必道中嘔旦讀，捷妻終不學吳人。」朱「乾」白「隆」二印。此插屏與
耕讀圖插屏為一副，兩插屏皆利用玉中所含淺色綹紋為雨色，造成細雨如
絲溟濛一片的效果，是俏色玉雕的佳作。

49

玉雙魚雙孔花插
清乾隆
寬16.4厘米　高23.9厘米
厚3.9厘米
口徑2×1.7厘米及3.2×2.4厘米
清宮舊藏

**Jasper flower receptacle in the
shape of twin-fish**
Qianlong period, Qing Dynasty
Width: 16.4cm　Height: 23.9cm
Thickness: 3.9cm
Diameter of mouth: 2 ×1.7cm;
3.2×2.4cm
Qing Court collection

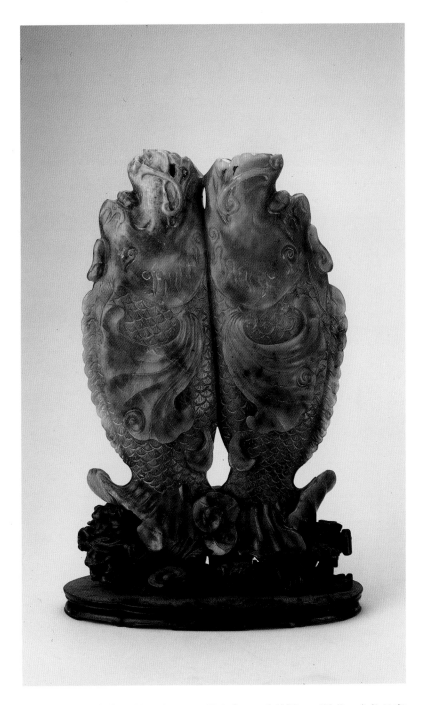

碧玉。兩魚並體帶飛翼，張口，凸眼圓睜。口腔較深，可插花。魚紋是商周以來傳統紋飾。魚具有生殖繁盛，多子多孫的祝福含義。此器雙魚均帶角，可稱"魚龍變化"。古喻金榜題名，也喻高升昌盛。

玉匠在此器上巧留玉皮之色，恰似陽光照耀下之閃閃光芒，充分顯示出乾隆時期製玉工藝的浪漫主義色彩和高超的技能。

玉蓮荷花插
清
長22.5厘米　高12.6厘米　口徑12.1×7厘米
清宮舊藏

Sapphire flower receptacle with lotus design
Qing Dynasty
Length: 22.5cm　Height: 12.6cm
Diameter of mouth: 12.1×7cm
Qing Court collection

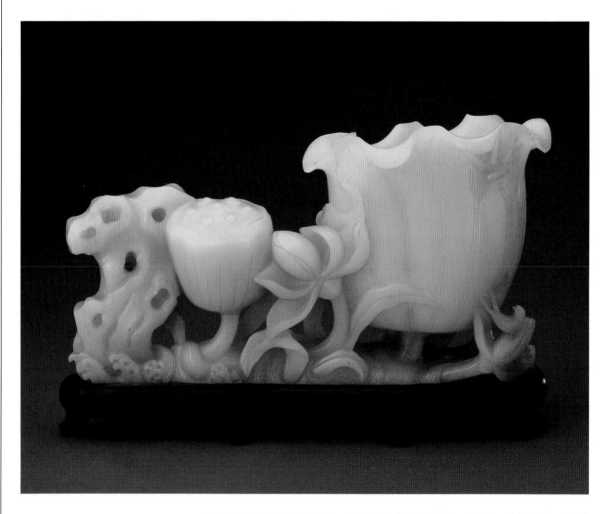

青玉。帶光澤，稍有瑕斑。器主體由湖石、蓮蓬、荷花、荷葉組成。蓮蓬
緊靠湖石，雕七粒蓮子。荷葉內空，外琢筋絡，細緻入微；邊沿微斂，一
側凸雕一飛雀。器下部飾有流水、浪花、水草，一雀立於荷花之上，作回
首狀。造型生動自然，結構巧妙緊湊，雕工精細。

玉松竹梅花插

51

清
寬13.4厘米　高17.7厘米
清宮舊藏

**Jasper flower receptacle with
design of pine, bamboo and prunus**
Qing Dynasty
Width: 13.4cm　Height: 17.7cm
Qing Court collection

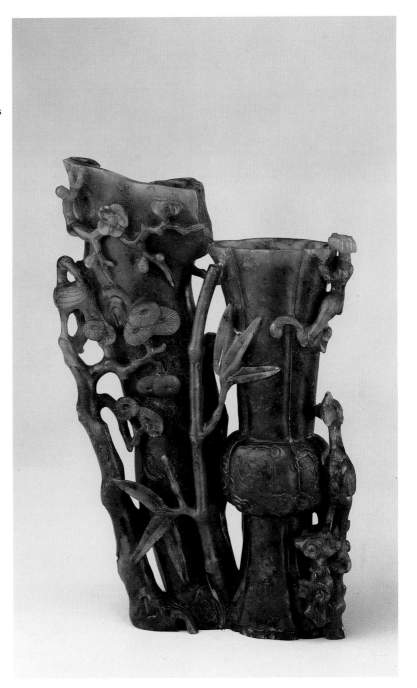

碧玉。玉色深碧，主體雕一高大樹樁，中空，樁上有梅枝、梅花，樁旁松
樹一株，樹上有松枝，並站立一鶴，喻松鶴延年之意。樁旁雕竹，竹竿單
細，竹葉稀疏。其旁立一花觚，海棠式口，鼓腹，腹雕獸面紋。觚口部伏
一蟠螭，觚旁一鳳，立於靈芝之上。觚背面雕梅樹一株。此作品集松、
竹、梅、鶴、鳳、螭、觚、靈芝為一體，既表示福壽祥瑞，又寄頌品德情
操。這種多題材，多寓意的綜合作品，清代玉器中較常見。

玉佛手式花插
清中期
高16.3厘米　口徑8.2×4.5厘米
足徑5.2×5厘米
清宮舊藏

Yellow jade flower receptacle in the shape of fingered citron
The middle Qing Dynasty
Height: 16.3cm　Diameter of mouth: 8.2 × 4.5cm
Diameter of foot: 5.2×5cm
Qing Court collection

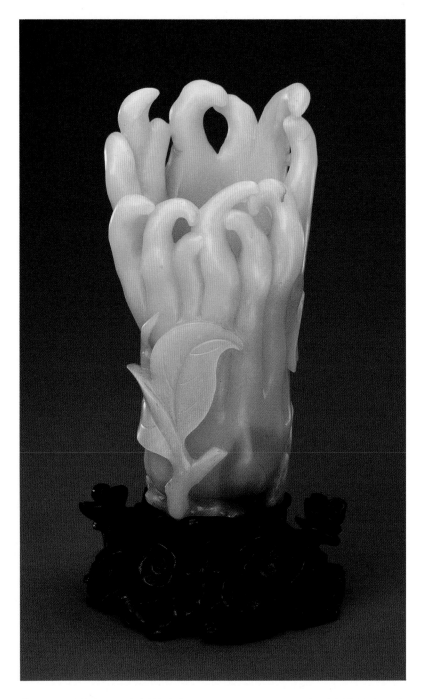

黃玉。玉秋葵色。玉料極其珍貴。以深雕、浮雕、透雕加陰刻等技法琢成佛手式折技。器中部圓孔可插花，口部傾斜，前低後高，腹部前後飾翻捲有致的葉紋，盤捲枝幹為足，造型極其生動逼真，是件不可多得的黃玉工藝陳設品。

佛手俗稱佛手柑，狀如人手。在清代常以佛手紋飾來表示長壽，取其吉祥。

玉荷葉式花插

53

清
寬9厘米　高14.5厘米　厚5.5厘米

Yellow jade flower receptacle in the shape of lotus leaf
Qing Dynasty
Width: 9cm　Height: 14.5cm
Thickness: 5.5cm

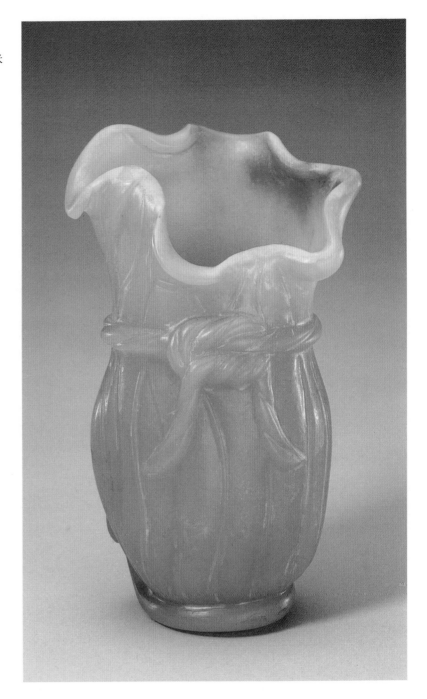

黃玉。玉色青黃，邊沿呈褐色。荷葉形，束而成筒，中部纏繞繩紋一道，繩端下垂，荷葉有長柄，盤於器底為足。清代此類花插甚多，或形如器皿，或形如樹樁，也有造成白菜、佛手、荷葉等植物樣式。可插花，亦可插筆，因插筆時需經常動用，造型取厚重，以免翻倒。此作品單細清秀，作插花之用。

玉雙筒式花插
清乾隆
高8.4厘米　單口徑3.4×2.5厘米
底徑4.5×2.5厘米
清宮舊藏

Sapphire double-tube-shaped flower receptacle

Qianlong period, Qing Dynasty
Height: 8.4cm　Diameter of mouth: 3.4×2.5cm
Diameter of bottom: 4.5×2.5cm
Qing Court collection

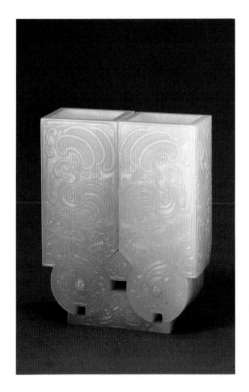
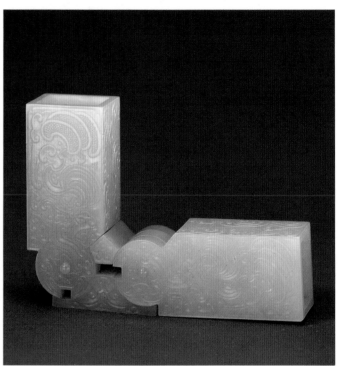

青玉。全器分雙方筒、底托三部分，用插榫連接而成。可拼合，合則成雙
筒並立式，毫無縫隙；開則成一字形。器兩個寬面淺浮雕對稱雲鳳紋，兩
側面飾變形雲紋。底陰琢三行隸書"大清乾隆仿古"六字款。此器設計精
巧，造型奇特，是乾隆仿古器之精品。

玉鷹獸觚式花插

清

長10.3厘米　寬4.2厘米

高12.2厘米

**Yelow jade Gu-shaped flower
rceptacle carved with an eagle and a beast**

Qing Dynasty

Length: 10.3cm　Width: 4.2cm

Height: 12.2cm

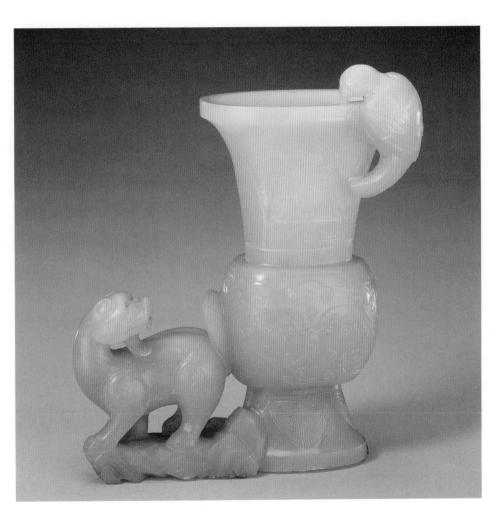

黃玉。玉呈淺黃色，近似秋葵黃。主體為仿古玉觚，扁形，闊口。頸部飾
蕉葉紋，觚腹微凸，飾獸面紋。觚口之上伏一巨鷹，鷹翅攏於身，翅及尾
雕羽紋，觚左側雕矮石，石上立一獸，回首視鷹。器中所雕鷹、獸又作
鷹、熊。明代之後，鷹熊圖案常用於裝飾器皿，此器以動物造型配仿古器
皿，設計新穎別致。

玉魚簍小尊
清中期
高7.8厘米　口徑4×2.7厘米
底寬11厘米

Sapphire Zun in the shape of a fish basket
In the middle part of Qing Dynasty
Height: 7.8cm　Diameter of mouth: 4 ×2.7cm
Width of bottom: 11cm

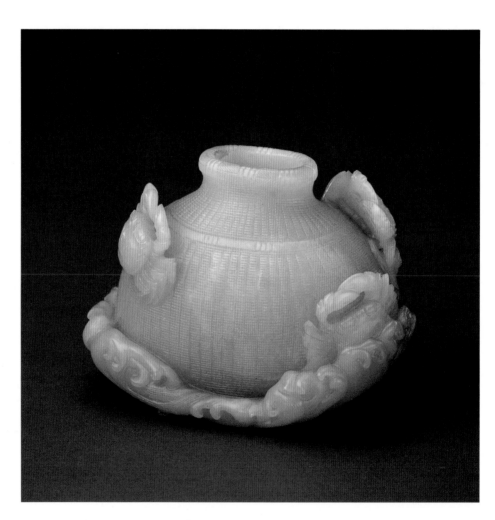

青玉。扁圓魚簍形，束頸，小橢圓口。器外壁琢飾精細的簍筐紋，並凸雕
四隻螃蟹，爬向簍口，形象生動。簍底部琢漩渦式水紋，手法寫實，技藝
精湛。

玉龍紋活環尊
清乾隆
高16.2厘米　口徑9.5×16.2厘米　足徑6.8×9.1厘米
清宮舊藏

**Sapphire Zun with dragon design and four handles
hanging loose rings**
Qianlong period, Qing Dynasty
Height: 16.2cm　Diameter of mouth: 9.5×16.2cm
Diameter of bottom: 6.8×9.1cm
Qing Court collection

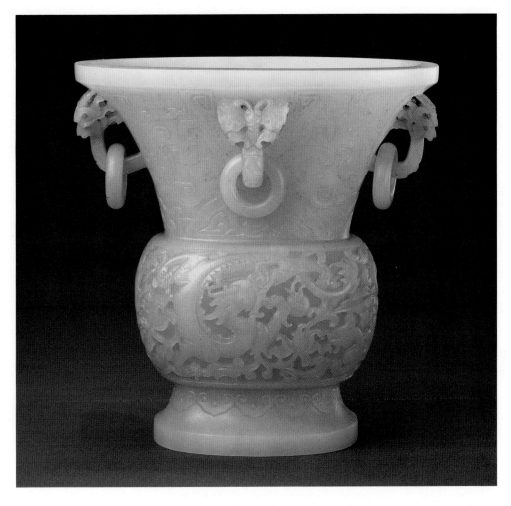

青玉。立體圓雕，壁厚，浮雕紋飾。橢圓撇口，橢圓足。口外四面透雕四
蝶耳並套活環。頸部淺浮雕變形夔龍紋。橢圓腹上飾四條穿花龍紋。足上
垂雲紋一周。雕飾繁密，嚴正中見工巧。此器是乾隆時期精緻的陳設品，
屬新品種。

玉羊首耳爐
清中期
高9.9厘米　口徑8.8厘米　足徑7.4厘米
清宮舊藏

Jade censer with ram-shaped ears
In the middle part of Qing Dynasty
Height: 9.9cm　Diameter of mouth: 8.8cm
Diameter of foot: 7.4cm
Qing Court collection

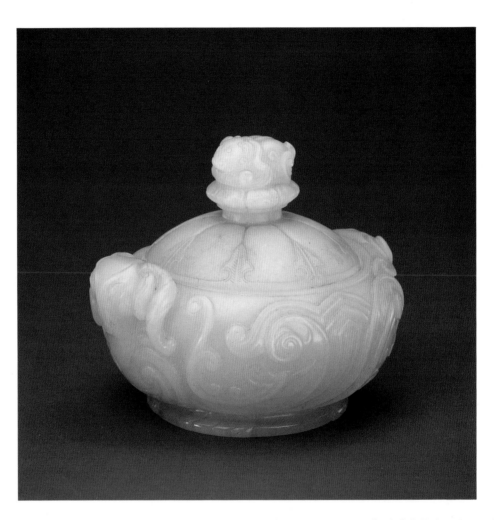

青白玉。圓體，羊形。圓斂口，圈足。蓋頂為羊臥蓮花式。蓋面下部等距
仰雕蕉葉紋。器口一側凸雕羊首紋，另一側琢羊尾，為垂雲式。首尾的兩
側浮雕羽翼紋。羊之四足踏於器底邊緣。形象紋飾簡括而誇張，線條圓潤
流暢，技藝極精練。

玉龍鳳紋爐
清中期
高10.8厘米　口徑15.7厘米　足徑3.2厘米
清宮舊藏

Sapphire censer with dragon and phoenix design

In the middle part of Qing Dynasty
Height: 10.8cm　Diameter of mouth: 15.7cm
Diameter of foot: 3.2cm
Qing Court collection

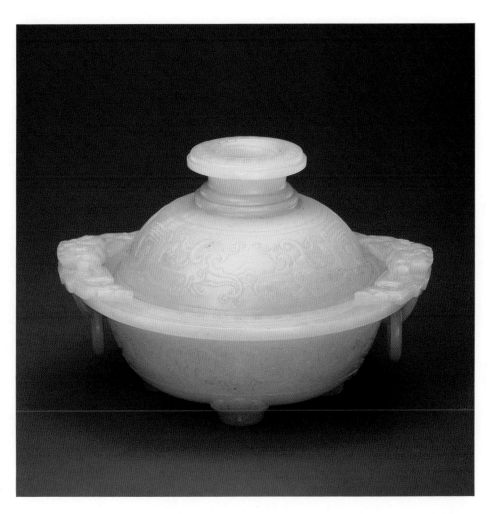

上等青玉。分器、蓋兩部。環形蓋鈕，邊沿飾回紋。蓋面隱起兩對夔鳳
紋。器圓口、寬沿。寬沿裏側飾回紋一周，口兩側凸雕雙獸首，其下各套
活環。爐腹淺浮雕兩組相對夔龍紋。底部四獸頭足。這種爐在宮中數量不
多，極其珍貴。

玉龍鈕弦紋爐

清

通蓋高14.9厘米　口徑13.2厘米

足距5.8厘米

清宮舊藏

White jade covered censer with bow-string design

Overall height (with cover): 14.9cm

Diameter of mouth: 13.2cm

Foot spacing: 5.8cm

Qing Court collection

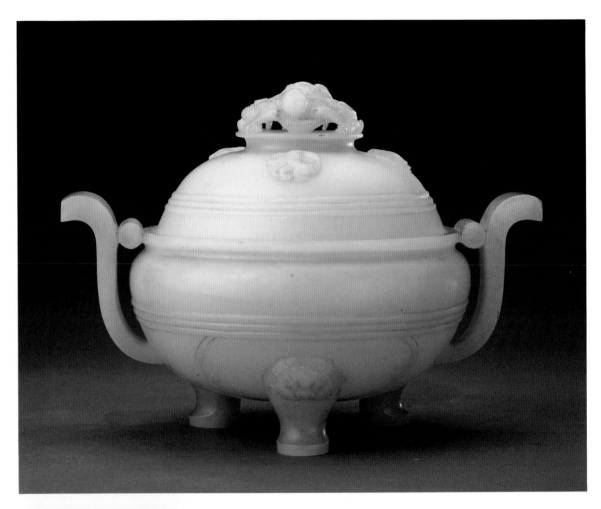

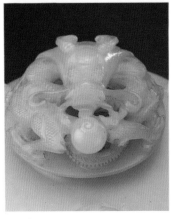

白玉。質頗佳，無雜色，帶光澤。器蓋呈上拱形，頂部鏤雕一蟠龍，龍頭前有一火珠。蓋面中部凸雕三隻圓形團螭，近蓋邊沿處飾有三道弦紋。其中龍頭較大，且窄而長，龍身細小，為清代龍的特點。爐體兩側鏤雕朝冠形雙耳，圓形爐腹，腹部飾弦紋，腹下獸吞式三足，三足間飾有結繩狀紋。

此器仿古青銅器，造型古樸典雅。清代仿古玉器大致可分為兩種，一是完全仿古，大小、比例及紋飾都仿照古器而做；二是局部仿古，並融合當時的風格特點。本器屬於後一種。

玉四喜八寶紋爐

61

清乾隆
通蓋高12.3厘米　口徑13.9厘米
足距2厘米

Sapphire censer with design of
four characters "Xi" (happiness) and
the eight Buddhist sacred emblems
Qianlong period, Qing Dynasty
Overall height (with cover): 12.3cm
Diameter of mouth: 13.9cm　Foot spacing: 2cm
Qing Court collection

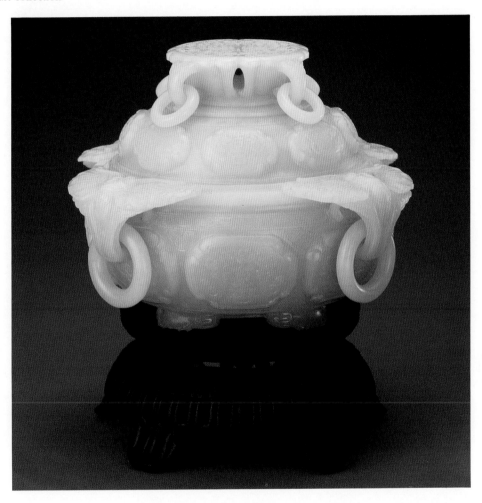

新疆上等青玉。立體圓雕，分器、蓋兩部分。蓋頂為四合如意式，四角套
活環。平頂上隱起對稱變形雲紋，蓋面和器身各凸起八個海棠花形飾，上
面相對各琢四個"喜"字。喜字間飾罐、魚、蓋、花和腸、螺、輪、傘八
吉祥紋。器口對稱鏤雕四隻蝴蝶，其尾部各套活環。底四個雲頭式足。造
型厚重，琢藝精湛，是難得的清乾隆時期玉雕精品。

蝴蝶紋是清晚期盛行紋飾。蝴蝶色澤鮮艷，討人喜歡。以器上所示喜字和
紋飾推斷，此爐可能是帝王婚儀時所用。

62

玉塔式爐
清
高28厘米　口徑11.1厘米
清宮舊藏

**Jasper censer in the shape
of a pagoda**
Qing Dynasty
Height: 28cm
Diameter of mouth: 11.1cm
Qing Court collection

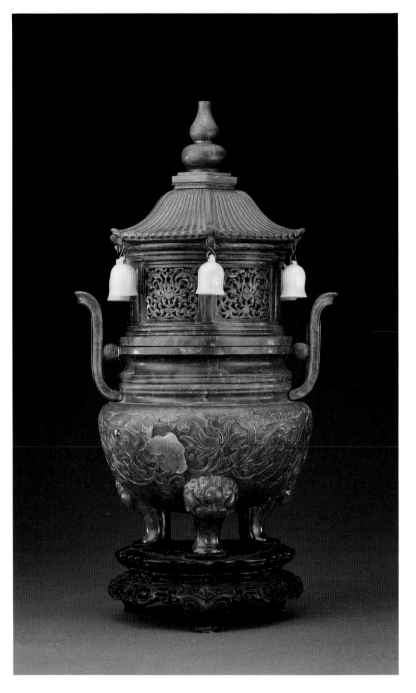

碧玉。玉質深碧色,無瑕斑。爐體分為上下兩部分。上部為圓筒式罩,筒
壁上開光,開光內鏤雕蕃蓮紋,爐罩上部有屋頂式蓋,蓋上有六坡屋脊並
排列整齊的瓦壟,脊下端各懸一白玉鈴。頂蓋上部有一瓶式爐鈕。下部分
為爐身,圓形爐口,口外飾弦紋,口兩側各有一朝冠形爐耳。爐腹圓而
鼓,腹外飾淺浮雕纏枝蕃蓮紋,腹下部凸雕等距三獸首,獸口各含一獸
足。此爐造型為流行的大型香爐樣式,爐內可放香料,香氣自爐罩溢出。
屬陳設品,亦可作薰爐使用。

玉蟠龍貫耳瓶

63

清
高29厘米　口徑5.7厘米
腹寬14厘米　足徑7.3厘米
清宮舊藏

Sapphire vase with lugs and
coiled dragons design
Qing Dynasty
Height: 29cm
Diameter of mouth: 5.7cm
Width of belly: 14cm
Diameter of foot: 7.3cm
Qing Court collection

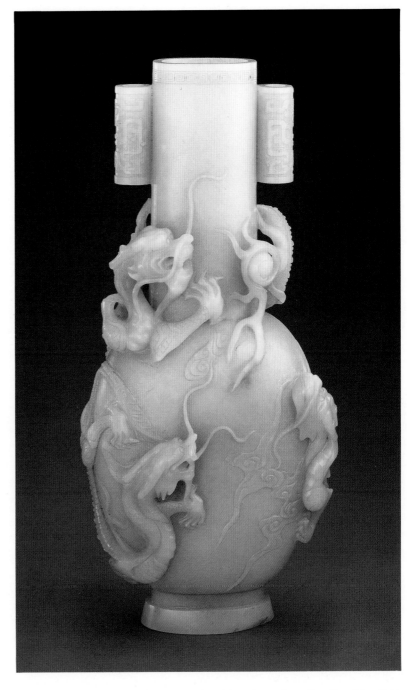

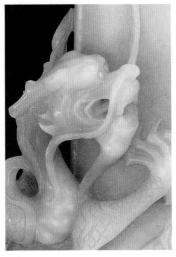

玉蟠龍貫耳瓶
清
高29厘米　口徑5.7厘米
腹寬14厘米　足徑7.3厘米
清宮舊藏

青玉。質地精良。器呈扁圓形，闊腹，長圓形足。瓶口飾回紋一周，繞頸部鏤雕一龍，繞腹部浮雕二龍，三龍作戲珠狀。頸部兩側飾雙貫耳，耳上飾螭紋。足部刻有隸書"大清乾隆仿古"款。雕工精巧，圖案祥瑞，造型渾厚大方。

清代時興琢製瓶類器皿，在清代玉器中，玉瓶佔有一定比例，其造型、體積、玉質及器物上的圖案也多有變化。此器選用龍戲珠圖案，精雕細刻，三龍戲珠活靈活現，十分誘人，屬清代龍的特點。

玉梅瓶
清
高26.7厘米　徑13.6厘米
清宮舊藏

Jasper prunus vase
Qing Dynasty
Height: 26.7cm　Diameter: 13.6cm
Qing Court collection

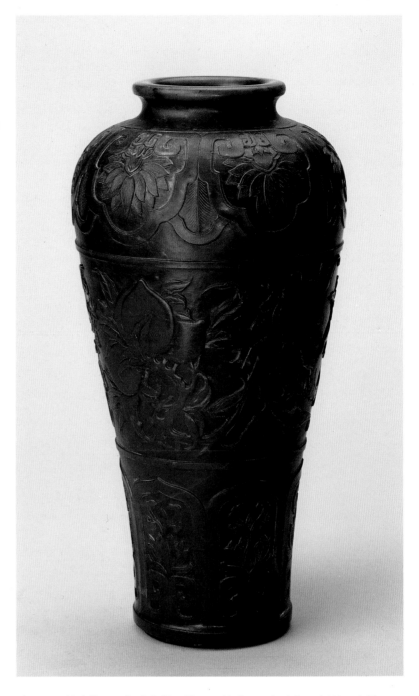

碧玉。玉料碧綠，局部略有綹，體呈圓筒形，下部略細。短頸、小撇口。
瓶外上段雕凸起的芍藥花紋，中段為纏枝蓮紋，下段為喇叭花紋，底磨
平。此造型元朝青花瓷器中較常見，應為放酒器具，用玉石做成的只有清
朝見到，可能是宮廷陳設用品。

玉雙耳活環瓶
清
通蓋高25厘米　口徑6.8厘米
足徑6.8厘米

**Sapphire vase with double handles
hanging loose rings**
Qing Dynasty
Overall height (with cover): 25cm
Diameter of mouth: 6.8cm
Diameter of foot: 6.8cm

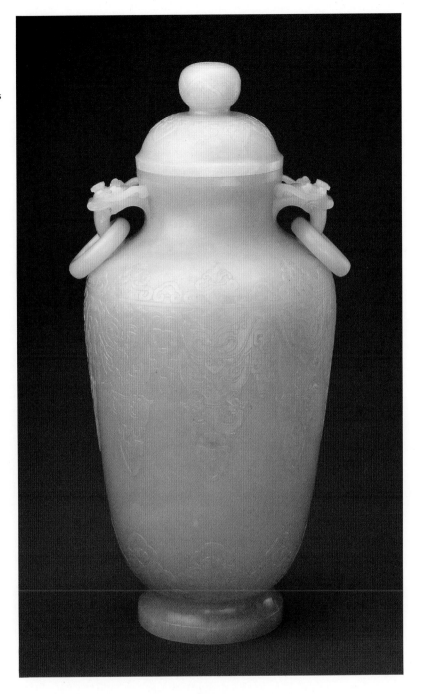

青玉，局部可見瑕斑。器由蓋和瓶體兩部分組成。半球形蓋，圓形鈕，蓋面飾俯仰雲頭紋，鈕頂部刻一團壽字。闊肩，束頸，腹下斂，圓形口、足。瓶頸兩側鏤雕雙獸頭為耳並套活環。瓶肩飾有雲頭紋。腹上部雕有蕉葉式蟠螭紋，腹下部刻有雲頭紋及蕉葉紋。全器雕刻十分精細，造型古樸典雅，是玉質同類器物之精品。

蓋瓶在清代主要用於陳設。造型、大小變化多端。此器屬清代仿古器一類，其造型及腹部陰線刻紋的手法，也是清代玉瓶製造工藝的一大特點。

玉獸面紋夔耳瓶

清
通高23.3厘米　口徑3.6×5.1厘米
腹徑7.5厘米　足徑3.4×5厘米
清宮舊藏

Yellow jade vase with Kui-dragon-shaped handles and animal mask design
Qing Dynasty
Overall height: 23.3cm
Diameter of mouth: 3.6×5.1cm
Diameter of belly: 7.5cm
Diameter of foot: 3.4×5cm
Qing Court collection

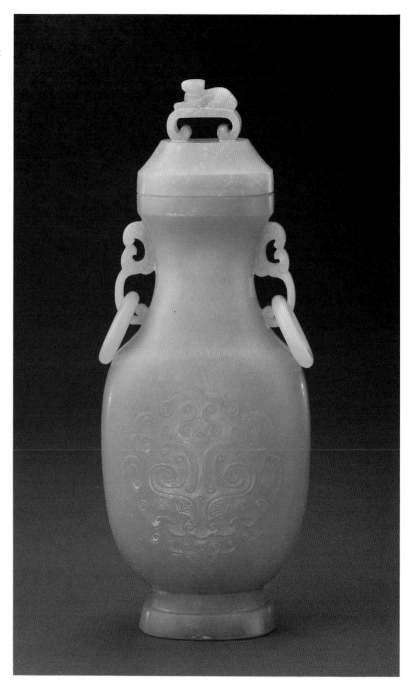

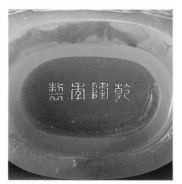

上好黃玉。器扁圓狀，由蓋與瓶體合成。蓋光素，頂部有一几形鈕，鈕上伏一小獸。瓶頸兩側鏤雕夔形耳，耳上套一活環。瓶腹兩面淺浮雕變形獸面紋，間飾小勾雲紋。橢圓形圈足，足內有篆書"乾隆年製"款。

清代玉器對材質的要求比較嚴格，主要用產自新疆的優質玉料琢成，品種有青玉、碧玉、白玉、黃玉、墨玉等，其中黃玉並不多見。類似此瓶之上等黃玉質更屬難得。此器屬清代仿古玉器類，兩面所飾紋飾為仿古獸面紋。瓶之蓋鈕造型新奇，與古器不同，是明代出現的動物型器鈕的延續和發展。就用途來說，則歸於陳設品。

玉鏤雕梅花瓶
清中期
高24厘米　口徑4.6×7厘米
底徑5.2×6厘米
清宮舊藏

Sapphire vase with plum blossom design in openwork
In the middle part of Qing Dynasty
Height: 24cm
Diameter of mouth: 4.6×7cm
Diameter of bottom: 5.2×6cm
Qing Court collection

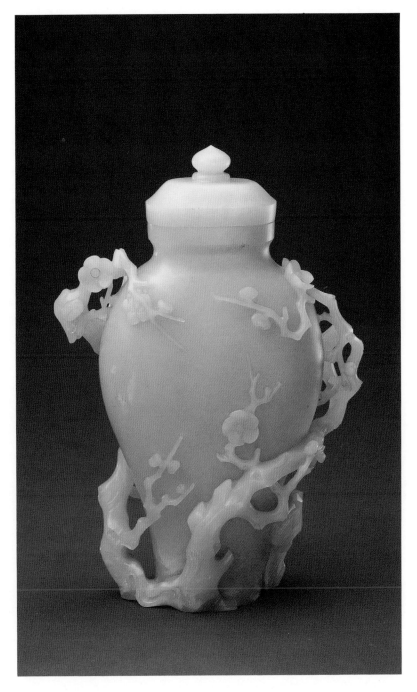

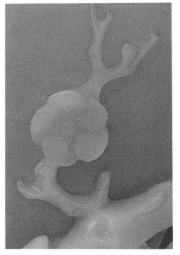

青玉。立體扁圓形。上部寬，下部窄。圓尖蓋頂，蓋面光素。器底兩側雕琢山石和兩棵梅樹，樹幹沿瓶體攀援而上至肩部。幼枝上綴飾花朵和待放的蓓蕾。紋飾布局精巧，枝幹伸展生動自然。

用凸雕、鏤刻技法琢製的玉瓶，在清宮中為數不多，以花卉為主紋飾的更為稀少。此器鏤雕枝幹粗細適度、嫩枝伸展有致、樹節疤痕逼真、花蕾並茂，實為難得的宮廷陳設佳品。

68

玉葫蘆式瓶
清中期
高29厘米　口徑5.1×7厘米
足徑5.5×8.1厘米
清宮舊藏

Sapphire gourd-shaped vase
In the middle part of Qing
Dynasty
Height: 29cm
Diameter of mouth: 5.1×7cm
Diameter of foot: 5.5×8.1cm
Qing Court collection

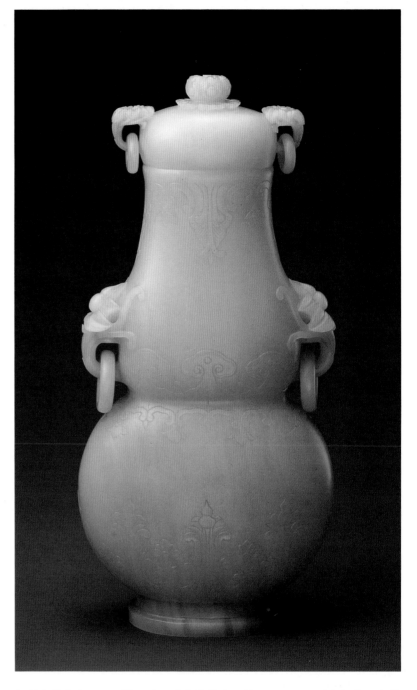

新疆上等青白玉。立體圓雕。扁身葫蘆式。橢圓口、足。隱起紋飾。葫蘆花式蓋頂，其兩側為雙花耳且套活環。器口外飾瓔珞式蕉葉紋。束腰處上部雲頭紋一周。兩側葫蘆花耳套活環。束腰下部桃實紋一周。腹部仰雕葫蘆花葉紋一周。葫蘆紋是清代較盛行的紋飾。此器寓"子孫萬代、連綿不斷、永遠繁盛"之意。

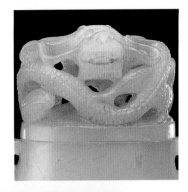

玉龍紋寶月瓶
清早期
通高15.3厘米　口徑2.4×3.6厘米　足徑5.7×1.9厘米
清宮舊藏

Oblate sapphire vase with dragon design
In the early part of Qing Dynasty
Overall height: 15.3cm
Diameter of mouth: 2.4×3.6cm
Diameter of foot: 5.7×1.9cm
Qing Court collection

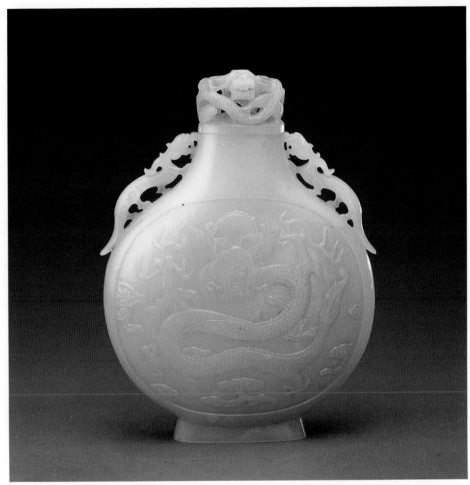

青玉。內含白斑。全器呈扁圓形。蓋頂鏤雕一盤龍。瓶為橢圓形口、足、短頸，頸兩側鏤雕兩龍為耳，其孔間可用來穿繫。闊腹，兩面開光內各凸雕正面曲身龍紋，間飾雲紋。此器主題紋飾為龍紋，龍口張開，齊齒，兩綹毛髮後披，龍身滿飾鱗紋，屬清代龍紋特點。玉雕寶月瓶在清代常有所見。

清早期

玉菊瓣紋爐、瓶、盒三式

清乾隆

爐高20厘米　　口徑12.5厘米　足距5厘米
瓶高13.5厘米　口徑2.8厘米　足徑3.2厘米
盒高4.7厘米　　口徑6.9厘米　足徑4.8厘米

清宮舊藏

Sapphire censer, box and vase with chrysanthemum petal design
Qianlong period, Qing Dynasty
Censer: Height: 20cm　Diameter of mouth: 12.5cm　Foot spacing: 5cm
Vase: Height: 13.5cm　Diameter of mouth: 2.8cm　Foot spacing: 3.2cm
Box: Height: 4.7cm　Diameter of mouth: 6.9cm　Foot spacing: 4.8cm
Qing Court collection

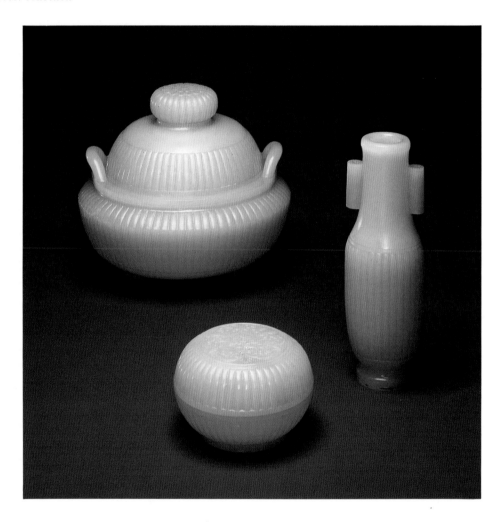

青白籽玉。瑩潤無瑕。爐圓口，厚唇。三乳足。橋式雙耳。菊蕾式圓頂。蓋面及腹部琢飾菊瓣紋。瓶圓口，圈足。雙貫耳。腹部菊瓣紋。深膛內可插銅鏟柱。盒圓口，圈足。蓋上部開光圈，內隱起鈎蓮花卉紋。蓋面下部及器身腹部飾菊瓣紋。

爐、瓶、盒三式興於清代。分青、白、碧玉，紋飾有異，有的還鑲嵌寶石，一般為文房成組用具。爐以燃香，盒貯香料，瓶內可插鏟灰所用鏟箸，也可作陳設品。

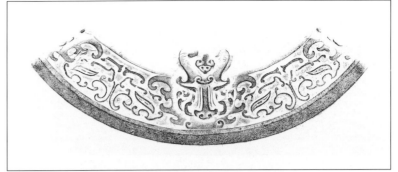

71

玉爐、瓶、盒三式
清乾隆
爐高14.2厘米　口徑14.5厘米
足距5厘米
瓶高13.7厘米　口徑2.1×3厘米
足徑2.7×4厘米
盒高3.9厘米　口徑6.8厘米
足徑4.4厘米
清宮舊藏

Jasper censer, vase and box
Qianlong period, Qing Dynasty
Censer: Height: 14.2cm
Diameter of mouth: 14.5cm
Foot spacing: 5cm
Vase: Height: 13.7cm
Diameter of mouth: 2.1×3cm
Foot spacing: 2.7×4cm
Box: Height: 3.9cm
Diameter of mouth: 6.8cm
Foot spacing: 4.4cm
Qing Court collection

拓片

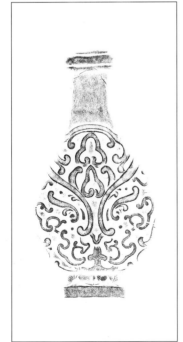

拓片

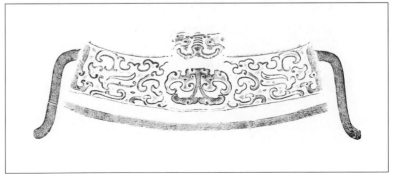

拓片

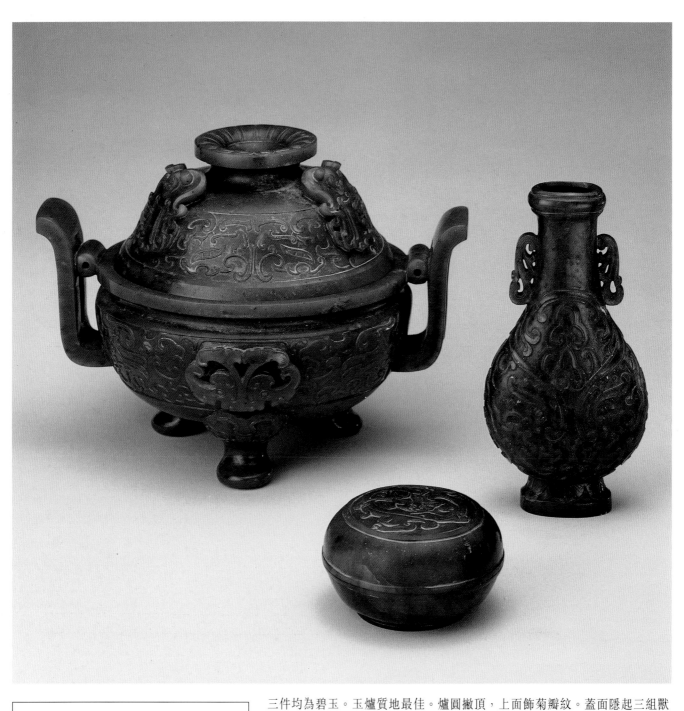

三件均為碧玉。玉爐質地最佳。爐圓撇頂，上面飾菊瓣紋。蓋面隱起三組獸面紋，並等距凸雕三個變形蝠紋。器外壁在獸面紋雙目間各凸雕一獸面紋。雙朝冠耳。三獸首吞式足。瓶雙耳，為透雕葉式，腹兩面為減地浮雕變形獸面紋。足上蕉葉紋。盒扁圓形。蓋面淺浮雕蟠螭紋。

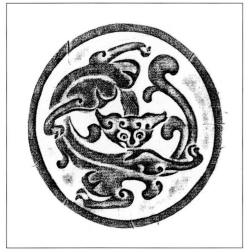

拓片

玉萬松山房圖
清中期
長28厘米　底寬4.6厘米　高20.6厘米
清宮舊藏

Sapphire carving with landscape design
In the middle part of Qing Dynasty
Length: 28cm　Width of bottom: 4.6cm
Height: 20.6cm
Qing Court collection

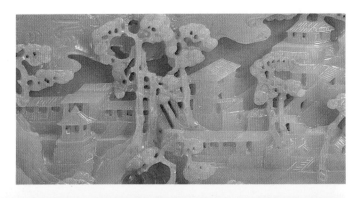

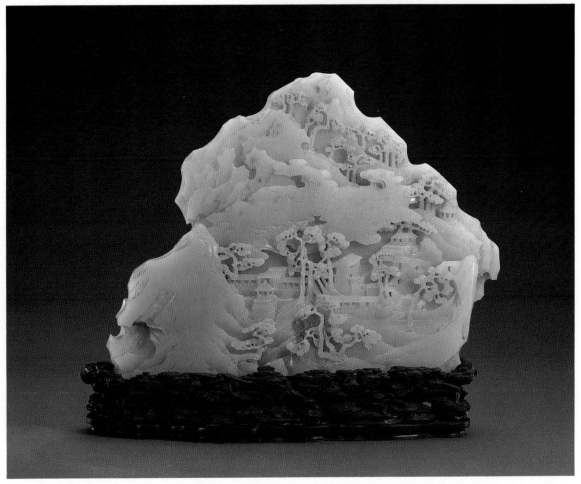

青玉。重疊山巒形。正面重山峻嶺中琢巨松，並間飾亭台樓閣。背面雕峭
壁懸崖，並以松樹點綴。布局周密，層次清楚，立體感強。在正面上方雲
紋上，琢隸書御題萬松山房詩：“萬松春曉坐山房，雨後千峰濯翠光。因
迴為高步入古，受宜得趣意延涼。閒聽倚巘濤翻鬢，極睡鋪阡浪擺芒。詎
事遊山欣愜賞，為民額手慶宜暘。”

清代玉山子較多，圖紋多為自然景色，如仙人遊，文友聚會山林，羣鹿、
山水樓閣等，雕琢精緻，畫意盎然，是具較高藝術價值的陳設品。

玉松鶴老人山子
清乾隆
長28.3厘米　寬11厘米　高23厘米
清宮舊藏

Sapphire carving with design of figure, crane and pine trees
Qianlong period, Qing Dynasty
Length: 28.3cm　Width: 11cm　Height: 23cm
Qing Court collection

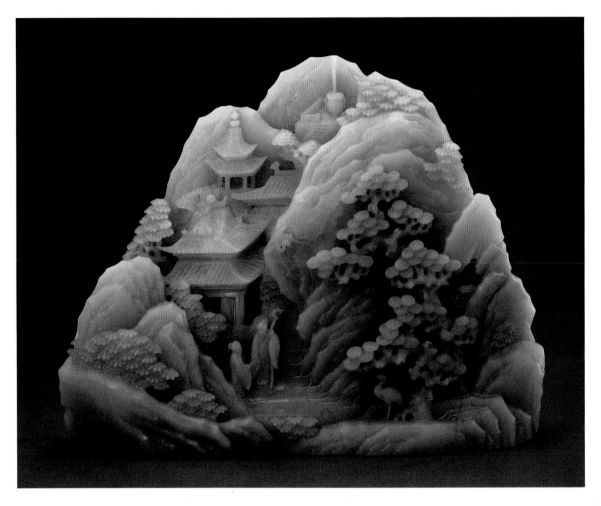

青玉。玉料呈青白色，局部有黃赭色斑沁，體呈長方的三角形。通體巧雕亭台、樓閣、長階。長老身穿長袍，手持拐杖，閑談聊天。山間樹木郁葱葱，樹蔭下立一鶴。山背面有乾隆御題詩一首："俗雕知不售，改作畫圖新，閣雅疊仙界，鼎虹升曉春，相陪韓業偓，弗較主和賓，底籍還丹練，伊人捣玉人。乾隆庚戌春御題。"另有"比德""朗潤"二印。

玉嬰戲圖

清

長14.5厘米　寬4厘米　高12.4厘米（連座）

清宮舊藏

Jasper carving with the scene of children at play

Qing Dynasty

Length: 14.5cm　Width: 4cm

Height (with stand): 12.4cm

Qing Court collection

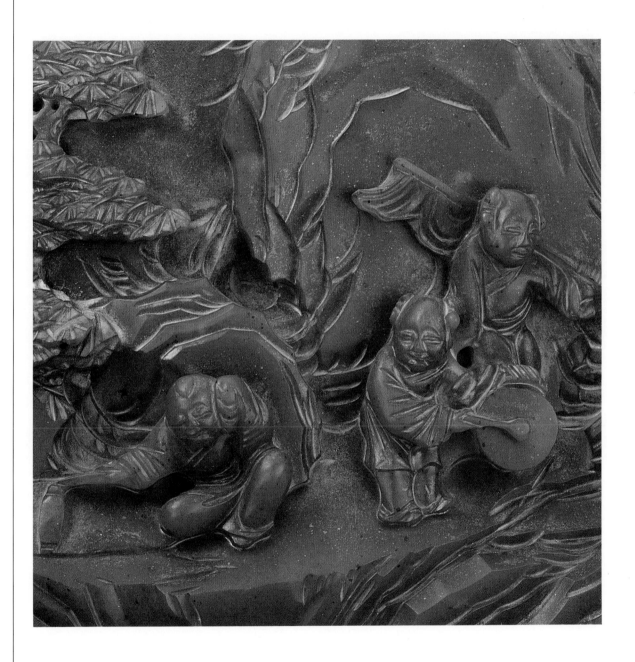

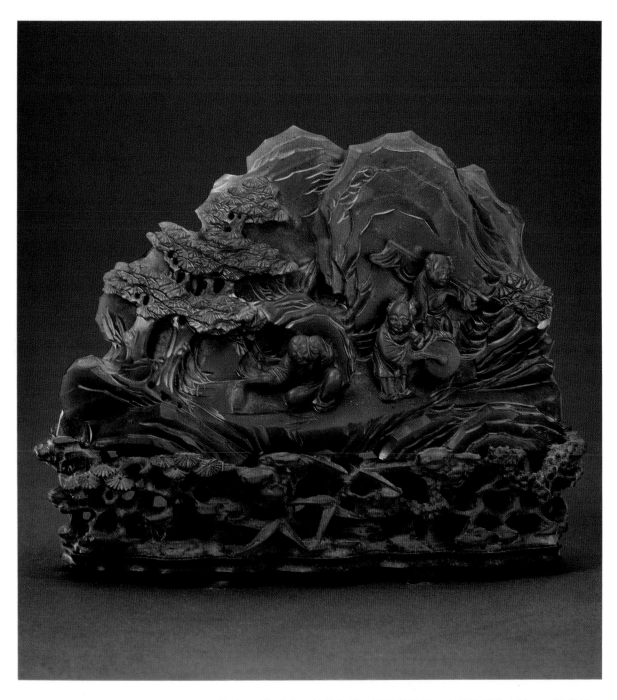

碧玉。玉深碧色，純綠無瑕，圓雕嬰戲圖。主景為重疊山峰，山勢高遠，
山前有小片開闊地，巨樹高聳，頑石環生，三童子戲耍於樹畔，形象生
動。一童穿寬衣，額頂一綹短髮，蹲伏於地，左手掩耳，右手持香前伸，
欲燃點爆竹。其餘二童結左右雙髻，穿寬衣。一敲鑼助興，回望燃爆竹
者；另一扛旗側立，似觀遠方。器底襯染牙松竹梅座。

嬰戲圖為古代傳統玉雕題材，清代玉器中運用極為廣泛，所雕嬰童數量不
等，少則一、二人，多則成羣。

大禹治水圖玉山
清乾隆
玉山高224厘米　寬96厘米　銅座高60厘米
清宮舊藏

Sapphire hill carved with the scene
depicting the emperor Yu regulating watercourses to control the flood
Qianlong period, Qing Dynasty
Height of sapphire hill: 224cm　Width: 96cm
Height of the copper stand: 60cm
Qing Court collection

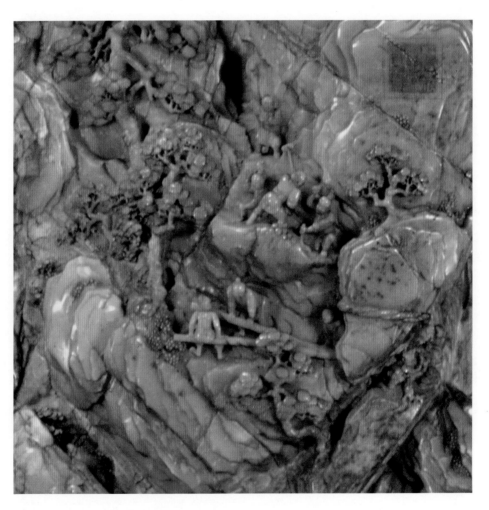

青玉。立體圓雕。依玉料之形琢製成氣勢雄偉、高大的玉山。有高聳的山頂、凸出的巨石、險峻的山道和懸崖峭壁以及大小山洞等。巧妙利用綹紋，顯示出山上的天然景色和山石的層次；又以山石的色澤襯托古木蒼松和瀑布急流。玉山置於飾有山水樹石的錯金銅座上，更顯氣勢磅礴，奇偉壯觀。整個畫面展現出在這極其險惡的高山上人們緊張、艱巨的勞動場面。

玉山的正面刻有"五福五代堂古稀天子之寶"和"天恩八旬"二個方圓章。山背面的上方琢有"古稀天子"和雙行大字隸書"密勒塔山玉大禹治水圖"。其下刻有豎行的乾隆皇帝七言詩計322字，註釋文1,212字。下方有"八徵耄念之寶"及"古稀天子之寶"、"猶

日孜孜"三印。

據清宮檔案記載，此山玉料原重一萬零七百斤。是於冬季在道路上潑水結冰，用數百匹馬拉，近千人推，經三年時間才從新疆密勒塔山運到北京。畫匠設計了正面、兩側三張畫樣。先做蠟形，因怕熔化又改做木樣，一並經水路運往揚州琢製。成器後，又經水路運回紫禁城。造辦處玉匠朱永泰等鐫字後，置於樂壽堂。前後共用十年時間。

大禹治水圖玉山，是迄今世界上最大的玉雕藝術品。它凝聚了數千人的血汗和智慧，是一件不朽的傑作。

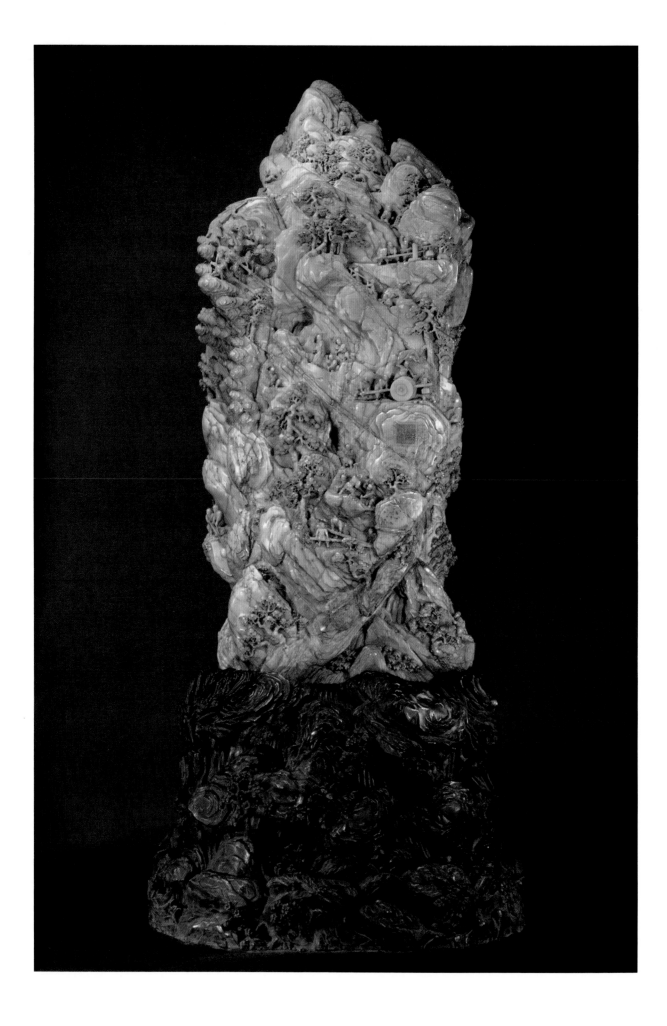

玉桐蔭仕女圖
清乾隆
長25厘米　寬11厘米　高15.5厘米
清宮舊藏

Two ladies under the shadow of a Chinese
parasol tree in front of a door, white jade carving
Qianlong period, Qing Dynasty
Length: 25cm　Width: 11cm　Height: 15.5cm
Qing Court collection

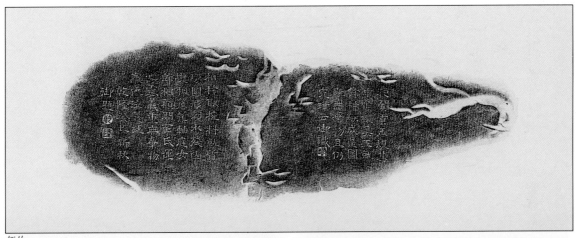

拓片

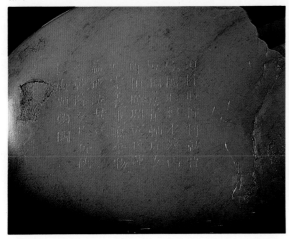

白玉。帶大面積黃褐色玉皮。器圓雕為庭園景色，主體為一門亭，隱於桐蔭之下，前有門柱瓦檐，圓形門洞。屏門兩扇，一掩一開，門縫中透過一線光亮。一仕女倚身門後，捧罐而立；另一女手持靈芝立於門柱之側，二人似隔門縫相互對望，又似正欲交談。門前兩側利用玉皮之色雕成桐樹、假山和高大的芭蕉樹。樹下有石台、石座。器底有乾隆題："和闐貢玉，規其中作碗，吳工就餘材琢成是圖。既無棄物，且完璞云。御識。"末署"太"、"卦"二款。乾隆御製詩云："相材取碗料，就質琢圖形。剩水殘山境，桐簷蕉軸庭。女郎相顧問，匠氏運心靈。義重無棄物，贏他泣楚廷。""乾隆癸巳新秋御題。"末署"乾"、"隆"二款。

從乾隆御製款識及題詩中得知，此器是利用玉材中心挖去碗後的剩料，由蘇州玉工琢製。圖案構思與故宮所藏油畫桐蔭仕女圖屏風圖案相同，人物形象及布局較油畫屏風更為生動，堪稱玉雕史上的一絕。

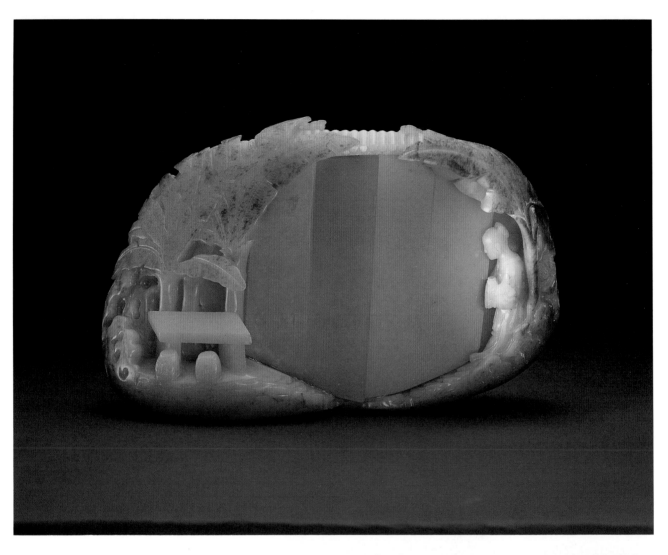

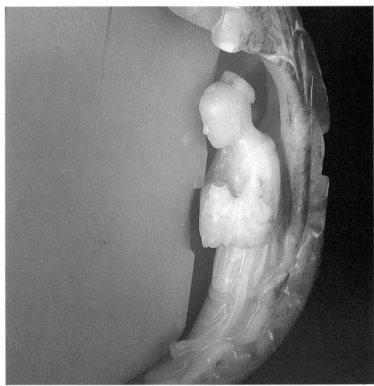

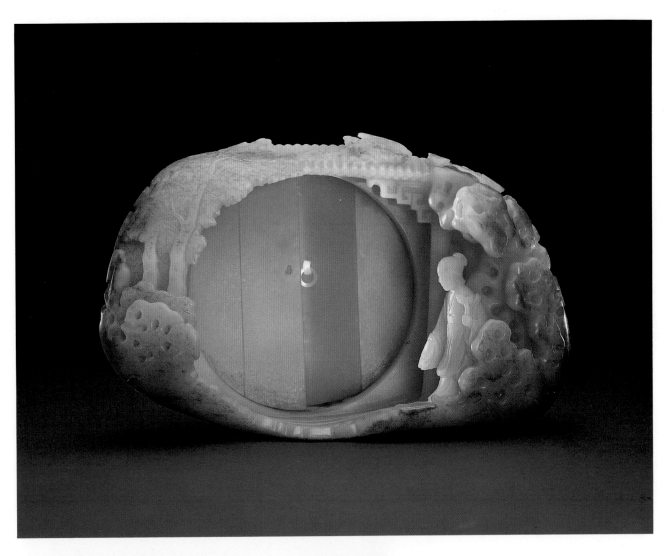

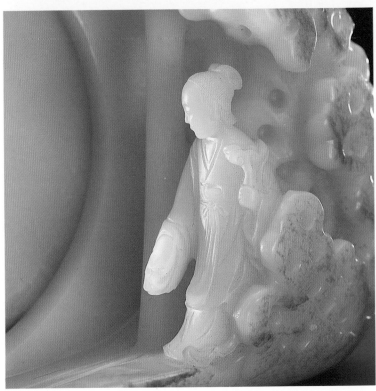

秋山行旅圖玉山
清乾隆
高130厘米　底寬70厘米
厚30厘米　銅座高25厘米
清宮舊藏

Jade hill carved with the scene of travellers among mountains in Autumn
Qianlong period, Qing Dynasty
Height: 130cm
Width of bottom: 70cm
Thickness: 30cm
Height of copper stand: 25cm
Qing Court collection

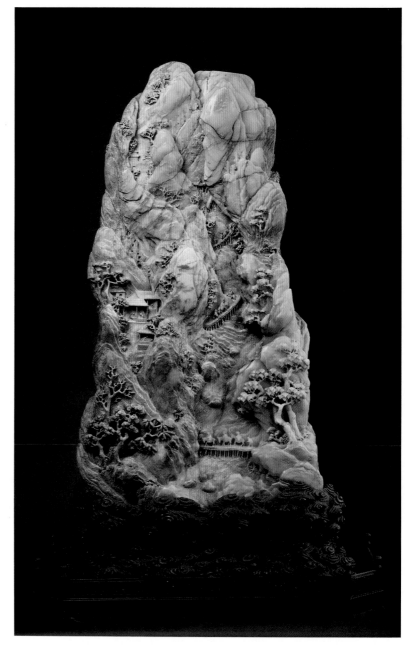

青玉。主體為一聳立山峰。山溝自山頂通於山腳，泉水自山溝瀉下。山關立山峰之上，山路崎嶇，有木橋，棧道沿山溝曲折而上，直通關口。行旅多人，或騎驢，或挑擔，或步行，形態不一。山腰處有瓦舍四間，似店舖，行旅飢勞者於內暫息。玉雕山高人小，關口險峻，氣勢雄偉，是據宮廷畫師金廷標所繪《關山行旅圖》設計，由揚州玉作琢製，始製於乾隆三十一年，乾隆三十五年告竣，歷四載。重數千斤，是重要的宮廷陳設品。

會昌九老圖玉山
清乾隆
通座高145厘米　最寬90厘米　最大周長275厘米
清宮舊藏

Jade hill carved with the scene depicting the meeting
of nine elders during the Huichang period
Qianlong period, Qing Dynasty
Overall height (with stand): 145cm
Maximum width: 90cm　Maximum perimeter: 275cm
Qing Court collection

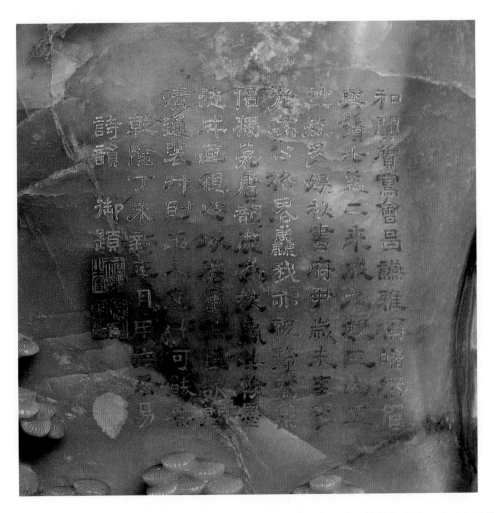

青玉。玉呈深青色，局部有青白色玉皮。作品為山形，岩石凸凹錯落，山
間有高松翠竹。一面雕山間小亭，亭中二老翁對弈，一老觀棋，亭外石階
下一小童燃薪煮茗。瀑布自亭後洩下，至山角匯而成溪，溪上有木橋，二
老人於橋上策杖徐行，身後一童子相隨，上部空白處雕"會昌九老圖"、
"古稀天子"等字。另一面雕二老松下撫琴，二童子山下沿階而上，上部
雕陰刻楷書御題詩句。山兩側各有一老人攜童子上山，緩緩徐行。會昌九
老圖描述的是唐會昌五年，七十歲的詩人白居易與胡杲、吉旼等九位老人
雅集於河南洛陽香山的故事。此作品所用為新疆和闐玉料，據記載，玉料
重約832公斤，玉山之下又有大型銅座，是宮廷使用的大型陳設。

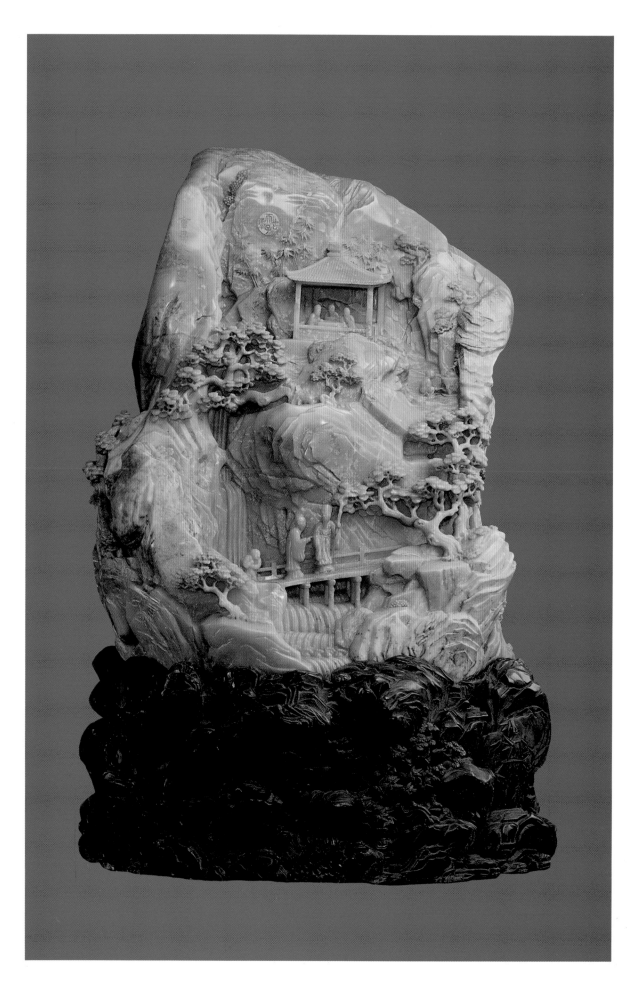

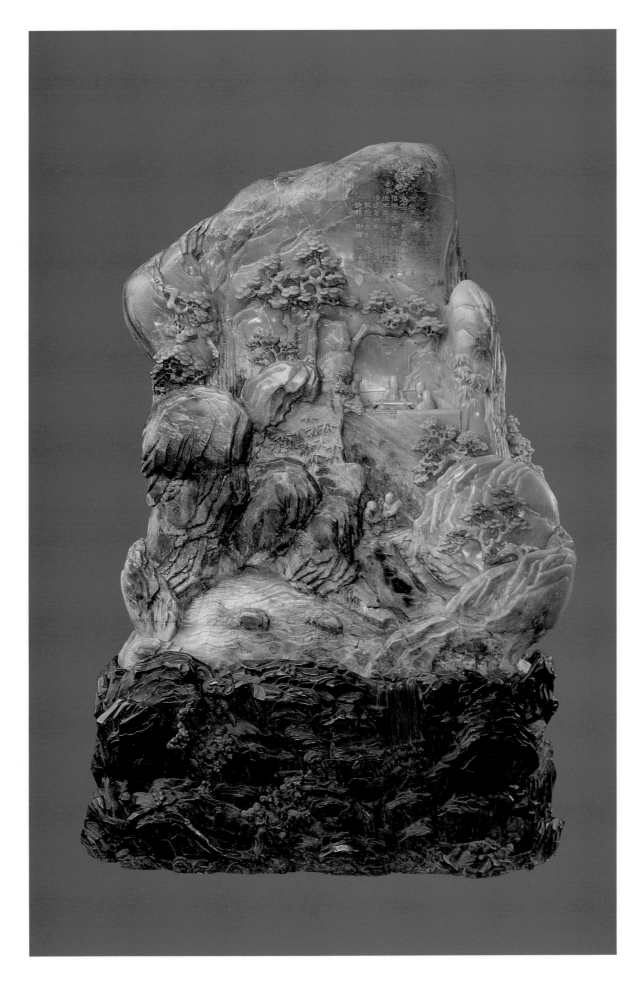

玉採玉圖
清
長14.5厘米　寬8厘米　高12厘米
清宮舊藏

Sapphire carving with the scene
of quarrying jade
Qing Dynasty
Length: 14.5cm　Width: 8cm
Height: 12cm
Qing Court collection

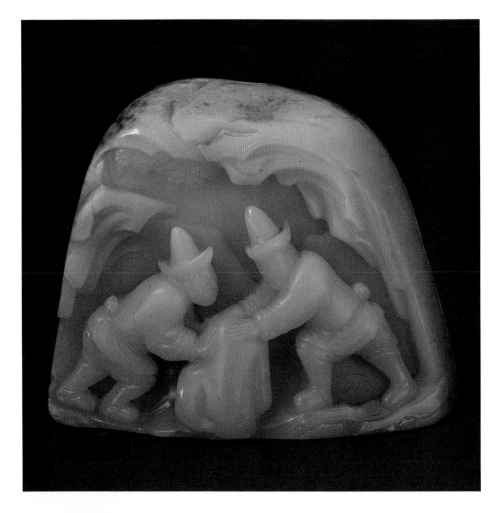

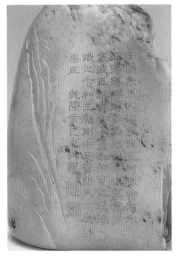

青玉。玉色青白，以籽玉雕出，外表帶有玉皮色。作品為山形，正面局部琢採玉圖景，四周山崖中，二人採得巨型玉石，彎腰躬身，攜力搬動石料。二人皆戴氈帽，短衣厚褲，以示天寒，腰間各紮緊繩，長繩盤於腰後，山崖間有松枝。

清代用玉主要產自新疆，有自水中撈得的"籽玉"和採自山中的"山料玉"之分。水中撈得的"籽玉"塊較小，大塊玉料多自山中採出。據載，葉爾羌的密爾岱山是玉石的重要產地："山峻三十里許，四時積雪。"山中採玉是非常艱難之事。此作品真實地表現了深山採玉情景。乾隆對此作品非常賞識，並題詩其背："于闐采玉人，淘玉出玉河，秋時河水涸，撈得璆琳多，曲躬逐逐求，寧慮涉寒波，玉不自言人盡知，邸曾隔璞待識處，卞和三獻刖兩足，審然天下應無玉。""乾隆辛巳春御製"，"比德"、"朗潤"二印章。

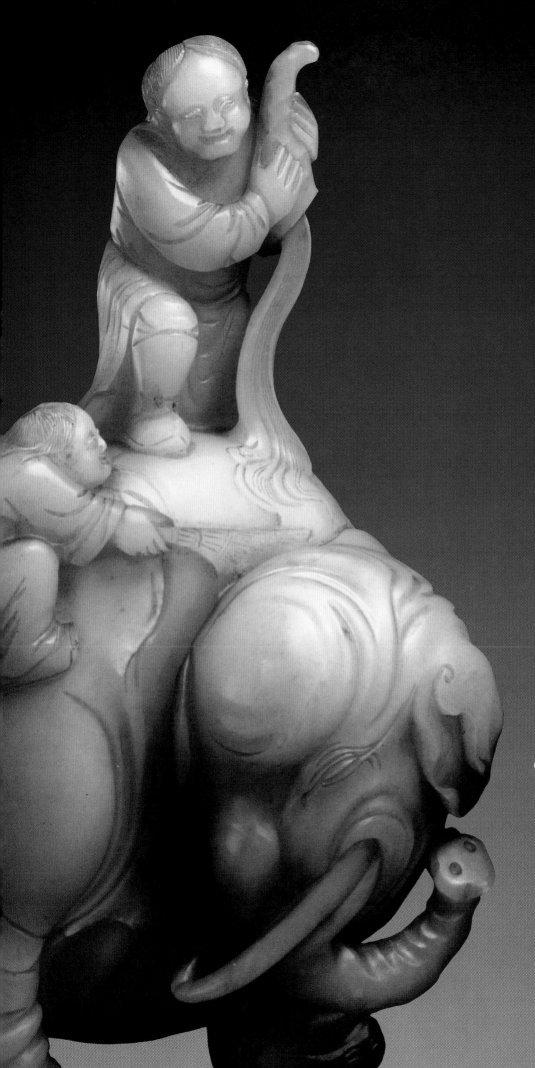

玉動物、人物

*Jade
Animals
and Figures*

80

玉臥鶴
清
長8厘米　寬4.3厘米
高5.7厘米
清宮舊藏

Sapphire crouching crane
Qing Dynasty
Length: 8cm　Width: 4.3cm
Height: 5.7cm
Qing Court collection

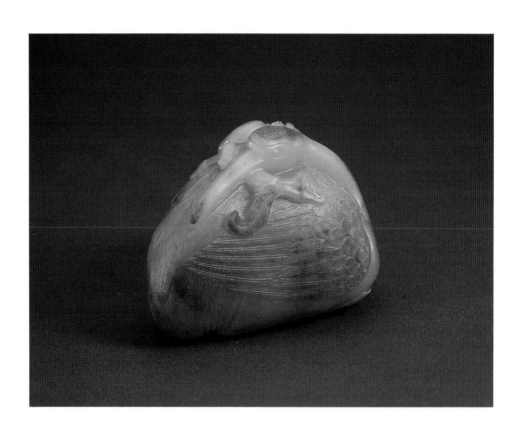

青玉，有大面積的人工褐沁斑。器圓雕，似由一塊玉子隨形雕琢而成。琢一仙鶴團臥於地，回首，口銜一桃枝，枝上有二桃及葉。雙翅貼於腹部，雙爪收於腹下。

清代圓雕動物造型較明代更加真實，身體各部位比例準確適度。各種動物雕像，不僅品種、數量多，而且形態各異，動作逼真，又多綴以植物枝幹、花葉、果實。此器即以鶴配桃枝，造型活潑，寓意吉祥。此器屬文玩類玉器，用於文房陳設，也可用作鎮紙。

玉雙鵪鶉
清
長9.7厘米　寬4.3厘米
高4.2厘米
清宮舊藏

Two quails of white jade
Qing Dynasty
Length: 9.7cm　Width: 4.3cm
Height: 4.2cm
Qing Court collection

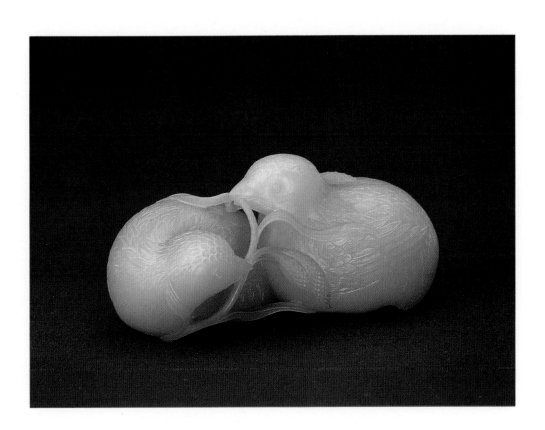

新疆白籽玉。圓雕、透琢加陰刻技法。雙鵪鶉臥形，正在銜啄穀穗，形象
寫實，大小適度，各部羽毛琢飾逼真，雕琢技術高超。可當鎮紙或筆架，
是難得的文房用具。鵪安同音，穗歲同音。此器寓歲歲平安之意。

玉雙鵲
清中期
長11.9厘米　寬4厘米
高4.8厘米
清宮舊藏

Sapphire double magpie
In the middle part of Qing Dynasty
Length: 11.9cm　Width: 4cm
Height: 4.8cm
Qing Court collection

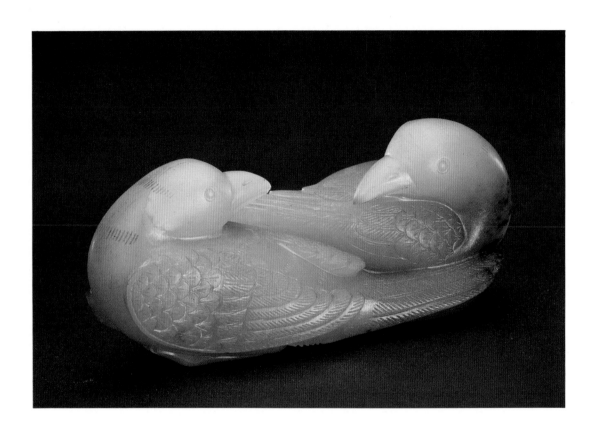

青玉。圓雕，臥形。雙鵲身體相傍，回首對望，尾梢互疊遶於胸前，羽毛紋雕琢精細，神態酷肖。玉匠巧妙利用玉料原皮色，作鳥胸羽毛。另一鳥羽翅有人為着色為綴，更顯典雅活潑。此器可作筆架，或作鎮紙，是清宮文房用具之一。

玉鴨
清
長15厘米　寬5厘米
高17.2厘米
清宮舊藏

Sapphire duck
Qing Dynasty
Length: 15cm　Width: 5cm
Height: 17.2cm
Qing Court collection

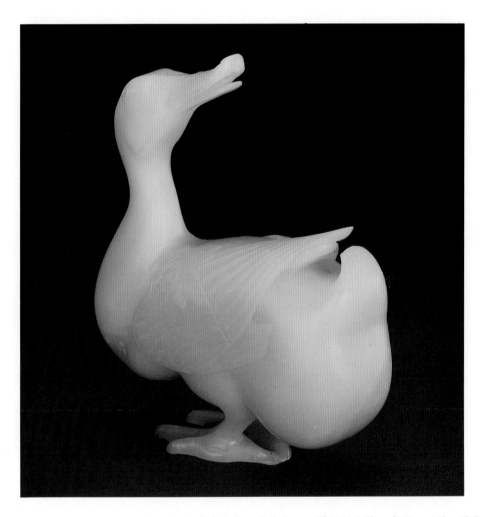

青玉。玉質青白色，略有瑕斑。鴨呈站立狀，直頸，回首，嘴微張，若聞其聲。雙翅貼於腹部，翅端於背部交搭，翅上飾羽紋，小尾，略上翹，雙足並攏，神態活現。清代動物型玉雕增多，除鴨外，還有狗、貓、駝、馬等。器型一般不太大，有的還在背部打孔，掏空腹部，多用於文玩。此玉鴨可作文房陳設品。

玉回首鴨
清
長15厘米　寬6厘米
高10.5厘米
清宮舊藏

Sapphire duck looking back
Qing Dynasty
Length: 15cm　Width: 6cm
Height: 10.5cm
Qing Court collection

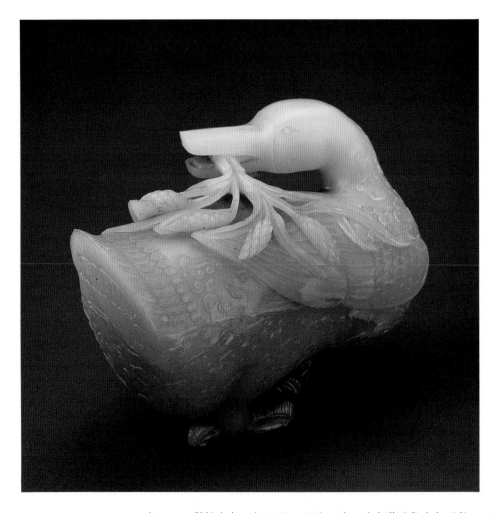

青玉。玉質純青色，無瑕斑。圓雕一鴨，鴨身滿雕仿古勾雲紋。回首，口銜穀穗，穗葉披於鴨背。長翅攏於身，翅前端雕麟狀小羽，後端為長羽。鴨短足，一足向前，行走狀。此作品屬農家題材，在清代宮廷玉器中亦屬常見，如漁樵、耕織、六畜、鴨鵝等，以示天下太平，民眾安居樂業。這件玉鴨造型渾圓，臀部下垂，顯得極其肥胖，背負穀穗，寄寓五穀豐登。

玉雙貓
清
長9.3厘米　寬5.1厘米
高5.7厘米
清宮舊藏

Two cats of sapphire
Qing Dynasty
Length: 9.3cm　Width: 5.1cm
Height: 5.7cm
Qing Court collection

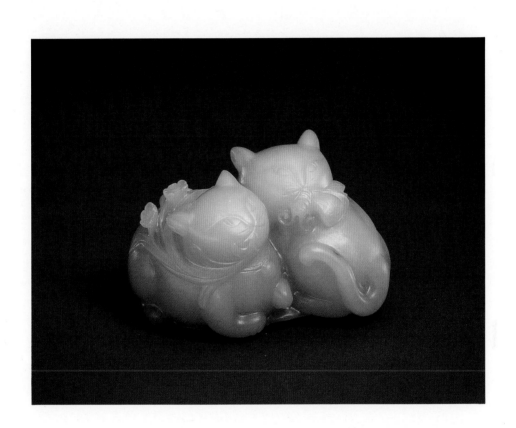

青玉。立體圓雕，雙貓並臥於蕉葉之上，目視前方。一隻貓口銜蝴蝶，另一隻口銜一束水仙花，形態生動活潑。此器可作鎮紙或筆架，也可作小型陳設。"貓蝶"與"耄耋"諧音。《禮記》謂老人"七十曰耄、八十曰耋、百年曰頤。""耄耋"表示高齡、長壽，諧音取永享天年之意。水仙花為吉祥花，盛開在新春佳節之際，被視為新春吉兆。

玉狗
清
寬13厘米　高16厘米

Sapphire dog
Qing Dynasty
Width: 13cm　Height: 16cm

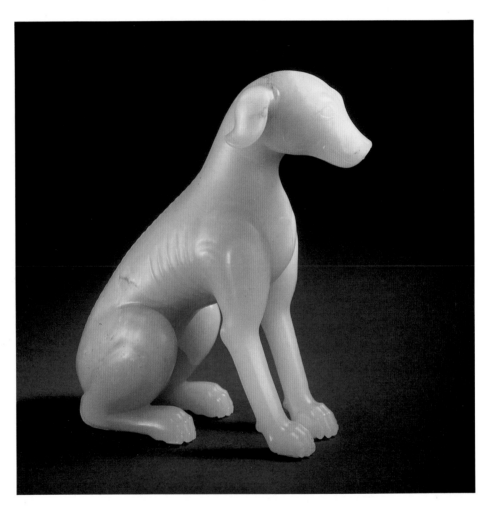

青玉。狗為坐姿，前腿直立，後腿蹲坐。細頸，瘦身，腿部肌肉發達。
宋、明玉器中出現了較多的玉狗，大多具有寫實風格，造型簡練，但不甚
準確。這件玉狗不僅造型準確，且注重細部表現，肋骨、筋腱、指爪雕琢
細緻入微。狗挺胸前望，警覺欲動，神態生動。

玉臥羊
清
長10.2厘米　高5.8厘米
清宮舊藏

Crouching sheep of white jade
Qing Dynasty
Length: 10.2cm　Height: 5.8cm
Qing Court collection

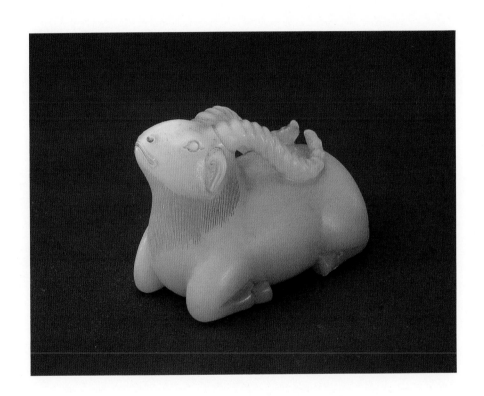

白玉。質地佳，無雜質，有光澤。羊呈臥式，昂首，口緊閉，兩耳下垂。腮下、耳後及尾巴邊沿有細刀琢刻的短線，以示羊毛。雙角對稱，呈捲曲狀，向後伏於羊背。羊身其餘部分光素無紋飾。造型簡潔明快，刀工精湛，打磨光亮，更因質地潔白，使玉羊更顯溫馴，討人喜愛。

羊為玉雕傳統題材，歷代玉器中多有出現。漢代玉羊的造型已十分準確，所雕之羊肥壯而靜態。宋代玉雕中有仿漢代風格的羊形作品。清代玉羊與傳統風格略有區別，着重動態表現，但動作不大，又常以三羊成組出現，寓三陽啟泰之意。本器可用來作鎮紙，也可把玩或陳設。

玉三羊
清
長18厘米　寬10.5厘米
高9.5厘米
清宮舊藏

Tri-sheep of Sapphire
Qing Dynasty
Length: 18cm　Width: 10.5cm
Height: 9.5cm
Qing Court collection

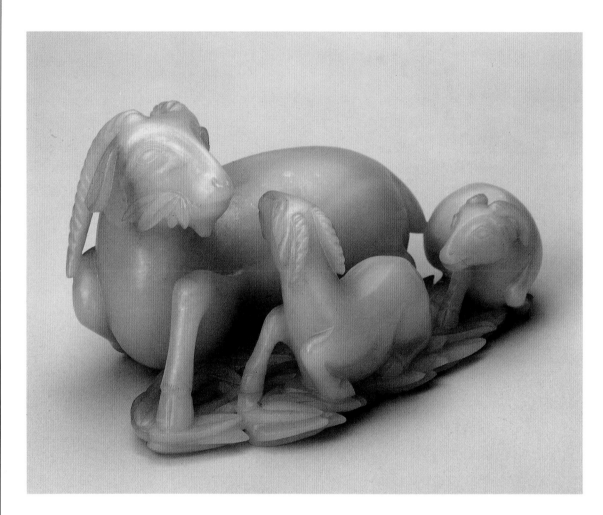

青玉。玉色青白，雕大小三羊。大羊側臥於地，三肢置腹下，左前肢踏地，昂首，頭向左轉，口中銜竹葉。羊身左側有竹葉鋪地，竹葉之上臥二小羊，一羊居前，右前肢踏地，昂首，似欲取大羊口中之食，另一小羊伏其身後。三羊皆長角，後彎，角上生節。

玉雙馬
清
長20厘米　寬10.5厘米
高12.5厘米
清宮舊藏

Two horses of sapphire
Qing Dynasty
Length: 20cm　Width: 10.5cm
Height: 12.5cm
Qing Court collection

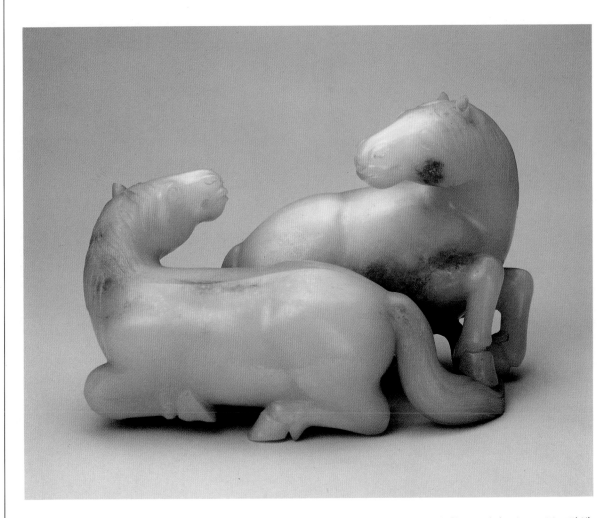

青玉。有瑕斑，瑕斑處燒烤黃赭色。雕二馬相伴，坐姿相反。一馬四肢臥
腹下，長尾後飄，翹首回望。另一馬後肢臥地，前肢踏地欲起，右前肢踏
同伴長尾，回首相應。此作品造型極其準確，馬頭方圓兼顧。乾隆時期，
宮廷畫家郎世寧等引入西方畫馬技法，注重寫實及細部表現，有極強的真
實感，此玉馬造型受此種畫風影響，形象精確生動，馬鬃、馬尾修長輕
巧，飄然若動，其上又琢細長鬃線，刻畫極其細緻。

玉海馬負書
清中期
長13.3厘米　底寬4.3厘米
高9.7厘米
清宮舊藏

**A horse carrying books on its back
over the sea, sapphire carving**
In the middle part of Qing Dynasty
Length: 13.3cm　Width of bottom: 4.3cm
Height: 9.7cm
Qing Court collection

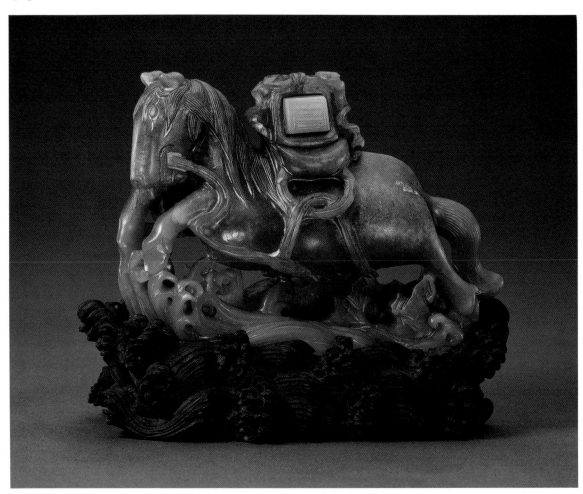

帶褐斑青玉。立體圓雕。用凸、透、鏤空、陰刻等技法。刻畫一匹神馬，口銜飄帶，背負寶書，奔騰在浪花翻捲的海面上。玉書是用青玉琢成帶套的書形，嵌入繫帶飾內。此器馬為棕色，海水青色。海馬負書（或海馬負圖）是神話傳說，象徵君王有德，神馬或神獸感召負寶書（或負圖）而來。寄寓了古代天人感應的思想。

玉馬上猴
清乾隆
長9厘米　寬2.8厘米
高4.2厘米
清宮舊藏

A monkey on a horse's back, sapphire carving
Qianlong period, Qing Dynasty
Length: 9cm　Width: 2.8cm
Height: 4.2cm
Qing Court collection

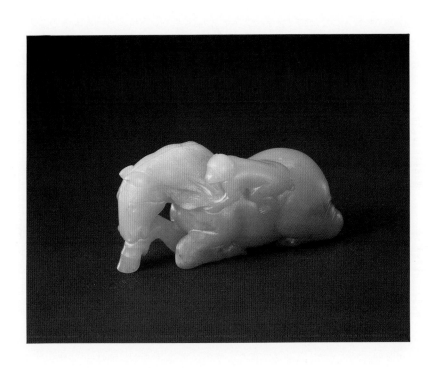

青玉。新疆上等"籽玉"。圓雕，馬臥形，一前足翹，似以牙搔癢。鬃毛細長，披撒在頸兩側。額部長毛，幾乎遮住雙眼，長尾收捲一側。神態雄健，栩栩如生。馬背凸雕一猴，目視前方。馬上封侯諧吉祥語，以祝賀封侯晉爵。此器是清代乾隆時期精品，既可作鎮紙，也可作多寶閣之陳設品。

玉臥駝
清
底寬11.4×8.2厘米　高6厘米

Crouching camel of yellow jade
Qing Dynasty
Width of bottom: 11.4×8.2cm
Height: 6cm

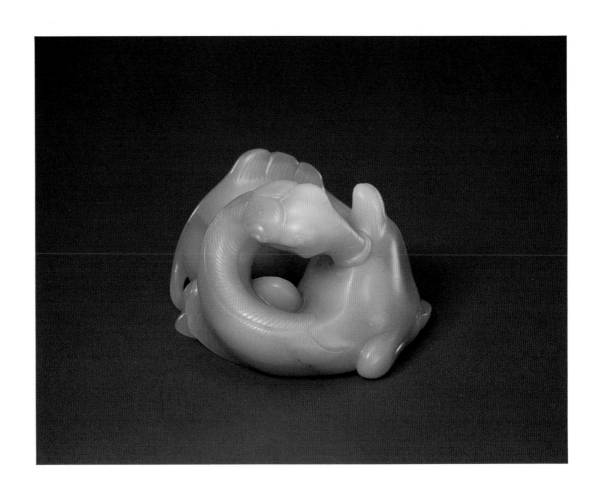

上等黃玉圓雕。體修長，臥形，呈回首搔癢狀。體光素渾圓，雙駝峰，頸部及頸下部飾整齊細線毛紋，形態寫實逼真。清代黃玉極少，葵黃玉更為珍貴。此器可作鎮紙、筆架和精美陳設品。

玉臥獸
清
長9厘米　高4.3厘米
清宮舊藏

Crouching beast of yellow jade
Qing Dynasty
Length: 9cm　Height: 4.3cm
Qing Court collection

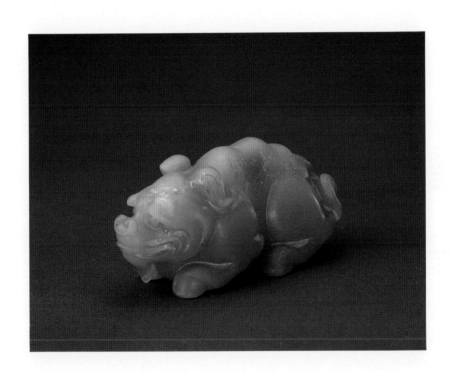

黃玉質,局部可見褐色沁。有光澤,玉質優。玉獸呈臥姿,前視。如意形鼻,閉嘴,嘴兩側有對稱褶紋,嘴鼻前伸。高眉骨,眼深陷,兩耳下垂。尾分一大一小兩束,較大的一束向上擺於臀後,較小的一束上翻後又下披垂於臀左。獸背琢四節凸起脊骨,其兩側用細刀刻出三束相間的毛。四腿屈臥伏地,造型獨特,琢刻精細。

清代玉雕作品中,有各式各樣玉獸,大多為青玉或白玉,似本器這種黃玉製作很少見。這類玉雕一般可用作玉玩、鎮紙和陳設品。

玉麒麟吐書
清乾隆
長22厘米　寬8厘米
高14.5厘米
清宮舊藏

**Kylin (Chinese unicorn) carruing books
on its back, sapphire carving**
Qianlong period, Qing Dynasty
Length: 22cm　Width: 8cm
Height: 14.5cm
Qing Court collection

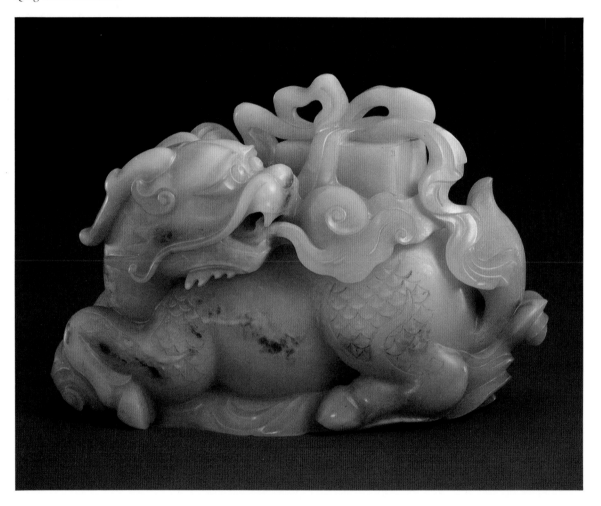

青玉。立體圓雕。以凸、透、深雕、陰刻等多種工藝琢製。麒麟臥形，雙角和身軀飾鱗紋，牛蹄形足，寬長獅形尾。回首狀，雙眼圓睜，口吐煙雲，背負書，書上有結帶飄垂。

古稱麒麟為仁獸。雄性為麒，雌性為麟，或合而簡稱為麟，是祥瑞象徵，且能吐玉書。傳說"有王者則至，無王者則不至"或"王者至仁則書"。也有說"麒麟書"是書體名，相傳為孔子之弟子申為秦王紀瑞所製之書。

玉麒麟獻瑞

清
長14.6厘米　寬8.5厘米
高6.9厘米
清宮舊藏

**Kylin (Chinese unicorn) with Lingzhi
in its mouth, sapphire carving**
Qing Dynasty
Length: 14.6cm　Width: 8.5cm
Height: 6.9cm
Qing Court collection

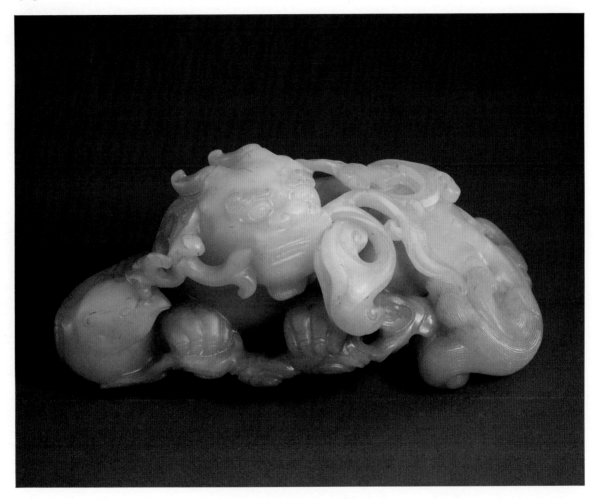

青玉。局部有黑色暈迹。圓雕加透琢技法。雙角麒麟，側頭，口銜靈芝。
身側伴臥一鳥，身下飾雲紋，瞪目前視，神態威嚴。《禮記》將"麟、
鳳、龜、龍"謂之"四靈"，而麟為"四靈之首，百獸之先。"麟的出
現，被認為是聖王之"嘉瑞"。因此明清以來，以麒麟為題材的工藝品極
多。而靈芝又是瑞草之一，故有麒麟獻瑞之説。

玉辟邪

清
長16厘米　寬6.1厘米
高9.5厘米
清宮舊藏

**Sapphire Pixie (an ornament to ward
off evil spirits)**
Qing Dynasty
Length: 16cm　Width: 6.1cm
Height: 9.5cm
Qing Court collection

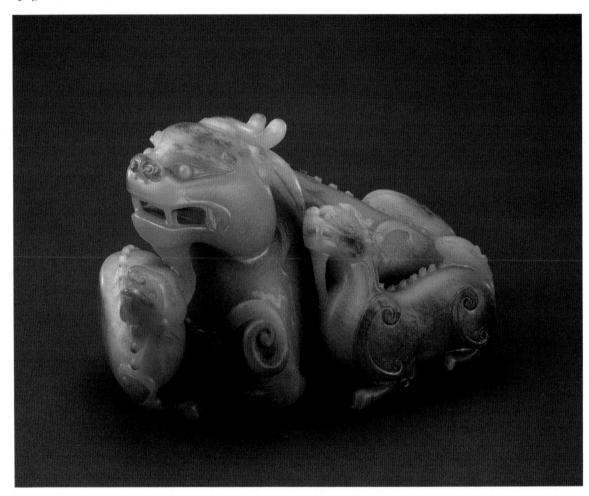

青玉。有較多瑕斑，瑕斑處燒烤黃色。所雕辟邪為一組，主體為一獸，短
頸、大頭、長耳、獨角、腦後有披髮。胸前伏一水獸，昂首側身與大獸戲
耍。大獸左側又伴一小獸，臥於地，伸頸昂首，目視大獸。三獸造型接
近，應屬親子組合。明清之時，玉器中出現了各種異獸。這些異獸同傳統
的辟邪樣式不同，造型極富想象力。這件辟邪，形狀似獅而有角，較獅更
威武，能驅邪鎮鬼。三獸背部皆雕棱脊，是典型的清代玉獸造型特色。

玉如意萬象

清
長16厘米　寬7.5厘米
高13.5厘米
清宮舊藏

**An elephant with a man standing by
and a boy holding Ruyi**
Qing Dynasty
Length: 16cm　Width: 7.5cm
Height: 13.5cm
Qing Court collection

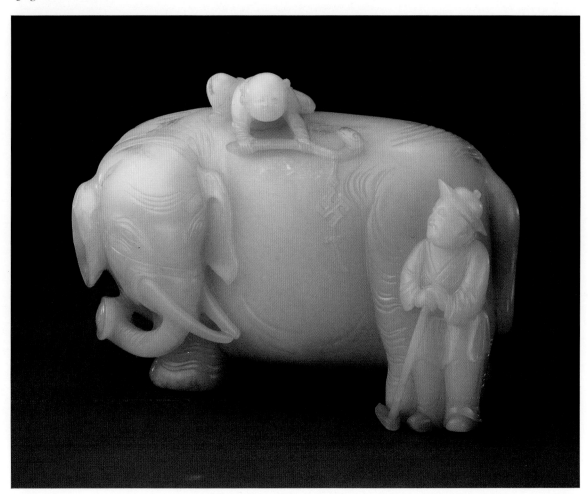

青玉。玉質青白色，瑩潤純淨，巨象立地，體態雄壯厚重。回首，鼻右翹，四肢短粗，象背趴伏一童子，手持一柄如意，探身似搔象身。所持如意前端掛一"卐"形飾件。象後腿旁直立一人，頭戴檐帽，手持一鋤，抬頭看童子，似勞作間小息。其人身高不及象背，更顯象大而人小。

以象為題材的作品在清宮玉器中有很多，如太平有象、洗象、進寶等，皆以巨象為主體，再加其他裝飾。這件作品配飾如意和"卐"字，以示"萬象如意"。

玉雙童洗象
清
高20.4厘米
清宮舊藏

Two boys washing elephant, jade carving
Qing Dynasty
Height: 20.4cm
Qing Court collection

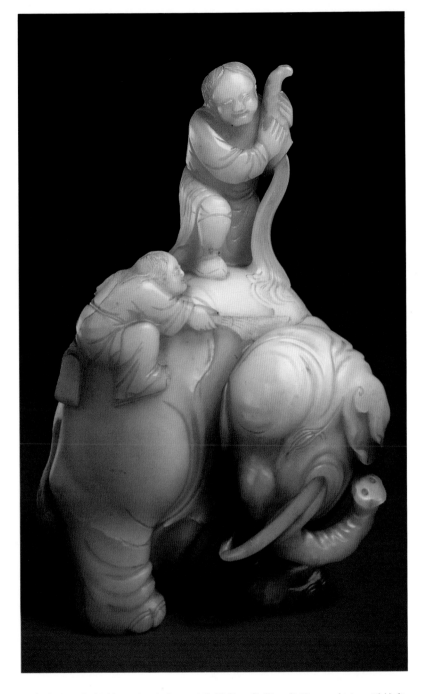

玉色青白，無雜質。琢一立象，回首搖鼻。象背二童子，一直立，手持角形觥，以水沖洗象背，另一童趴伏象身，清掃大象頸背。清代宮廷陳設中，有許多以象為題材的玉器，如象馱寶瓶，萬象如意等。這件作品所雕之象團身回首，靜中有動，較其他玉象作品造型更加生動。二童洗象，寄寓萬象更新。

玉舞彩球童子
清初
最寬4.9厘米　高5.5厘米
厚1.8厘米
清宮舊藏

**Sapphire pendant with design of a boy
playing with a ball**
In the early part of Qing Dynasty
Maximum width: 4.9cm　Height: 5.5cm
Thickness: 1.8cm
Qing Court collection

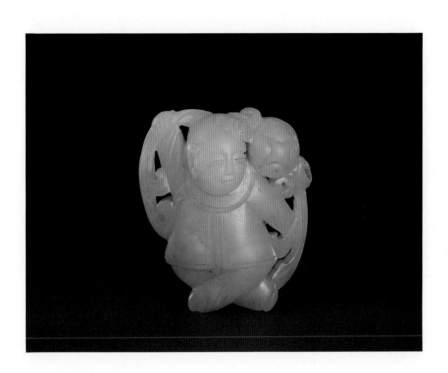

青"籽玉"琢製。厚片狀，兩面雕。浮雕、透琢、陰刻技法。童子頭頂飾
挽髻，身穿短衣長褲，雙腿交叉。彩球在肩頸，雙手持彩球飄帶，作舞球
狀。此器刀法簡練，琢磨圓潤，神態盎然。輪廓、五官及雙足的琢技，均
有明代遺風，故定於清初為宜。屬精美佩飾。

玉嬰戲圖
清
長12.7厘米　寬4厘米
高6.6厘米
清宮舊藏

Children at play, sapphire carving
Qing Dynasty
Length: 12.7cm　Width: 4cm
Height: 6.6cm
Qing Court collection

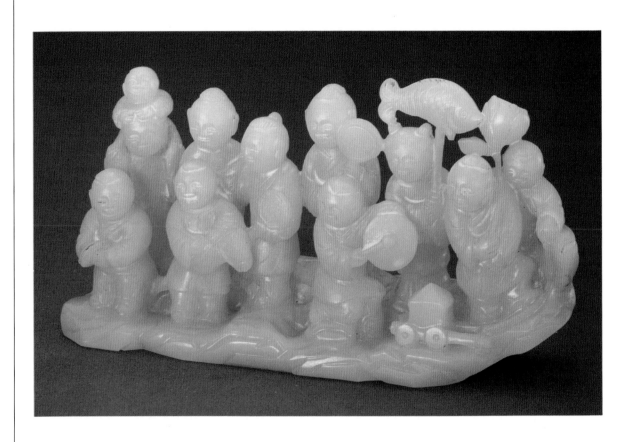

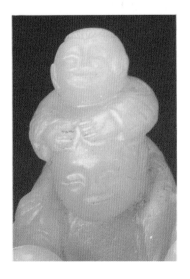

上等青玉透雕琢製。玉質瑩潤無瑕斑。下部為石形底托，琢刻兩排兒童共
十一人，手執不同玩具、樂器在玩耍遊戲，又頗有節日歡愉的氣氛。此器
可當陳設品，也可作筆架。造型新穎別致，富有生活氣息。

101

玉仕女
清
底長6厘米　寬3厘米
高5.5厘米
清宮舊藏

White jade lady
Qing Dynasty
Length of bottom: 6cm　Width: 3cm
Height: 5.5cm
Qing Court collection

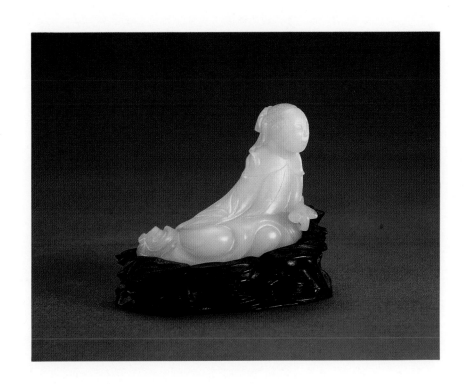

白玉。質地潤澤如凝脂。圓雕仕女，呈側身坐臥形，上身直腰，微昂頭，
面部表情欣悅。頭髮雕出根根細絲向後披梳，腦後有飾物及飄帶，身披斗
篷，遮蓋及足。左手執一柄如意。清代中期的玉雕人物，無論從玉質到造
型，從雕工到藝術水準都達到了頂峰。玉的質地潔白無瑕，光滑溫潤，人
物造型生動逼真，紋飾雖繁複但規矩有度，刀刀見功，一絲不亂，形態亦
多種多樣，配襯圖案又豐富多彩，為歷代所不及。此玉仕女即為其中一
例。

玉蕉葉仕女
清
寬8.3厘米　高12厘米
厚4.5厘米
清宮舊藏

**A lady standing by a banana tree,
sapphire carving**
Qing Dynasty
Width: 8.3cm　Height: 12cm
Thickness: 4.5cm
Qing Court collection

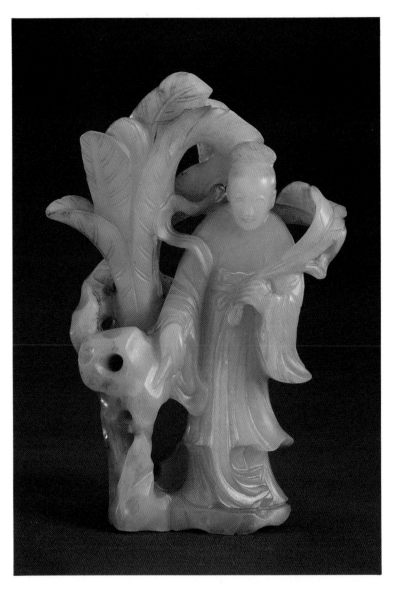

青玉。略有瑕斑。鏤空雕假山石及一棵大芭蕉樹，樹枝葉寬大。一仕女站
立於一側，面帶微笑，髮髻高盤於頭頂。身着長裙，肩旁飄帶，左手持一
寬大芭蕉葉，右手執一管筆。

此器古樸中又見典雅，山石與芭蕉樹的粗獷對比人物面部、髮式及衣紋的
細膩，也活現了古代婦女形象。

玉執靈芝人
清
寬4厘米　高8.1厘米
厚2厘米
清宮舊藏

**An immotal holding Lingzhi
in his hands, sapphire carving**
Qing Dynasty
Width: 4cm　Height: 8.1cm
Thickness: 2cm
Qing Court collection

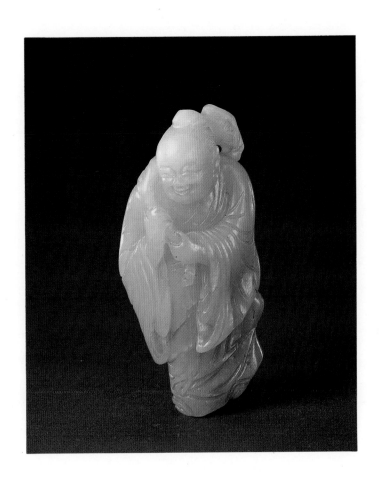

青玉。光澤瑩潤，無瑕斑。圓雕髻髮仙人，面帶笑容，雙手持靈芝，搢於
肩頭，呈行走狀。靈芝為仙草靈藥，亦象徵長壽。此器有仙人祝壽之意。

玉太白醉酒

104

清
長8.7厘米　寬4.7厘米
高3.7厘米
清宮舊藏

Li Taibai in drink, sapphire carving
Qing Dynasty
Length: 8.7cm　Width: 4.7cm
Height: 3.7cm
Qing Court collection

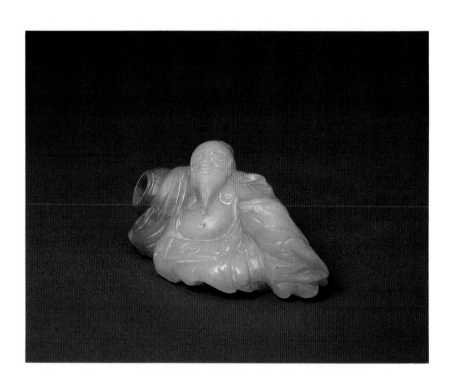

青玉。玉色青白，有褐色沁。圓雕一人醉臥於翻倒的酒罈旁，雙眼微閉，
長髯飄於胸前，袒胸露腹，腿上展開一幅陰陽太極圖。左手托一酒杯，一
幅爛醉如泥之態。

以太白醉酒為題材的玉器，明代就有出現，清代還在繼續製造，而作品比
明代更加精緻。有青玉、白玉和碧玉等不同玉質，質地瑩潤，打磨光滑。
人物的面目到衣紋製作更加細膩，幾乎無可挑剔。此器可作書鎮或筆架。

玉戲獅雙人

清
寬5.3厘米　高7.8厘米
最厚2.5厘米
清宮舊藏

**Two persons playing with
a lion, sapphire carving**
Qing Dynasty
Width: 5.3cm　Height: 7.8cm
Maximum thickness: 2.5cm
Qing Court collection

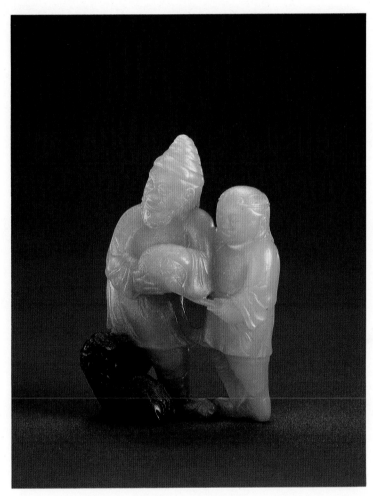

青玉。含墨斑。圓雕二人戲獅。一老者頭戴尖頂圓形塔帽，雙手捧繡球。
旁立一小童，大鼻、吊眼，手握繡球上的絲帶。二人均鬈髮，深目大鼻，
身着袍衣，下部打綁腿，腳下一小獅子，利用玉石中墨斑而琢成黑色。此
器中的人物，不同於清代人物的形象，從臉部特徵到衣着打扮，均屬西域
風格。特別是利用玉中的墨斑巧色琢出黑色獅子，更是別出心裁，技高一
籌。

玉福壽老人
清
寬10厘米　高15.5厘米
清宮舊藏

**The god of longevity and the god
of happiness, sapphire carving**
Qing Dynasty
Width: 10cm　Height: 15.5cm
Qing Court collection

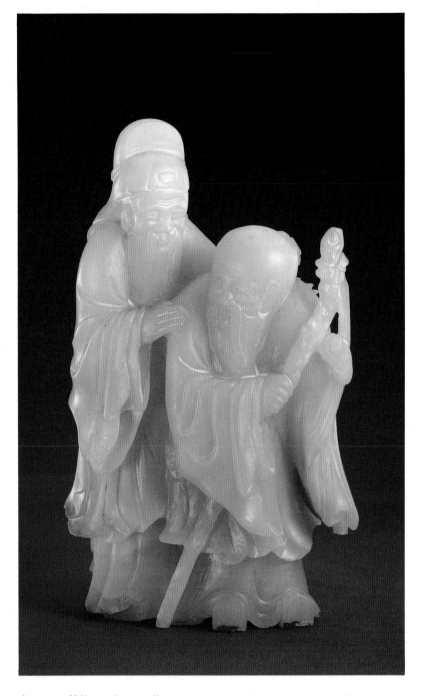

青玉。玉質佳，局部可見黃沁。圓雕兩站姿老人，一老翁石手扶杖，另一
老翁雙手扶其肩，似漫步相隨，輕聲交談。二老均面帶笑容，身着寬袖長
衣，形態自然生動。玉雕藝術發展到清代，內容、形式極其豐富多彩，生
活氣息愈加濃郁。似本器這類題材的玉雕作品，如壽星、老人等，在清代
的器物紋飾及圓雕作品中常有所見，表現了清代玉雕生活化、民俗化的特
點。

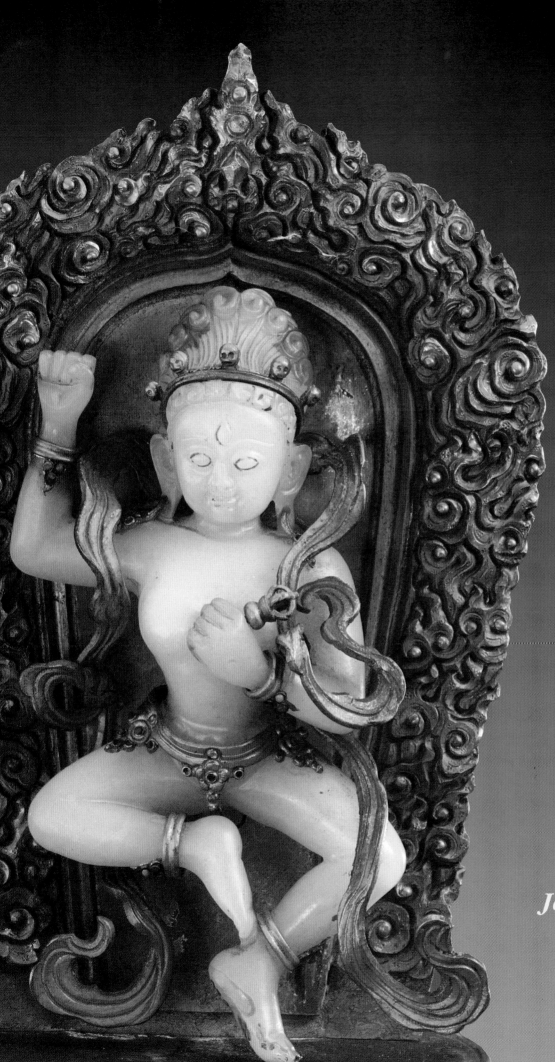

玉供器、佛道用器

Jade Tributes Buddhist Articles

玉彌勒
清
寬7厘米　高5.5厘米
清宮舊藏

Sapphire Maitreya (Future Buddha)
Qing Dynasty
Width: 7cm　Height: 5.5cm
Qing Court collection

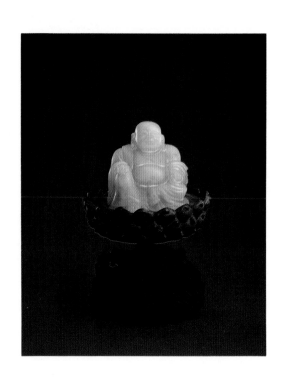

青玉，玉質油潤。佛像呈坐姿，面帶笑容，神態自如，袒腹，右手扶膝，左手持衣襟，身後有一布袋。此器雕工流暢，形象生動，屬中原佛教人物造型。

彌勒佛，佛教諸菩薩之一，人稱布袋和尚，相傳常以杖荷布袋入市，為眾生帶來吉祥和歡笑。又因大肚袒腹，故又稱大肚彌勒。屬整個雕塑工藝中的傳統題材。

玉羅漢
清
高23.7厘米
清宮舊藏

Sapphire Arhat
Qing Dynasty
Height: 23.7cm
Qing Court collection

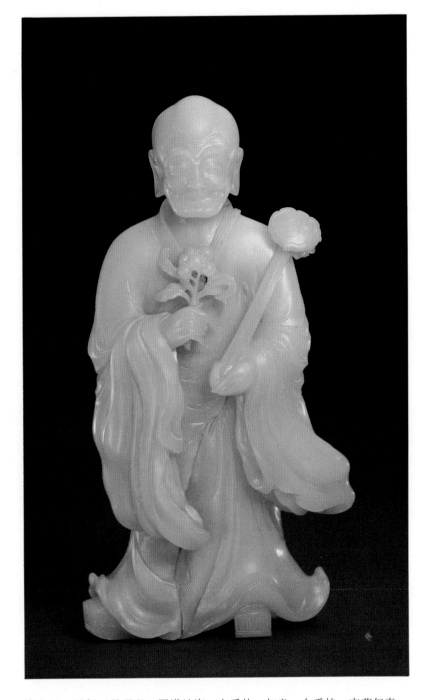

青白玉。局部可見瑕斑。羅漢站姿,左手執一如意,右手持一束萬年青。
寬袖,長袍,相貌慈祥,面帶笑容,神態自然。全器雕工簡練,衣紋飄然
若動,線條流暢。羅漢是佛教形象,古人有十六羅漢,十八羅漢,五百羅
漢等說法。其表象有似佛非佛,是僧非僧,有文有武,有老有少,喜怒哀
樂,各具神態。羅漢題材在清代民間雕塑上廣為流傳。

109

玉佛
清乾隆
高11厘米

White jade Buddha
Qianlong period, Qing Dynasty
Height: 11cm

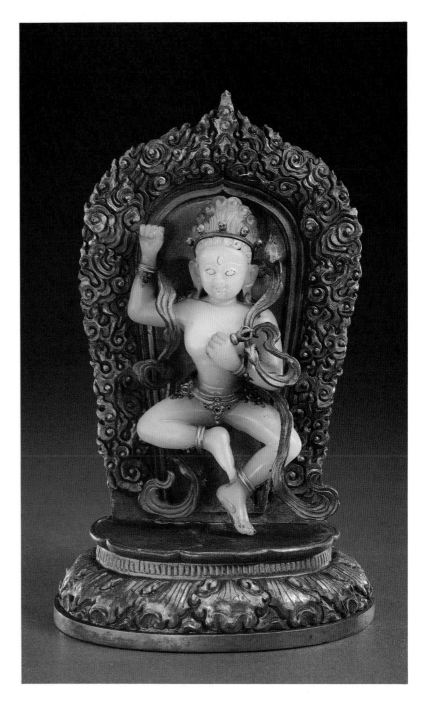

白玉。女身，上身袒裸，有銅帶纏腰。一足着地，半站立形。眉間有眼，三眼圓睜，直鼻抿口，雙耳觸肩並帶銅環。鬈髮後披，頭戴五個骷髏頭組成的銅髮箍。右手握拳，左手握銅杵。身飾銅飄帶，腰圍銅飾，手、足腕戴銅鐲。佛背有邊沿帶火焰紋的銅背光，底承銅蓮花座。

此女身佛像造型有異於中原佛像，有濃厚的密宗佛像特色。

110

玉十八羅漢手串
清
通長26.5厘米　玉人長2.5厘米
圓徑1.5厘米　佛頭圓徑2厘米
清宮舊藏

**A string of beads carved with
eighteen Arhats and four heads
of Buddha, white jade**
Qing Dynasty
Overall length: 26.5cm
Figure: Length: 2.5cm
Diameter: 1.5cm
Diameter of Buddha's head: 2cm
Qing Court collection

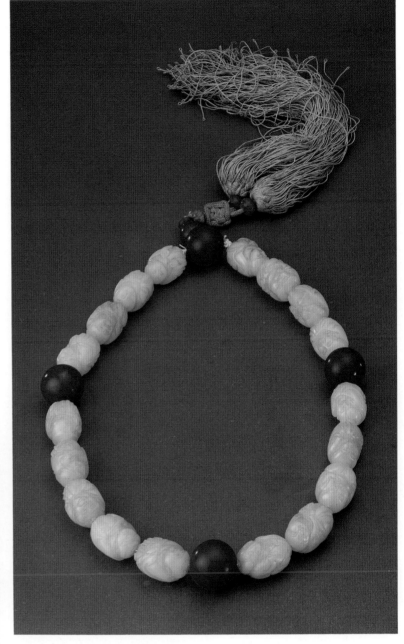

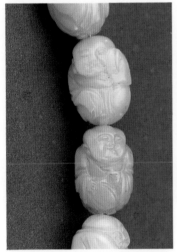

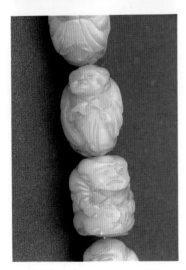

白玉。手串為玉籽十八顆，圓雕羅漢十八個。間配紅瑪瑙珠及佛頭四粒，
黃絲穗上繫紅珊瑚豆二粒。

十八羅漢在玉雕中多見於圓雕坐像，製成如此小的造型作手串還很少見。
手串雕琢精緻，十八個羅漢均光頭，着袈裟，或拱手而立，或手持穀穗和
拂塵，或雙手捧鉢，或手拿念珠和書卷，或懷抱小獸，或身旁伏虎，形態
各異，神態生動逼真。

玉十二辰
清中期
高3.1—3.4厘米
清宮舊藏

**Twelve animal time-guardians
of sapphire**
In the middle part of Qing Dynasty
Height: 3.1—3.4cm
Qing Court collection

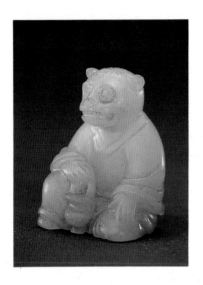

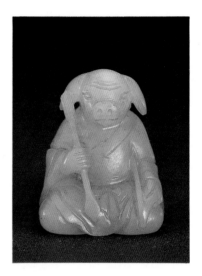

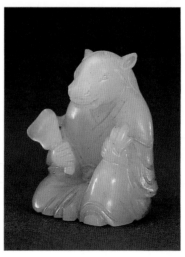

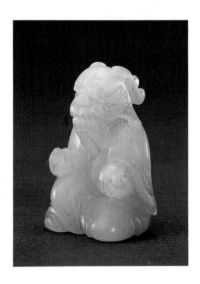

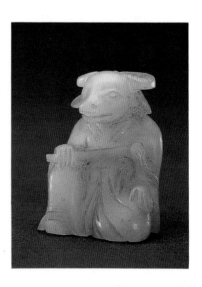

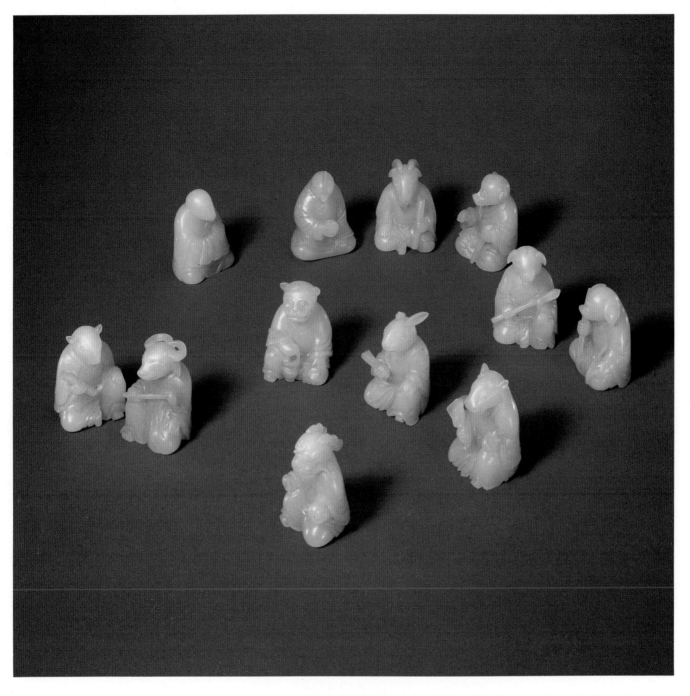

青玉。雕坐姿各異的獸頭人身十二屬相,即所謂十二生肖,屬守護神。各造像大多數左右手拿着不同物件,各有不同象徵意義。

趙翼《陔餘叢考》曰:十二相屬之說起於東漢,漢以前未有言之者。古時的十二生肖俑,也稱"十二支神俑",隋代已出現,盛行於唐代,以後歷代均有。

玉鈴、玉杵
清乾隆
鈴高18.4厘米　口徑9.7厘米
杵長12厘米　高4.3厘米
清宮舊藏

Sapphire bell with a vajra handle
Qianlong period, Qing Dynasty
Bell Height: 18.4cm
Diameter of mouth: 9.7cm
Handle: Length: 12cm　Height: 4.3cm
Qing Court collection

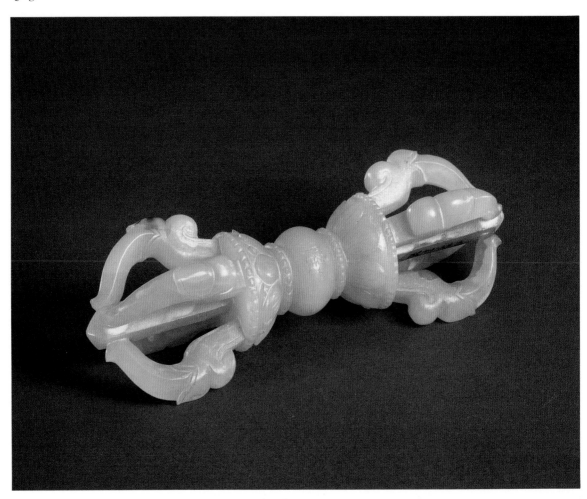

青玉。鈴由柄、鈴兩塊玉銜接而成。柄下端陰刻楷書"乾隆年製"四字
款。其上琢一佛首，頭頂部銜接由四獸首吐出的齒狀飾與中心戟頭相接。
鈴外壁均飾佛教紋飾，有蓮花紋、梵文、輪形纓絡及杵紋。鈴內懸掛一墜
式玉錘。杵中間亦陰刻楷書"乾隆年製"四字款。柄身中間背向飾以蓮花
托，托上伸出四個彎曲尖齒飾，四齒各於首尾合攏一軸。

鈴杵是藏傳佛教之法器。故宮收藏有數件玉質鈴杵，是仿西藏喇嘛教銅質
鈴杵而製，器型極為精緻逼真。

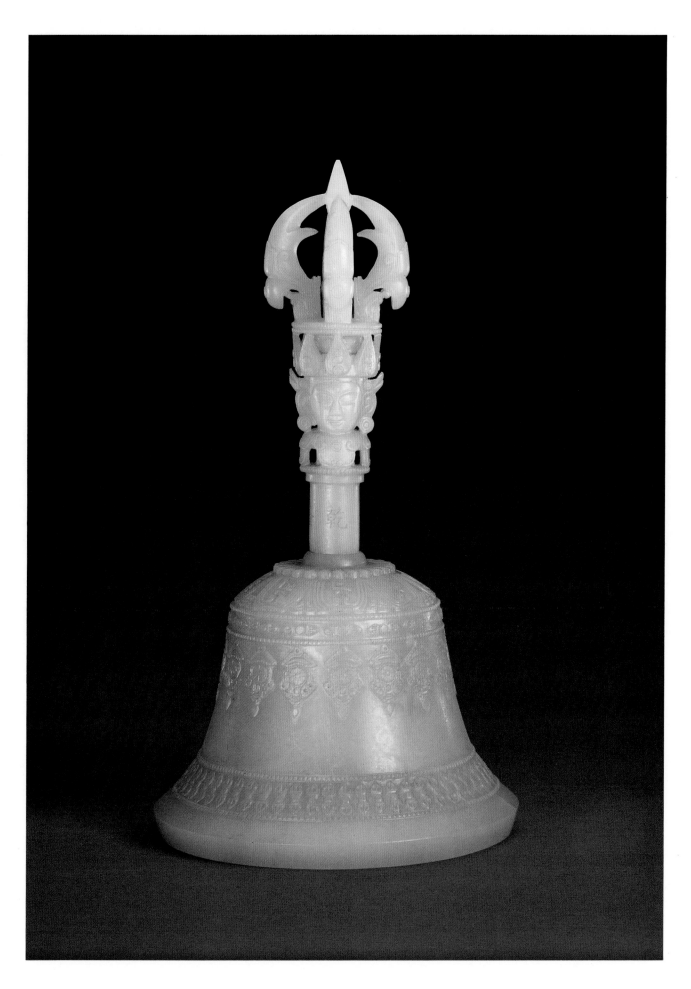

玉五供
清乾隆
爐高25.3厘米　口徑12.8厘米　腹徑15.5厘米
燭台高38.5厘米　底徑12.7厘米
花插（觚）高28.5厘米　口徑18.9厘米　底徑9.7厘米
清宮舊藏

The Five Offerings of sapphire
Qianlong period, Qing Dynasty
Incense burner: Height: 25.3cm
Diameter of mouth: 12.8cm
Diameter of belly: 15.5cm
Candlestick: Height: 38.5cm　Diameter of bottom: 12.7cm
Flower receptacle (Gu): Height: 28.5cm　Diameter of mouth: 18.9cm
Diameter of bottom: 9.7cm
Qing Court collection

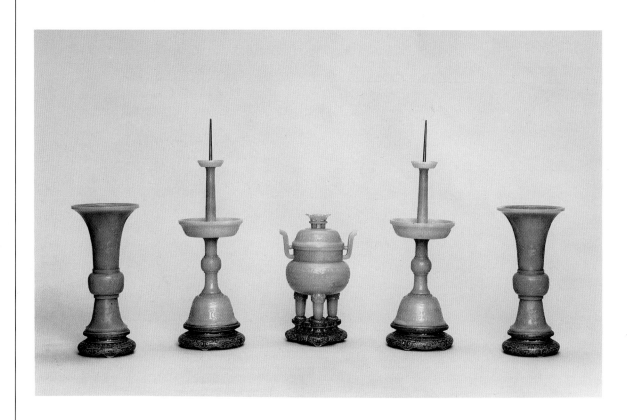

青玉。五供器由爐（一件）、燭台（二件）、花插
〔觚〕（二件）組成。這份玉五供取材新疆優質青
玉琢製而成。淺浮雕紋飾。

爐，有蓋，朝冠耳，三獸吞足。蓋頂為繩紋捆紮四
個透雕雲頭飾，蓋面隱起四個變形相連的蝙蝠紋。
頸部琢團“壽”字，間飾“卍”字。腹部四個獸面
紋。

燭台，由底足、兩截柱、兩個盤以銅纖連接而成。
頂盤外側飾蓮瓣紋一周。上截柱兩端俯仰變形雲
紋。大盤內側四組變形雲紋，沿外側俯仰“人”字

紋，並飾兩組獸面紋。下截柱中部為團“壽”，間飾
蝙蝠紋，其上下為雲紋。底足垂雲下面飾獸面紋。

花插為三截嵌接而成。喇叭口，圈足。中部為雙蝠捧
“壽”紋，其上下為俯仰蕉葉紋。圓孔內配以銅膽可
插花。

這份五供，玉質好，雕工精細，帝王極為珍視，命匠
配飾琺瑯座以顯氣魄。

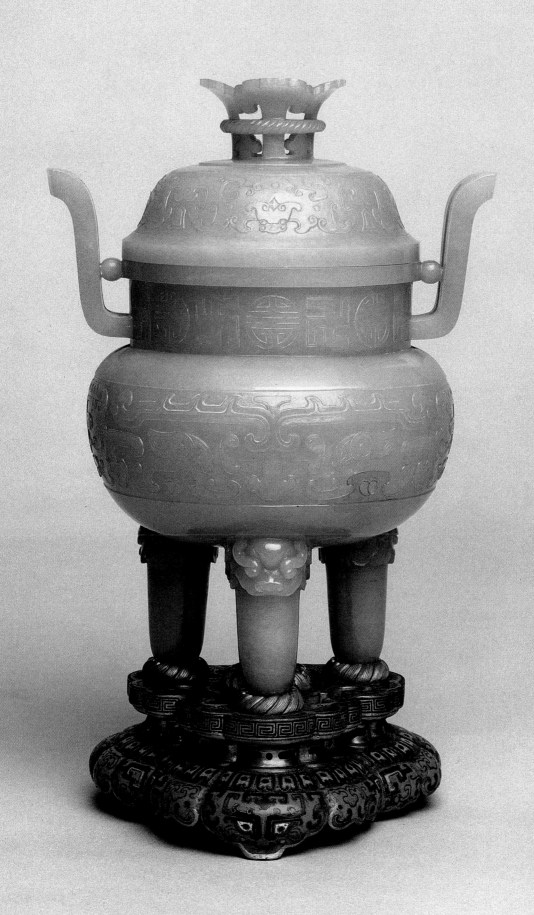

114

玉七珍
清
寬9厘米
通座高32厘米　器高11厘米
清宮舊藏

**The seven Buddhist sacred treasures
of jasper**
Qing Dynasty
Width: 9cm　Overall height (with stand): 32cm
Articles: Height: 11cm
Qing Court collection

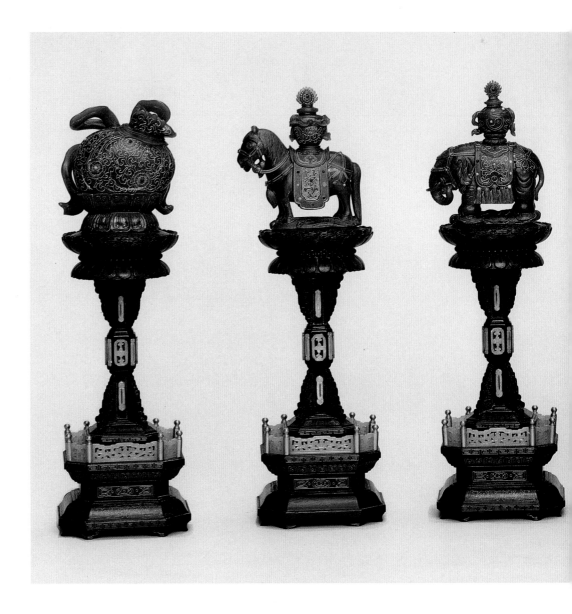

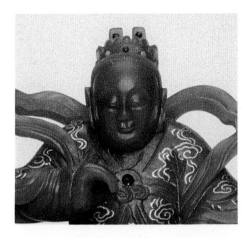

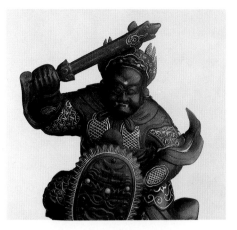

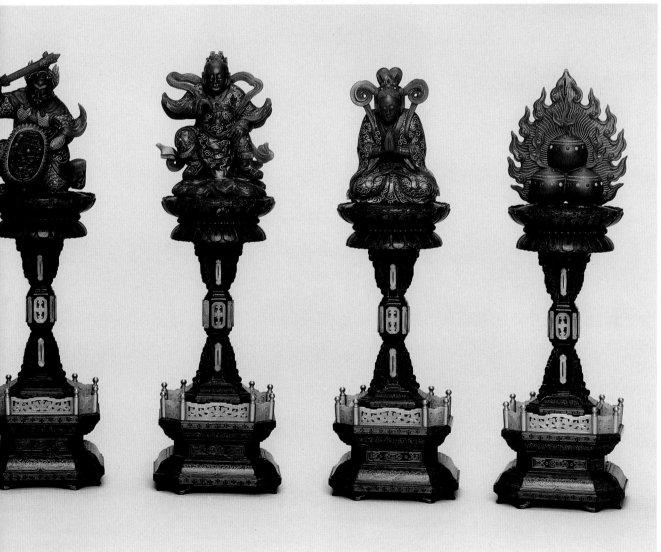

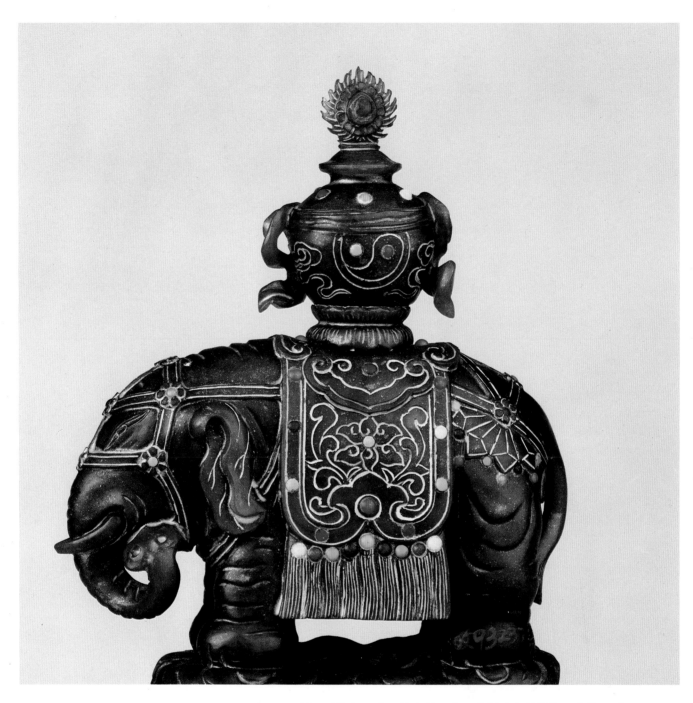

碧玉。玉料呈碧綠色，全器共七件一套，分別雕七種寶物：有袋、馬、象、武士、仙童、女人、火珠等，形態各異。其上嵌珊瑚、青金、松石等各色小彩石珠，並描金和填金。下承紫檀嵌銀絲座，木座上截為蓮花形，中部為四出戟柱，下為八方形欄座，上嵌雕花白玉片及銅鍍金柱。

七珍又稱七寶，是佛教名詞，一般指轉輪聖王所擁有的世間七種珍貴之寶，為輪寶、象寶、馬寶、珠寶、女寶、居士寶（又稱主藏寶）與兵臣寶。到清代演變為現在的七寶。

玉蓮花鉢
清
高7厘米　口徑13.8厘米
清宮舊藏

Sapphire sacrificial bowl with lotus design
Qing Dynasty
Height: 7cm
Diameter of mouth: 13.8cm
Qing Court collection

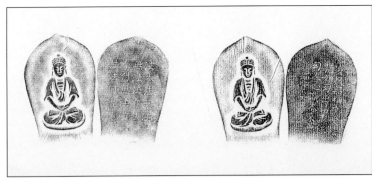

拓片

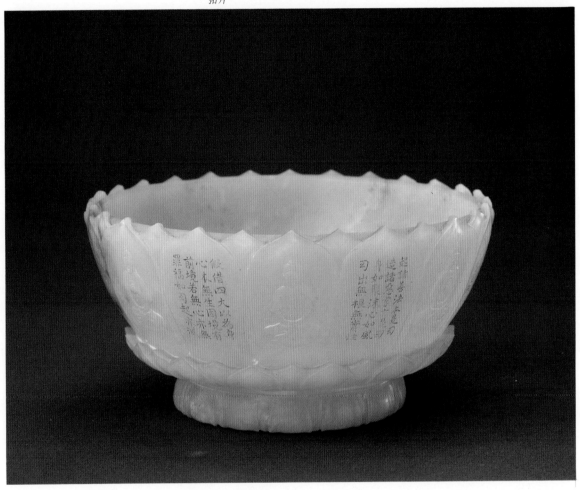

青玉。玉料呈青白色，局部有黃赭色斑沁。體呈多角形，底有一蓮花式座。蓮花座內托一盆，外雕成十四瓣蓮瓣。器口沿呈鋸齒狀，蓮瓣上分別雕七佛並七佛偈語。

此器造型獨特，是宮廷佛堂中放置供物的供器。

玉八寶
清
寬8厘米
通座高32.5厘米　器高10.8厘米
清宮舊藏

**The eight Buddhist sacred
treasures of jasper**
Qing Dynasty
Width: 8cm Overall height (with stand): 32.5cm
Articles: Height: 10.8cm
Qing Court collection

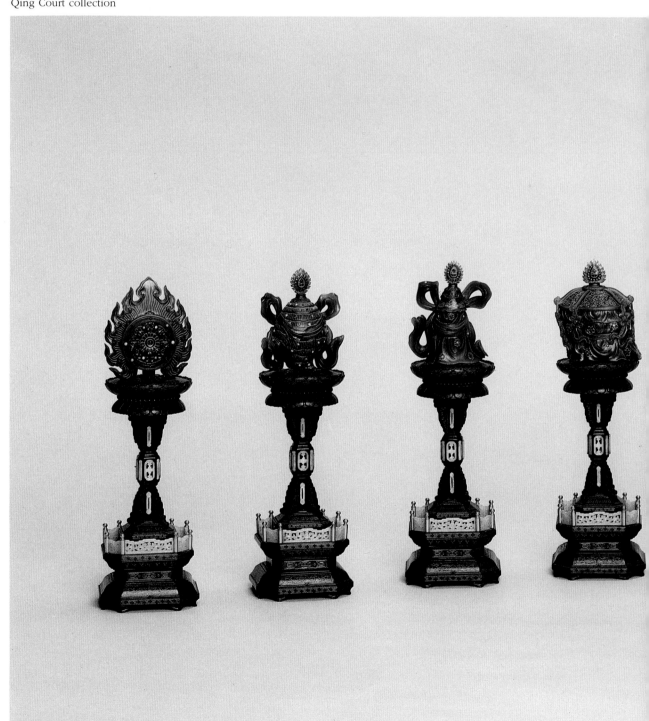

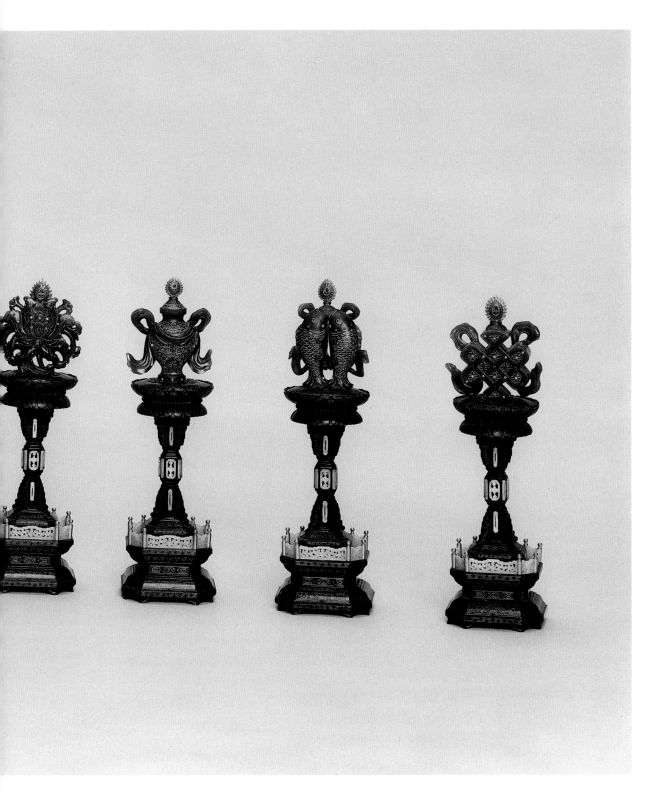

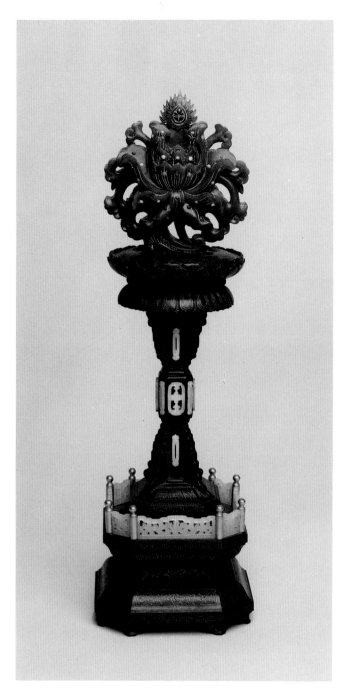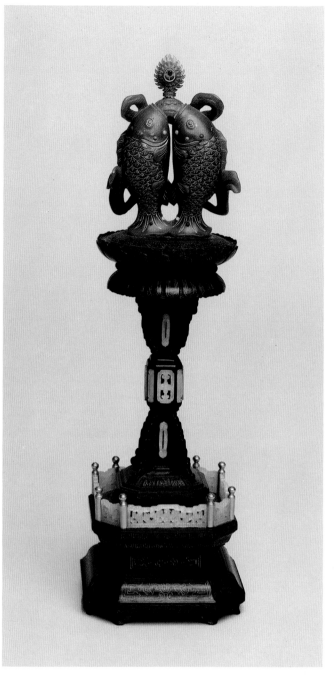

碧玉。器物各圓雕八種寶物,有法螺、法輪、寶傘、白蓋、蓮花、寶瓶、金魚、盤腸。器物上皆描金和填金,嵌各色彩石小珠。下承紫檀嵌銀絲木座,上部為蓮花式,中部為棱柱,上嵌雕花白玉片,下部為八方形,周邊圍以雕花白玉圍欄,並有銅鍍金柱。

八寶為傳統吉祥紋樣,又稱"八吉祥",是佛教傳說中的八種寶物。法螺,具有菩薩果妙音吉祥之意。法輪,表示佛法圓轉萬劫不息之意。寶傘,表示張弛自如曲覆眾生之意。白蓋,表示偏覆三千淨一切藥之意。蓮花,表示出五濁世無所染着之意。寶瓶,表示福智圓滿具完無漏之意。金魚,表示堅固活潑解脫壞劫之意。盤腸,表示回環貫徹一切通明之意。亦有用此八寶,作為佛家的符號。

玉刻經鉢
清乾隆
高8.6厘米　口徑10.9厘米　足徑9厘米
清宮舊藏

Jasper monk's alms-bowl inscribed with sutras
Qianlong peiord, Qing Dynasty
Height: 8.6cm
Diameter of mouth: 10.9cm
Diameter of foot: 9cm
Qing Court collection

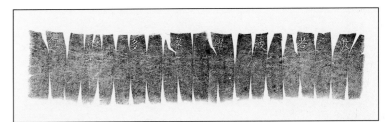

拓片

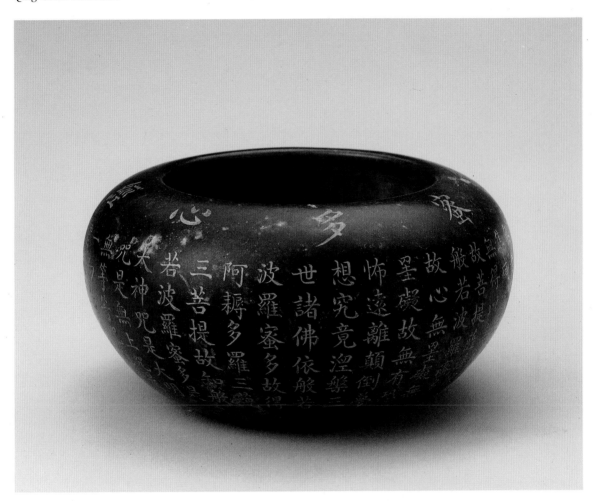

碧玉。有白斑。圓體，斂口，平足。外壁刻滿填金楷體經文。口沿外刻
"般若波羅蜜多心經"。外壁刻豎行經文。

鉢，是和尚盛飯的盂。清代玉鉢形式多樣，有光素及刻字的，有外壁雕坐
佛的，還有蓮瓣式等。此器是清代乾隆時期所製佛教器物之代表作。

玉七佛鉢
清
高8厘米　直徑14.5厘米
清宮舊藏

White jade monk's alms-bowl inscribed with seven images of Buddha
Qing Dynasty
Height: 8cm　Diameter: 14.5cm
Qing Court collection

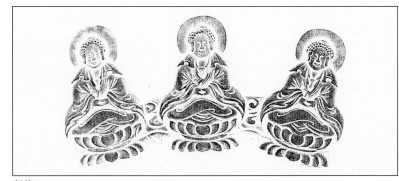

拓片

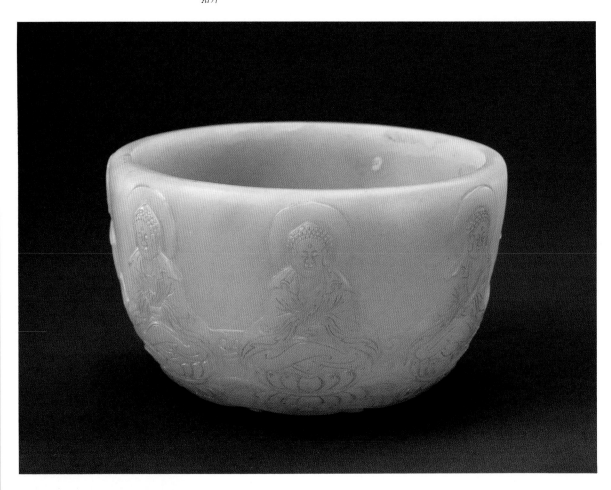

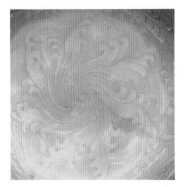

白玉。圓形。敞口。玉鉢腹部浮雕七尊佛像。七像造型大體相同。鉢底雕旋捲海水紋，海水旋出七支水花，與鉢腹所雕佛像對應。據考，乾隆二十二年，帝南巡到蘇州，見開元寺所供佛鉢，大為讚賞，後命良工仿製成玉鉢，供於宮內佛堂中。鉢外雕七尊佛像為毘婆尸佛、尸棄佛、毘舍婆佛、拘樓孫佛、拘那含佛、迦葉佛、連同釋迦牟尼佛，通稱"過去七佛"。據《法顯傳》云，佛鉢出自古印度毘舍離，佛祖曾用以吃齋，後傳入漢地。

玉仿古器

*Jade
Imitation
Antiques*

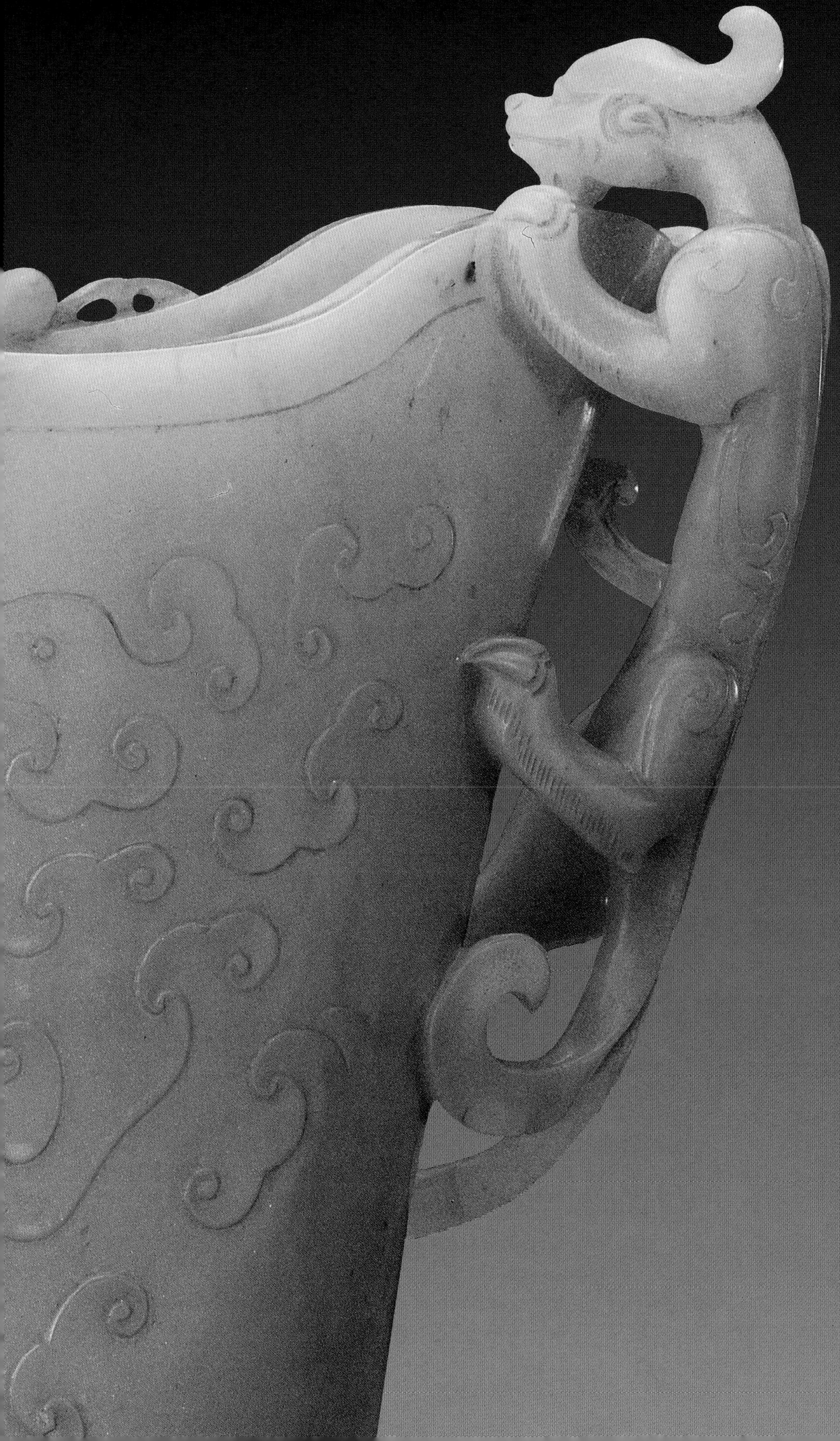

玉經火仿古獸面紋斧
清
長9.9厘米　寬6.5厘米
厚1.2厘米
清宮舊藏

**Fired jade axe with animal mask
design in antique style**
Qing Dynasty
Length: 9.9cm　Width: 6.5cm
Thickness: 1.2cm
Qing Court collection

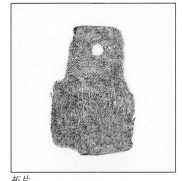
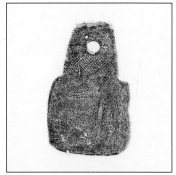

拓片　　　　　　　拓片

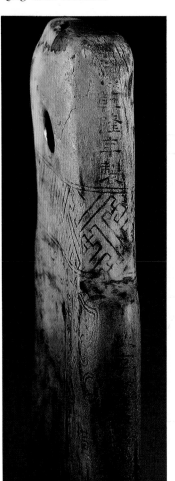

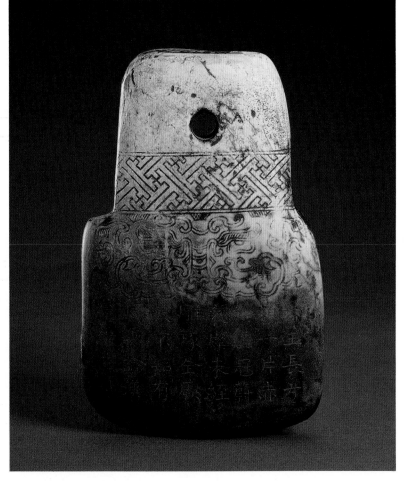

玉經火後一半呈雞骨白色，一半呈灰黑色，器扁片狀，呈斧形，為仿古玉器。器中部雕仿古獸面紋，之上陰琢錦紋，錦紋之上為一孔，可繫佩。獸面紋之下為乾隆御製楷書七言詩一首："古玉長方穆一片，赤如雞冠蔚采燦。來經雕琢全厥天，不知有周無論漢。量縱三寸橫則二，上復減其寸之半。略加剪拂宛成佩，佩之無射因成贊。"末署"乾隆乙巳御題"並篆書"古香"、"太卻"二方印。一側邊緣陰琢隸書"乾隆年製"，下有"火字七十五號"。

清代遺存的大量古代玉器，為清宮廷仿製古玉提供了依據。清代仿古玉器，無論器型、圖案、風格皆很相似，但在工藝製作方面雕琢得更加精緻細膩，甚至繁複，特別是經過做舊處理，使人一時真偽難辨。此器即為清宮廷仿古玉器中較有代表性一例。

玉夔紋大斧

清乾隆
長35.6厘米　寬17.8厘米
厚1厘米
清宮舊藏

Large axe of jasper with Kui-dragon design
Qianlong period, Qing Dynasty
Length: 35.6cm　Width: 17.8cm
Thickness: 1cm
Qing Court collection

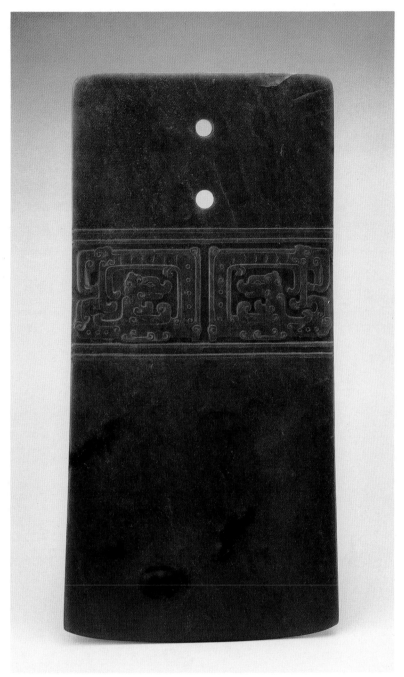

上等碧玉。長方厚片狀，光澤較強。局部有褐色雲形暈，更顯古樸。器頂面橫刻篆書"大清乾隆年製"六字款。器型碩大，上部兩個圓孔，可穿繫，孔下兩面深雕紋飾。在上下凸弦紋之間，飾相對的方折夔龍紋。此器仿大汶口、龍山文化期玉斧型，取戰國夔龍式樣。

玉斧在古代為禮器。這件夔紋斧是清代乾隆時期仿古器物之精品。

玉鷹獸紋斧
清
長11.9厘米　寬7.5厘米
厚0.5厘米
清宮舊藏

**Sapphire axe with design of a
eagle chasing a beast**
Qing Dynasty
Length: 11.9cm　Width: 7.5cm
Thickness: 0.5cm
Qing Court collection

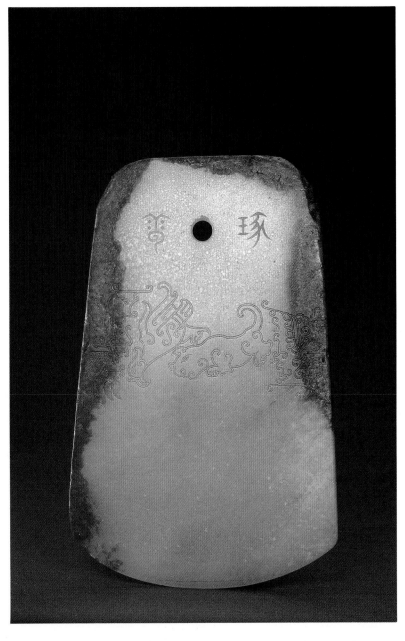

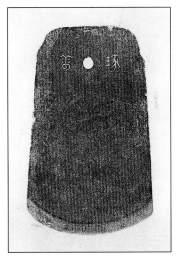

青玉。玉呈青黃色，邊沿帶有玉璞之皮。斧的一面琢有鳥獸紋，鳥在上，似鳳，爪下伸，逐一奔獸。鳥獸紋兩側有雙陰線勾連紋，紋飾自斧的邊沿轉折，延伸到斧的另一面。玉斧一面上方陰線篆書“琢雲”二字，一側邊棱琢隸書“黃字四號”，另一側琢“乾隆年製”。

此斧為乾隆年製造的仿古玉，邊沿留有玉皮，似古玉受沁產生的質變。所琢紋飾原意仿商代玉器風格，但目前已知的商代玉器上還沒有發現這種紋飾。“黃字四號”為乾隆時期製造的仿古玉序號，按千字文順序排列，黃字屬第四字。此器利用玉皮天然之色，以充舊玉，是清代仿古做舊之一法。

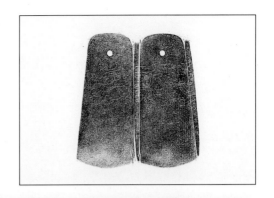

仿古玉斧（二件）
清乾隆
長9.6厘米　寬4.2厘米
清宮舊藏

Jade axe in antique style (two pieces)
Qianlong period, Qing Dynasty
Length: 9.6cm　Width: 4.2cm
Qing Court collection

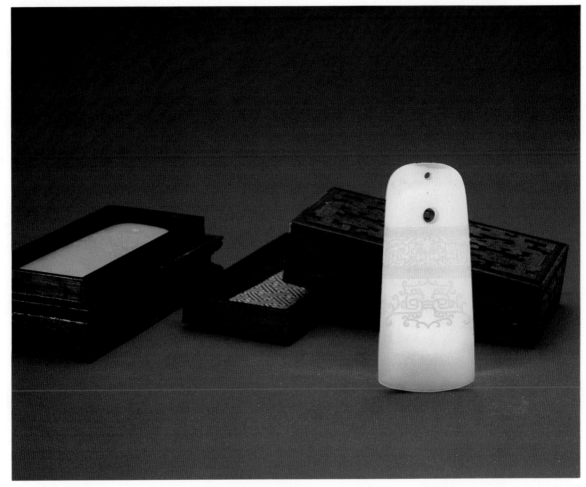

玉潔白無瑕。皆作斧形。上端寬而有刃，下端有孔，兩面琢雙陰線紋飾。
第一件正面上部琢一人首，張口，有獠牙，耳下各有一側面人首，下部琢
陰線變形獸面紋。背面上、下兩組變形獸面紋。獸面以眼目為中心，由多
組雙陰線勾連而成，斧兩側分別琢陰線"洪字七號"、"乾隆年製"。此
斧紋飾仿自一件新石器時代玉圭（今藏台北故宮博物院）。人頭放正時，
斧刃朝上。第二件正面琢鳥、獸紋，鳥在上，爪於獸背，獸似奔跑狀。另
一面琢雙陰線勾連紋，斧兩側分別琢陰線隸書"荒字八號"、"乾隆年
製"。此斧紋飾放正時，斧刃朝下。

此二斧為帶有千字文序號的乾隆仿古玉器。器上穿孔由兩面對鑽，孔徑有
變化，與古代玉斧穿孔方式相似。二件玉斧同置一嵌銀絲木匣內，是乾隆
時期製造的仿古玉精品。

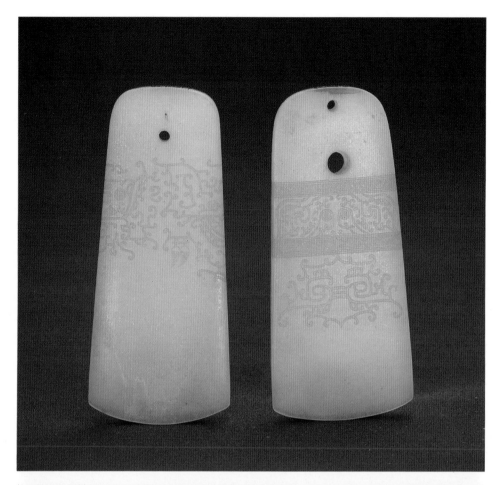

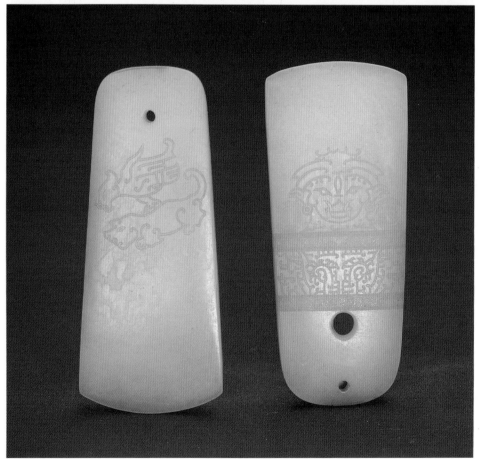

玉圭瑁説圭
清中期
長41.2厘米　最寬10.6厘米
厚1.1厘米
清宮舊藏

**Jasper Gui (an elongated tablet)
with inscriptions**
In the middle part of Qing
Dynasty
Length: 41.2cm
Maximum width: 10.6cm
Thickness: 1.1cm
Qing Court collection

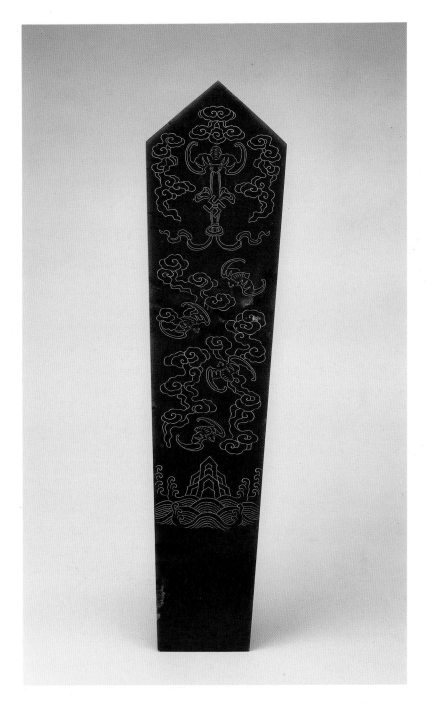

新疆優質碧玉琢製。上寬，頂尖作三角形，底平，中間厚且起脊棱。頂部刻等距三連星辰紋，底上部刻海水江崖紋，中間陰刻楷書填金朱珪敬書的"御製圭瑁説"文計466字。背面底部陰琢海水江崖，其上飾五隻翔蝠和雲紋，最上面的蝙蝠口銜飄帶拴繫的"卍"字，為"萬福"之意。

圭，為六種"瑞玉"之一。是祭祀、喪葬、朝聘等活動中使用的禮器。"圭瑁"即瑁圭也。《禮經云》：諸侯即位，天子賜以命圭，圭上斜鋭瑁方四寸，其下亦斜刻雲，闊狹長短如圭頭，諸侯執圭來朝，天子以冒刻處，冒彼圭頭以齊，瑞信猶今之合符也。又云：冒圭者，取覆冒之義，四寸者，四方之義也，天子執之，以朝諸侯，得用純金，純金者，天子得純金之玉也。鄭元曰：天子名玉冒者，言德能覆天下也，金玉之純色者，玉茍有瑕而不純則非金矣。此器為清代仿古之重器。

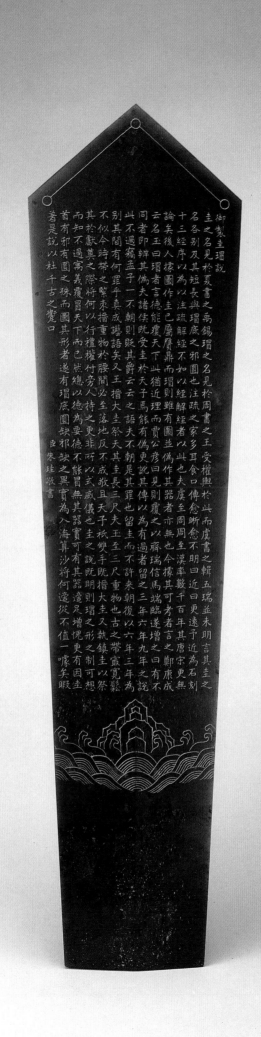

御製圭瑠說

圭之名見於夏書之岳錫瑠之名見於周書之王受權與於此虞書之輯五瑞並未明言其圭之名各別及其短長與瑠底之圓也注疏之家多耳食口傳愈晰愈不明曰近曰更遠予近為石刻十三經序以為以注疏解經者以此也夫虞至周傳愈數千百年其唐宋更無論云矢後人擦瑠者言己屬歷鼎而瑠近理而賈公彥臨遂言之鄭康成不同者即辨其偽夫諸佳既受瑠於天子焉能有偽訛其傳以為有過者留之三年六年九年之說增之云不過竊孟子一不朝則眨其爵來朝復以六年三年為別其間有何罪乎真成讕語矣又王擦大圭之語夫不朝是其罪也而許來朝復以似今時帶之緊束插重物於腰間必至落地反不成敬且天子祗煥手執鎮圭以祭其於獻莫之際將何以行禮權付旁人待更非所以或儀也瑠之制可想而知不過寓義覆冒天下而已然總以德為要德缺則瑠之形更有著首有邪有圓之珠而圖其形者遂有瑠底圓缺邪缺之黑實為入海算沙將何遽從不值一嚎矢暇是說以杜千古之覽口

臣朱珪敬書

玉蚩尤合璧連環

清
厚2.2厘米　直徑8厘米
清宮舊藏

Combination of two interlinking rings of jasper carved with Chi-you's heads in low relief
Qing Dynasty
Thickness: 2.2cm
Diameter: 8cm
Qing Court collection

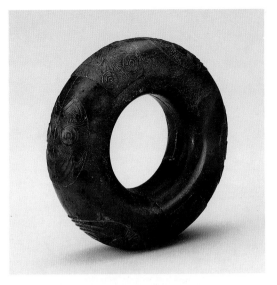

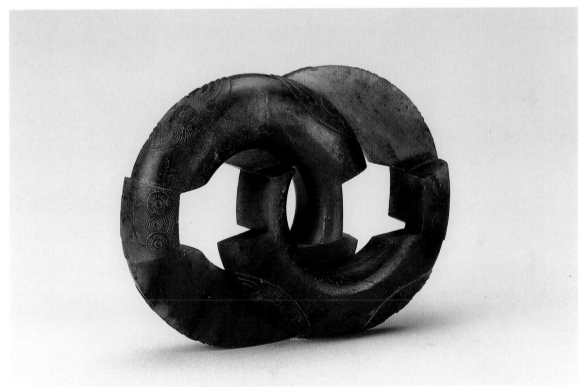

碧玉。內有瑕斑。器為雙合連環式，合起來為環形。環外淺浮雕四個蚩尤頭形，大圓重環眼，棱形鼻，大嘴。分開時為兩環相套，可錯可合。

蚩尤環為仿古代新石器時良渚文化蚩尤環而製。元人朱德潤在《古玉圖》中定其名為蚩尤環。清代宮廷製造的蚩尤環，採用青玉、碧玉、白玉為原料，數量頗多，尺寸不等，但樣式相同，皆把環從中間剖開，變成兩個相套的薄環，兩環又於剖面製榫，可一分為二，又可合二為一。正如有環上所刻乾隆御製詩中描述的"合若天衣無縫，開仍蟬翼相連"。

玉龍鳳紋環
清
高1.8厘米　徑6.2厘米
清宮舊藏

Sapphire ring with dragon and phoenix design
Qing Dynasty
Height: 1.8cm　Diameter: 6.2cm
Qing Court collection

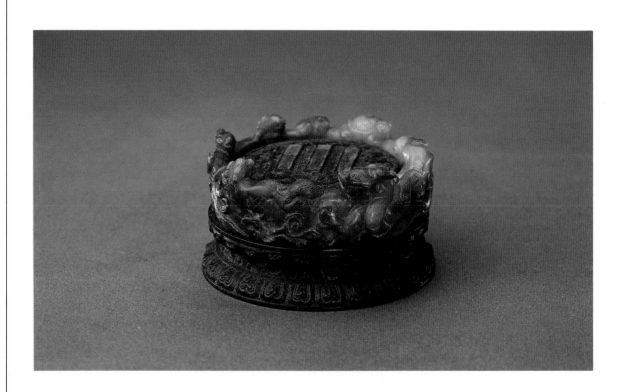

青玉。經燒烤着色。圓形。裏壁光素無紋。外壁及口沿凸雕龍、鳳、龜、馬等獸。姿態各異，生動逼真，似是兒童腕飾。

清代環類品種很多，金、銀、翠、瑪瑙、青玉、白玉等都有。有的光素，有的刻紋。這件浮雕各種神獸的玉環，是較為精緻奇特的代表作。乾隆命木作配以精美蓮花紋硬木座。此為乾隆時期仿古做舊的代表作，所染顏色為赭褐色，與前幾器之色又有不同，染色後似經手盤，其色古舊光亮。

玉穀紋璧
清乾隆
圓徑10.8厘米　孔徑2.3厘米
厚0.7厘米
清宮舊藏

Sapphire Bi with rice-grain design
Qianlong period, Qing Dynasty
Diameter: 10.8cm
Diameter of hole: 2.3cm
Thickness: 0.7cm
Qing Court collection

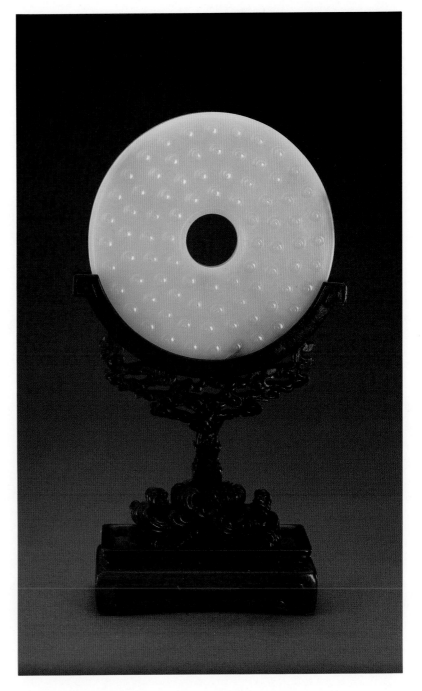

青玉。圓片形，兩面雕紋，中有孔。器邊沿及孔邊各飾一周凸弦紋，器兩面減地琢飾穀紋。器邊留有原玉料之綹皮紋，更添古雅。此器為清代乾隆時期仿戰國玉璧之精品。

玉鏤雕夔鳳長宜子孫璧
清
長13.5厘米　寬8.1厘米
厚0.5厘米
清宮舊藏

White jade Bi with characters "Chang Yi Zi Sun"
and design of Kui-dragon and phoenix in openwork
Qing Dynasty
Length: 13.5cm　Width: 8.1cm
Thickness: 0.5cm
Qing Court collection

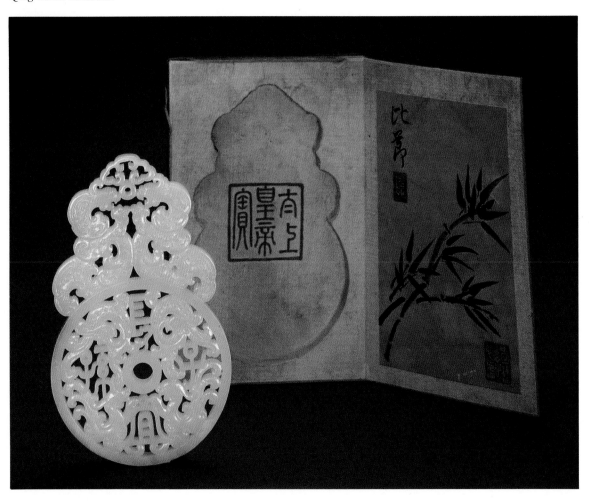

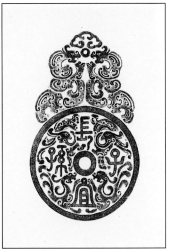

拓片

白玉。無瑕斑。佩片狀，呈圓形，上部鏤雕雙夔龍，面面相對，頭頂雲紋。下部圓形鏤雕雙夔鳳及篆書"長宜子孫"四字。左右側邊沿分別琢隸書"乾隆年製"和"覆字一百八十八號"，玉佩裝於"珍符衍慶"楠木冊及木函內。

清代宮廷製造的玉佩，大部分是仿照漢代玉佩製作，並且加以變化，在裝飾、造型上較漢代玉佩更加複雜精緻。玉質無沁色，無瑕斑，蠟樣光澤。此佩即仿漢代宜子孫佩而製造，尺寸較漢代玉佩略小，圖案內容則更加豐富。

128

玉雙連璧
清
單徑17.5厘米　孔徑3.5厘米
厚1.1厘米
清宮舊藏

Sapphire twin-Bi
Qing Dynasty
Single diameter: 17.5cm
Diameter of hole: 3.5cm
Thickness: 1.1cm
Qing Court collection

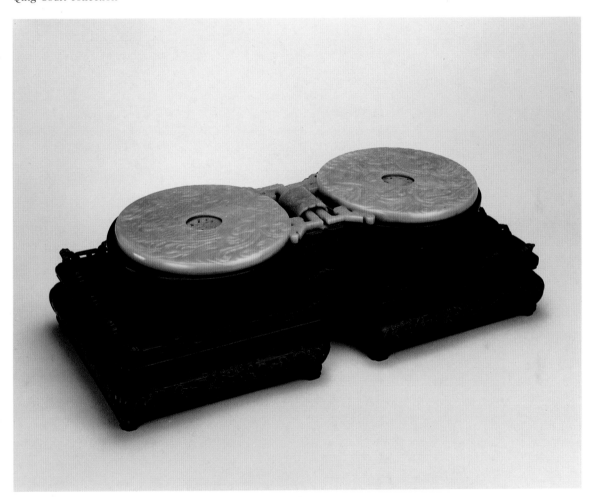

青玉。玉質瑩潤無瑕。中部為活動的扁形環，飾獸面和穀粒紋，套左右雙璧之提柄，成為可活動、可合併的雙連璧。兩璧均有活動心。一璧飾雲龍紋；一璧飾雲鳳紋，寓“龍鳳呈祥”之意。兩璧之背面均琢臥蠶紋。

此璧用整塊青玉琢製，設計精巧，工藝程序繁複，是清代新創品種，為宮廷珍貴陳設品。

玉十二章紋圭璧

清中期
寬12.3厘米　高17.8厘米
厚1.5厘米

White jade Gui (an elongated tablet) with
Twelve Ornaments design
In the middle of Qing Dynasty
Width: 12.3cm　Height: 17.8cm
Thickness: 1.5cm
Qing Court collection

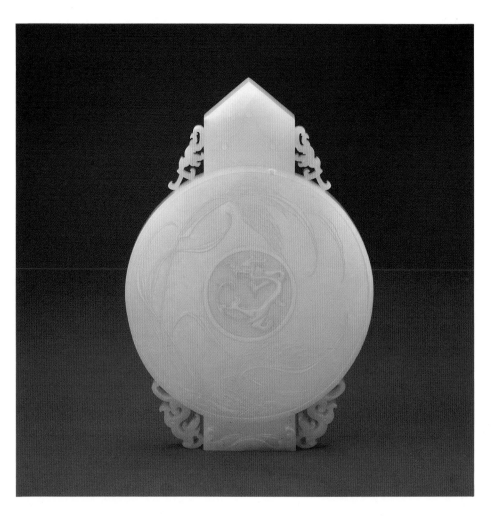

白玉。琢圭璧形。淺浮雕及透雕紋飾。圭面飾十二章紋，兩側各雕一頭在下的龍紋。圭之上下兩邊各透雕一捲體螭紋。背面璧之中心一龍，其周琢穀棵及穀穗。頂端三星並列，底為水紋。圭璧為古代帝王、諸侯朝聘或祭祀時所執的玉器。《周禮·春官·典瑞》：公執桓圭，……以朝覲宗遇會同于王。鄭玄注引鄭司農云：以圭璧見于王。《後漢書·明帝紀》：親執圭璧，恭祀天地。

十二章紋，為古代祭祀服上的圖案。帝王在最隆重的場合，穿十二章紋禮服。十二章紋依次為：日、月、星辰、山、龍、華蟲、宗彝、藻、火、粉米、黼、黻。取義為：日（日中有三足烏，彩雲托之）。月（月中有白兔搗藥，下彩雲護之）。星辰（三星並列，以直線相聯）取其照臨。山（山嶽一座）取其穩重。龍（五爪龍一對，身披鱗甲）取其應變。華蟲（彩羽雉鳥一對）取其文麗。宗彝（祭祀禮器，繪虎、蜼各一）取其忠孝。藻（叢生水草）取其潔淨。火（似光焰之狀）取其光明。粉米（白米）取其滋養。黼（斧形）取其決斷。黻（常作亞形，或兩獸相背形）取其明辨。

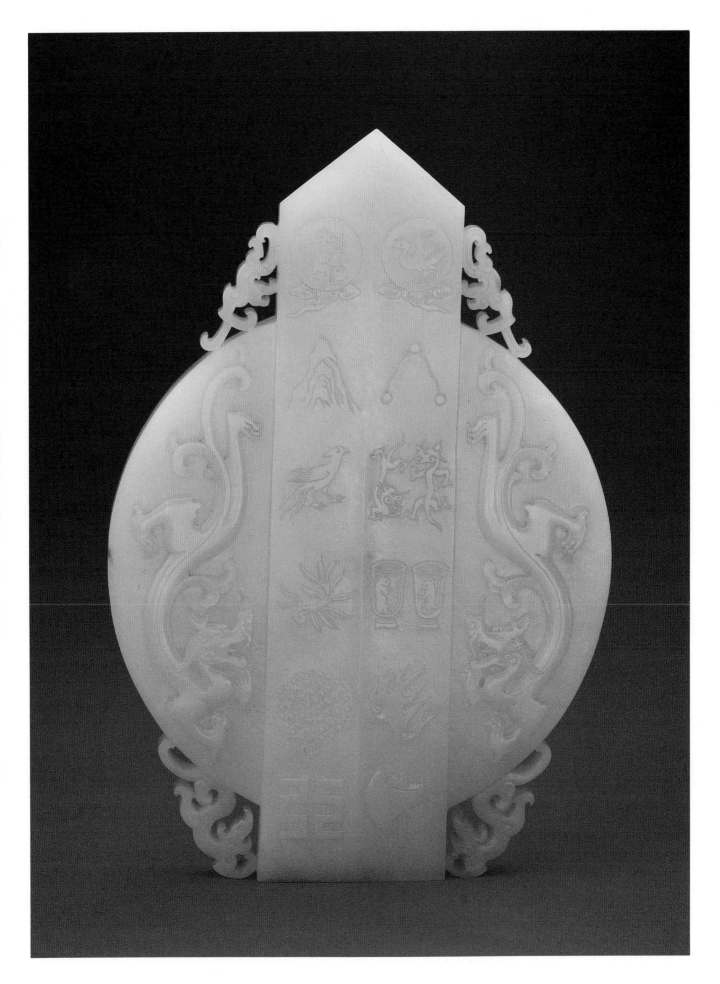

玉蓮花紋花觚
清
高21.5厘米　口徑13.4厘米
足徑7.7厘米
清宮舊藏

Jasper Gu (goblet) with lotus design
Qing Dynasty
Height: 21.5cm
Diameter of mouth: 13.4cm
Diameter of foot: 7.7cm
Qing Court collection

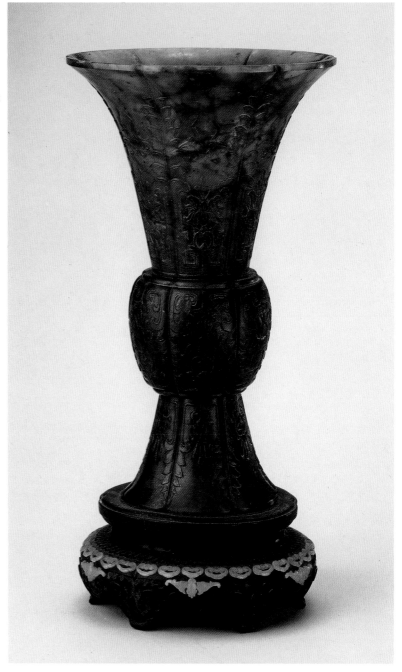

碧玉。玉質瑩潤，且微透明。器呈六瓣喇叭花形，淺浮雕紋飾。腹鼓似花蕾，口足外撇。外壁滿施對稱的蓮花及葉紋。

觚，古時為酒器（青銅）。明清時期各種質地的觚形器，均用作插花、陳設或供器。

在佛教藝術中，蓮花是主要裝飾紋飾，代表"淨土"，象徵"純潔"，寓意"吉祥"。

玉獸面紋出戟花觚
清
高20.2厘米　口徑13厘米
足徑7.5厘米
清宮舊藏

**Jasper Gu with verticle flanges
carved with animal mask design**
Qing Dynasty
Height: 20.2cm
Diameter of mouth: 13cm
Diameter of foot: 7.5cm
Qing Court collection

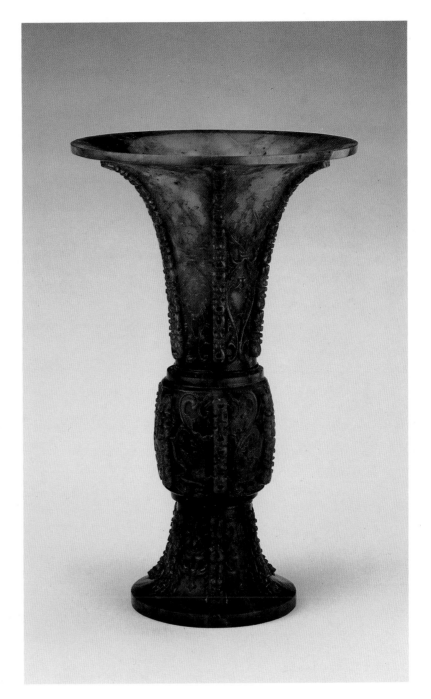

碧玉。三截黏合而成，浮雕紋飾。圓撇口，圈足。全器等距雕琢相對應六
條葉形戟紋。上下部戟紋間飾對稱葉紋，腹部為變形獸面紋。

此觚器壁極薄，紋飾美，刀法精。全器飾葉紋，是清代新紋飾，在觚類中
僅此一件，為難得的陳設品。

玉仿古出戟斜方觚
清乾隆
高41.3厘米　口徑18.3×10.4厘米
足徑13.2×8.1厘米

**Rhombic sapphire Gu with vertical
flanges in antique style**
Qianlong period, Qing Dynasty
Height: 41.3cm
Diameter of mouth: 18.3×10.4cm
Diameter of foot: 13.2×8.1cm

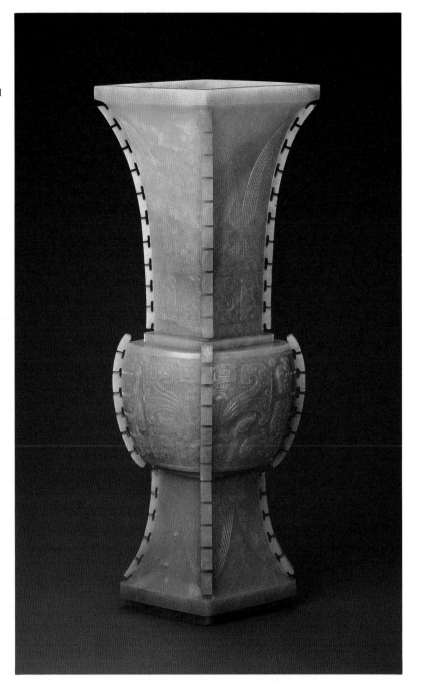

青玉。內含瑕斑。觚為扁斜方形，口、足均呈菱形，四出戟，戟上有疊矢
形飾紋圖案。口沿及近足處琢回紋各一周。頸部和足上部飾俯仰蕉葉紋及
夔龍紋，腹部琢回紋錦地，凸雕變形獸面紋。足內側陰刻隸書"大清乾隆
仿古"字款。

清代仿古玉觚，多由上、中、下三部分組合黏接而成。也有選用一塊玉料
雕成，但一般體積較小，而玉質也較好。此器碩大，厚重，用整塊玉料雕
琢而成，是故宮博物院藏清代仿古玉觚中最大的一件。質地精良，造工細
緻。為同期物中之少見，是乾隆仿古玉器中的珍品。

玉蕉葉紋出戟方觚
清
高24.6厘米　口徑8.4×11.7厘米
底徑5.6×7.2厘米
清宮舊藏

**Square sapphire Gu with vertical
flanges carved with banana leaf
design**
Qing Dynasty
Height: 24.6cm
Diameter of mouth: 8.4×11.7cm
Diameter of bottom: 5.6×7.2cm
Qing Court collection

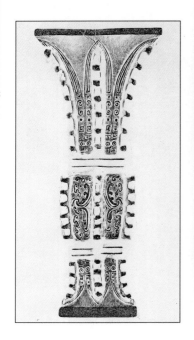

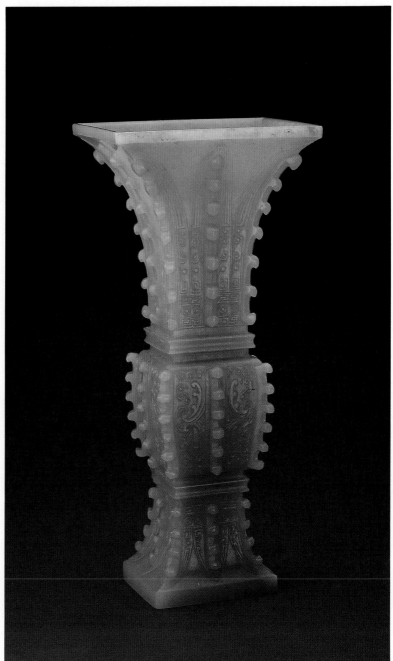

青玉。新疆和闐整塊優質玉琢製。長方形口、足。深膛掏至底之上部。外
壁上下對稱八出戟，凸雕隱起紋飾。上下節飾俯仰蕉葉紋，腹部為變形相
背夔鳳紋。是乾隆時期仿古玉觚的另一種形式。

134

玉獸面紋象耳活環觚

清
高22.6厘米　口徑8.9×10.4厘米
足徑7.1×8.1厘米
清宮舊藏

**Jasper Gu with elephant-shaped
handles hanging loose rings and
carved with animal mask design**

Qing Dynasty
Height: 22.6cm
Diameter of mouth: 8.9×10.4cm
Diameter of foot: 7.1×8.1cm
Qing Court collection

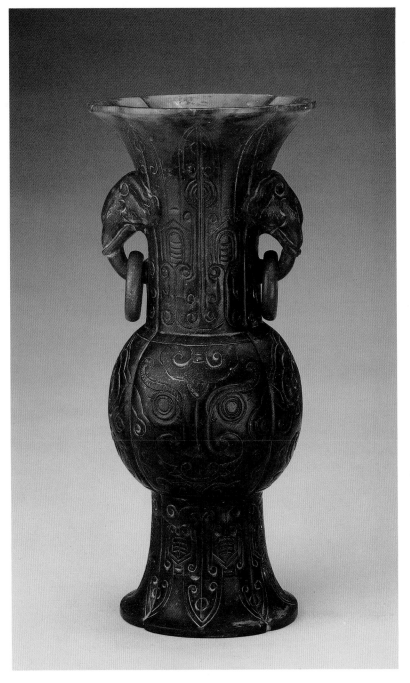

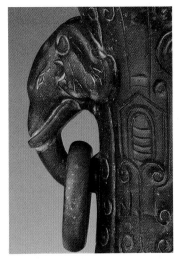

玉獸面紋象耳活環觚

深色碧玉。玉質瑩潤，口、足為五瓣外撇花形。圓腹，深膛。象首套活環
雙耳。頸部和足上為俯仰變形蟬紋，腹部施獸面紋。器壁厚，穩重。可用
以插花。紋飾為仿古代青銅器紋。

目前發現的早期玉觚為明代作品，一般來看，清代玉觚較明代玉觚口部更
闊，腰部較細瘦。從繪畫及工藝品圖案上看，玉觚常與香爐等物置於案頭
使用，觚內插如意、小戟等器物，作為博古陳設。

玉獸面蕉葉觥
清
高15厘米　口徑9.3厘米×3.2厘米
清宮舊藏

**Sapphire Gong (wine vessel) with
animal mask and banana leaves
design**
Qing Dynasty
Height: 15cm
Diameter of mouth: 9.3×3.2cm
Qing Court collection

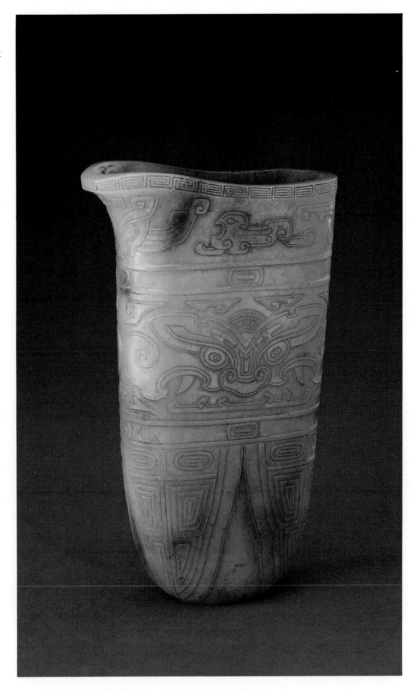

青玉。局部可見黃褐皮色。器呈扁筒狀，橢圓形腹，有流，無柄，底平無
足。全器紋飾分為三層，上層紋飾為口沿處一周回紋，其下刻有獸面紋及
螭紋；中層紋飾為獸面紋；下層紋飾為四組蟬紋。此三層紋飾由兩組夾有
目紋的弦紋分隔而成。整個器物造型古樸，琢工精細。

觥為古代青銅器，用來盛酒或飲酒，盛行於商代和西周前期。此器之型仿
古青銅器。清代這一類玉器的造型豐富，雕工、紋飾複雜。在宮廷中除實
用外，還可用於陳設，是一種常見的清代仿古玉器。

玉夔龍紋活環觥
清
高14.2厘米　口徑5.2×9.6厘米
清宮舊藏

White jade Gong with a handle
hanging loose rings and carved with
design of a Kui-dragon
Qing Dynasty
Height: 14.2cm
Diameter of mouth: 5.2×9.6cm
Qing Court collection

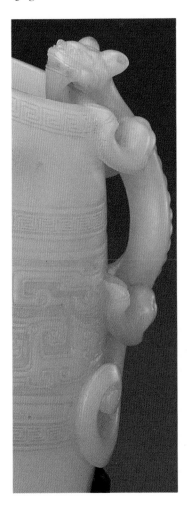

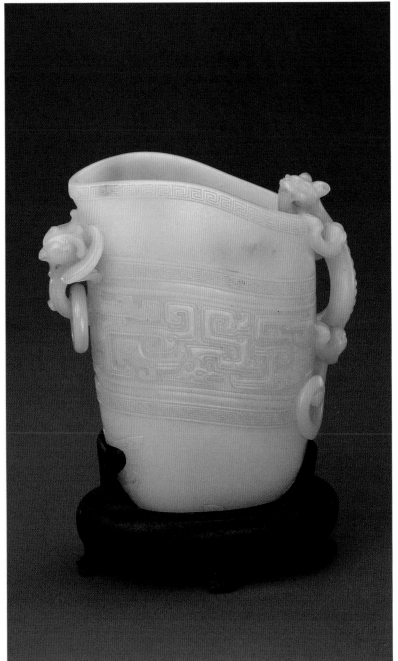

白玉。扁圓形，不規則橢圓口，橢圓足，一側有人為烤色。口外沿陰刻回紋一周。腹部陰刻回紋帶間淺浮雕拐子龍紋一周。足部琢獸首等紋飾。器後側透雕一蟠螭紋為柄，前端凸雕一展翅飛鳥並套一活環。

此器屬清中期，是雕工較高的仿古器。

137

玉蟠螭觥
清
高23.2厘米
口徑9.3厘米×4.2厘米

Yellow jade Gong with interlaced hydras design
Qing Dynasty
Height: 23.2cm
Diameter of mouth: 9.3×4.2cm

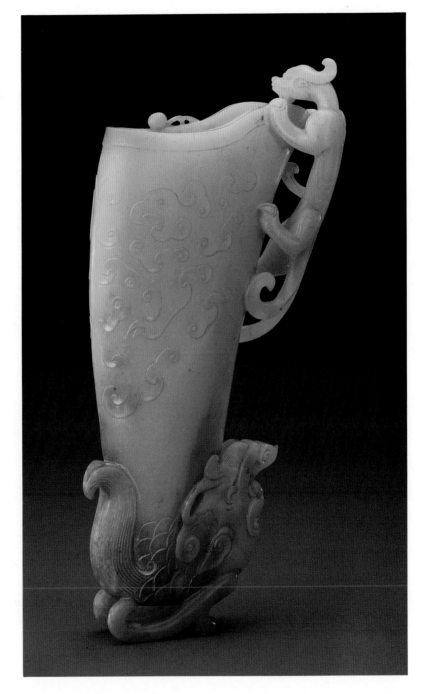

上好黃玉。局部有褐色沁。器呈上寬下窄的不規則柱形，中空，一側鏤雕爬行狀蟠螭為柄。下部凸雕龍頭，龍髮上披於器另一側，龍之雙角構成器足。構思巧妙，雕工細緻精湛。

蟠螭紋是古代玉器的主要紋飾，各時代的螭紋特點不同。此器的鏤雕蟠螭紋融合了古代蟠螭紋的特點，形成了新的風格。

玉獸面紋匜

清乾隆
通蓋高18.7厘米
口通流長15.8厘米
口寬7.4厘米　足徑4.2×7.7厘米

Jasper Yi (water vessel) with animal mask design
Qianlong period, Qing Dynasty
Overall height (with cover): 18.7cm
Length of spout: 15.8cm
Width of mouth: 7.4cm
Diameter of foot: 4.2×7.7cm

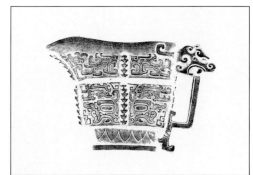

拓片

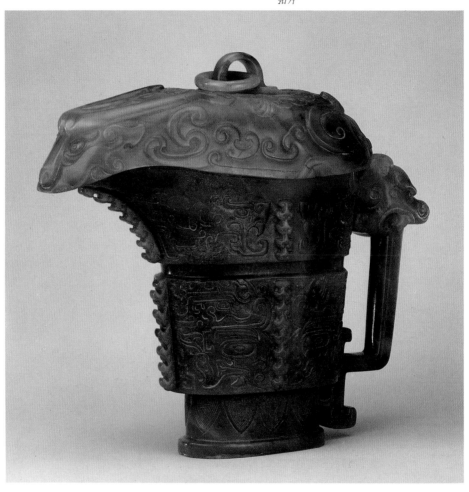

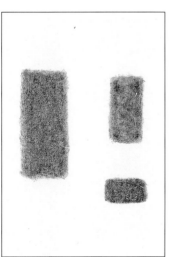

拓片

新疆上等碧玉。凸雕、浮雕、陰刻、鏤空等技法。分器蓋兩部分，深膛。蓋飾為帶雙角的臥獸，脊部琢一拱形鈕並套以活環。器外壁以四條對稱戟紋分隔，上部為相對夔龍紋，下部為獸面紋。足上部蕉葉紋一周。獸首吞夔式柄。器裏底陰刻三豎行銘文「作司寇彝周建用惟。百雯。四方永作祐。」外底琢「大清乾隆仿古」六字隸書。蓋裏琢楷書乾隆御製詩：「一握和闐玉，琢為司寇匜。率因從古樸，非所論時宜。韭綠猶餘潤，粟黃徒訝奇。四方永作祐，博古式銘詞。」並「乾隆己亥春御題」及「比德」（白文）「朗潤」（白文）二印。

此匜是仿宋代《博古圖》（後又錄於《西清古鑒》）所載周代青銅司寇匜而作。造型精美，技藝高超。玉質「韭綠」瑩潤微透明，內裏黑斑酷似青銅器之斑銹。因此乾隆特別喜愛，既題詩又銘款。堪稱為不朽的作品。

玉獸面紋兕觥

139

清
長25.5厘米　寬8厘米
高16.4厘米
清宮舊藏

White jade Dou Gong with animal
mask design
Qing Dynasty
Length: 25.5cm　Width: 8cm
Height: 16.4cm
Qing Court collection

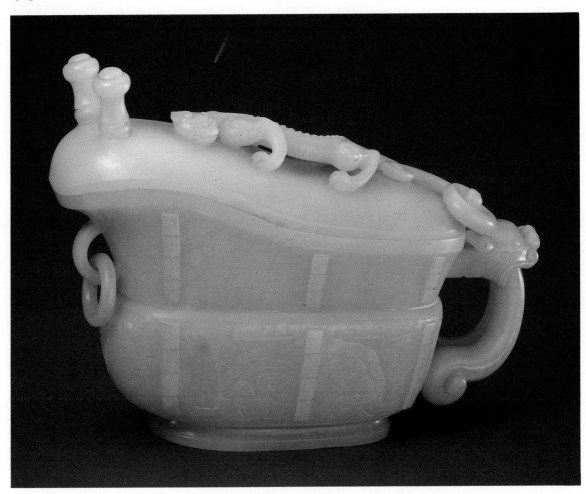

白玉。玉色青白，純淨無瑕。矮而寬，一側略高，有流，流口之下有半
環，其上套活環。另一側有獸首吞夔形柄，觥腹兩面各飾三排凸榫。腹上
部素無紋飾，下部飾獸面紋。橢圓形蓋，蓋端有雙角，蓋上伏一螭，螭尾
分為多股，略盤捲。

兕觥原為青銅器，流行於商周時期。《詩周南・卷耳》有"我姑酌彼兕
觥"之句，可知兕觥為酒器。青銅器中的兕觥，一般都製成獸頭形，蓋上
有雙角及獸面紋。這件作品仿青銅器，形狀紋飾略有變化，蓋上無獸面
紋，飾以蟠螭，似為蓋鈕。

玉象首觥

清
高21厘米　口徑6.9厘米×9.8厘米
清宮舊藏

White jade elephant-head-shaped Gong

Qing Dynasty
Height: 21cm
Diameter of mouth: 6.9×9.8cm
Qing Court collection

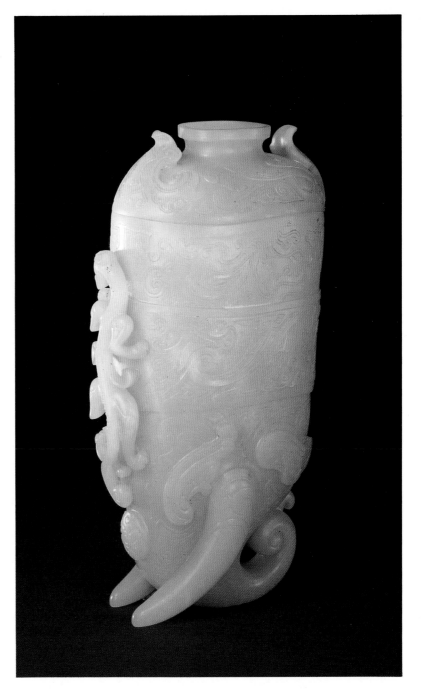

上好白玉琢成，有光澤。全器呈扁筒式，分蓋與觥身兩部分。橢圓形蓋鈕，曲口。器身分為三部分，上部、中部琢獸面紋，下部為象首，以象牙及象鼻組成器足。一側鏤雕爬行螭為柄。造工講究，造型獨特。

觥是古代青銅彝器。清代玉觥仿其紋飾，但造型有變化。這件玉觥，較之青銅觥更顯得富麗豪華，剛柔相間，既吸收了古代傳統藝術的內涵，又豐富了玉器的表現內容，這種綜合的藝術效果，是古青銅觥所不能代替的，也是玉器技藝發展不斷追求登峰造極的結果。

玉異獸觥式壺
清乾隆
高16.7厘米　口徑4.5×5厘米
足徑5.5×6.8厘米
清宮舊藏

Sapphire Gong-shaped ewer with monstrous beasts design
Qianlong period, Qing Dynasty
Height: 16.7cm　Diameter of mouth: 4.5×5cm
Diameter of foot: 5.5×6.8cm
Qing Court collection

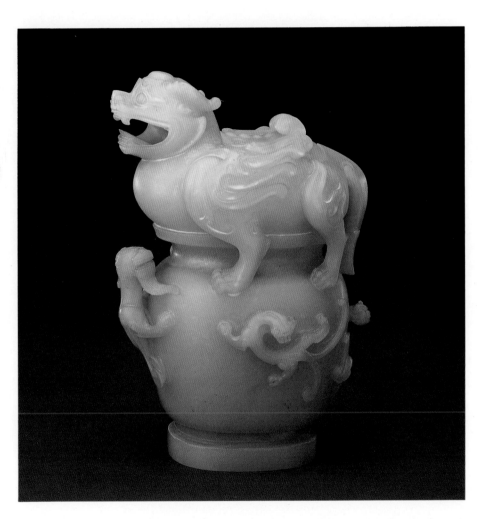

整塊青玉琢製。背有蓋，深腔，橢圓足。器琢成圓壺形，上部雕圓眼、張口、雙角、雙翼的臥獸，獸口通腔。器腹部凸雕三條姿態各異的蟠龍。造型奇特，技藝精湛。雖無銘款，但除乾隆時期有這種優質玉材和技術高超的玉匠外，其他時期望塵莫及。

此器獨此一件，可做茶具，也可做酒具或珍貴陳設。

142

玉乾隆款夔龍尊
清乾隆
高17.1厘米 口徑6.3厘米
足徑7.5×6.2厘米
清宮舊藏

Sapphire Zun (wine vessel) with Kui-dragon design and "Qianlong" mark
Qianlong period, Qing Dynasty
Height: 17.1cm
Diameter of mouth: 6.3cm
Diameter of foot: 7.5×6.2cm
Qing Court collection

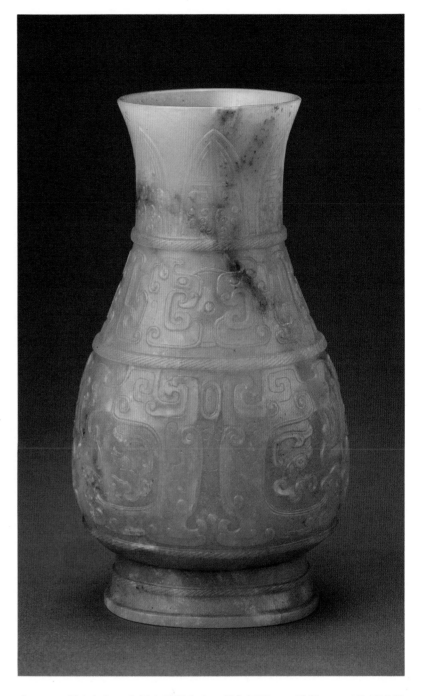

青玉。玉質青灰色，有墨斑及褐色斑。器為圓形口，微撇，口下淺浮雕蟬紋，頸部飾夔龍紋，腹橢圓，稍鼓，飾變形獸面紋。頸、肩、腹下部及足上部均有四道凸起的繩紋。橢圓形足，足內陽刻篆書"乾隆年製"四字款。

此器造型古樸厚重，造工精緻，為清代仿古器中佳品。

143

玉雙耳活環壺
清
高17厘米　口徑6.5厘米
足徑6.7厘米
清宮舊藏

**Sapphire ewer with two handles
hanging loose rings**
Qing Dynasty
Height: 17cm
Diameter of mouth: 6.5cm
Diameter of foot: 6.7cm
Qing Court collection

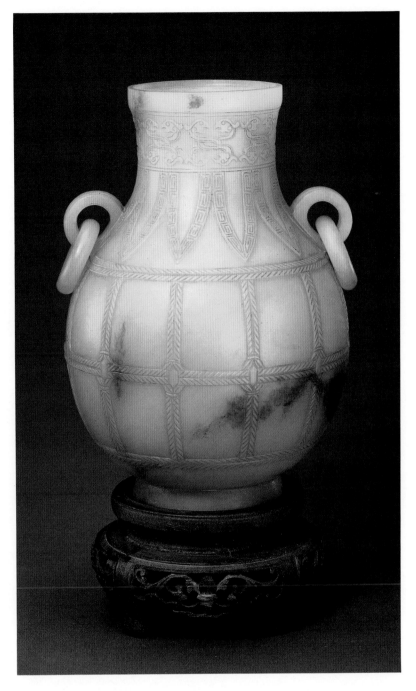

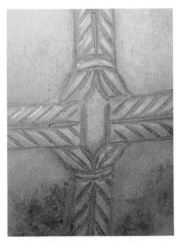

青玉。局部有黃褐烤色斑。器為圓形體，圓口、圈足。束頸，頸部淺浮雕
夔鳳紋，下飾蕉葉紋及回紋。肩兩側凸雕圓環形耳，上套活環。腹部圓
鼓，凸腹雙結繩方格紋，呈捆紮式。清代仿古玉器製作，特別是清中期以
後，新疆的玉料得以源源不斷運到京師，使得宮廷玉匠可以有較大塊料仿
製一些先秦時代青銅器皿。常見的有觚、尊、壺、觥、簋、爵等。但玉的
仿古器皿較之青銅製品更加光潔瑩潤，豪華富麗。

玉雷紋瓶
清乾隆
高32.4厘米　口徑8.3×10.9厘米　足徑8.8×12厘米
清宮舊藏

Jasper vase with cloud and thunder design
Qianlong period, Qing Dynasty
Height: 32.4cm　Diameter of mouth: 8.3×10.9cm
Diameter of foot: 8.8×12cm
Qing Court collection

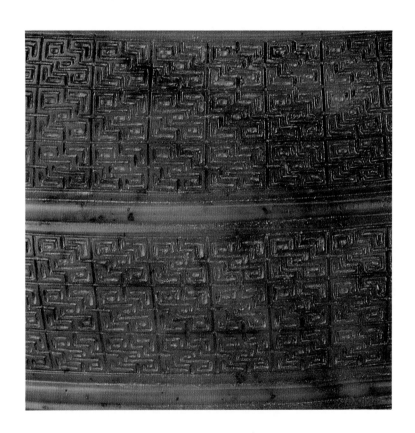

碧玉。玉內有黑色斑條紋。橢圓口、足，扁圓腹，兩側各有一雙獸首形
耳，耳上套活環，頸部隱起八個蟬紋。器體琢五周弦紋，其間滿飾雲雷
紋。外底中心陰文"乾隆年製"四字款。

乾隆時期仿古玉瓶以獸面紋作品為多，以雲雷紋為主的作品極少。此器玉
質本身所含黑斑及雲煙形條紋，似青銅器上的斑銹，使酷肖效果更為突
出，尤見選料的心思。

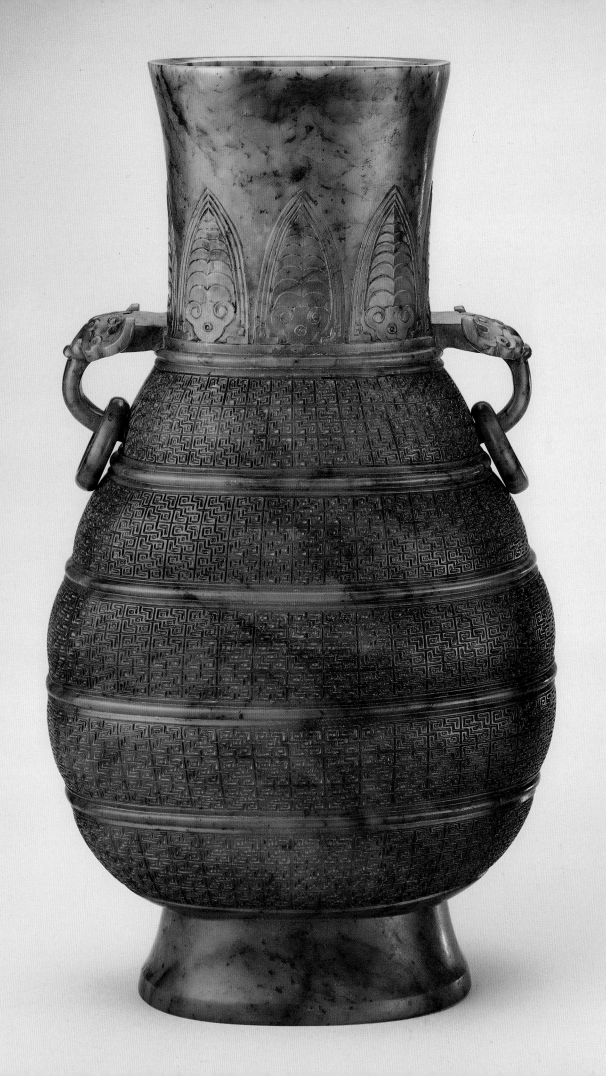

玉雙連尊
清乾隆
長26厘米 寬13.5厘米 高27.4厘米
清宮舊藏

Sapphire double Zun
Qianlong period, Qing Dynasty
Length: 26cm Width: 13.5cm Height: 27.4cm
Qing Court collection

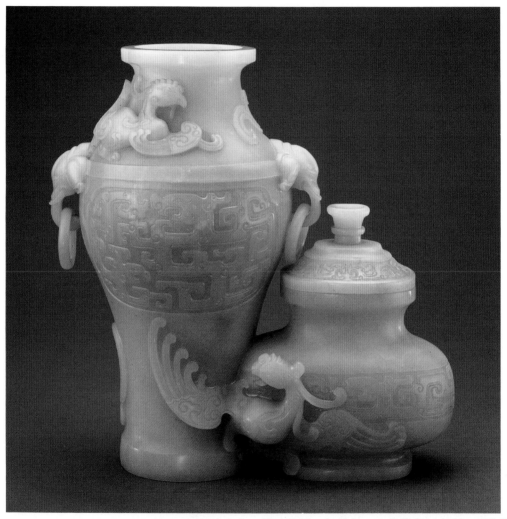

青玉。玉呈青白色，質地純淨，無雜色。一尊較高，束頸，頸外盤繞一鳳，頸兩側各有一象首形耳，象鼻套一活環，尊腹上粗下細，腹上部淺浮雕夔龍拐子紋。另一尊較矮，有蓋，橢圓環形鈕，蓋上淺浮雕夔紋。凸腹，腹兩面淺雕相對的夔龍紋，兩器相接處凸雕一鳳。底篆書"大清乾隆年製"款。

此器造型紋飾皆局部仿古，樣式古樸而有新意，一尊較高，紋飾集中於上部，另一尊紋飾集中於下部，裝飾不落俗套，是一件藝術水準較高的陳設品。

146

玉獸面紋瓶
清
高22.8厘米　口徑10.8×8厘米
足徑12.3×8.9厘米
清宮舊藏

Sapphire vase with animal mask design
Qing Dynasty
Height: 22.8cm
Diameter of mouth: 10.8×8cm
Diameter of foot: 12.3×8.9cm
Qing Court collection

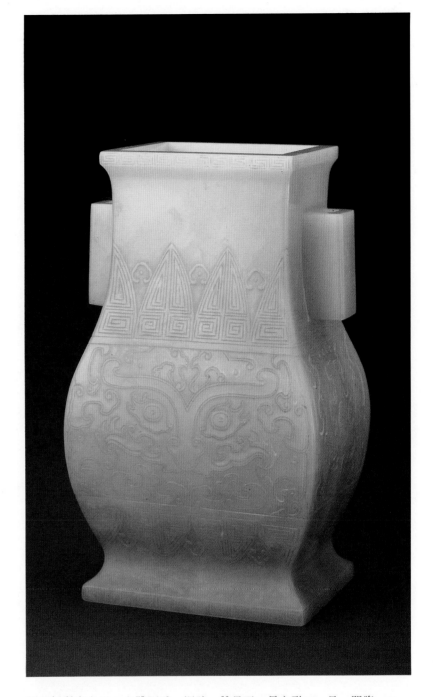

新疆優質青白玉。立體圓雕，深腔，雙貫耳。長方形口、足，闊腹。口、足外沿淺浮雕回紋。肩部及腹下隱起蕉葉和垂雲紋；腹之四面淺浮雕獸面紋。從玉質、造型和雕工看，此器是典型的清代乾隆時期仿古玉器。玉瓶是繼陶瓷瓶類後的新品種，質地和紋飾的雕琢要比陶瓷難得多，在工藝價值上更顯其珍貴。此器壁厚，敦實莊重，可用來插花或作陳設品。

瓶是清代重要的玉陳設品，多為扁形，上下腹部寬窄不一，頸兩側飾有不同造型的雙耳，並套有活環。有蓋，蓋鈕的樣式很多。此外，器型變化多端，有四方形，八方形，斜方形等不同形狀。

玉獸耳活環瓶
清
通高25.5厘米
口徑6.5厘米×4.2厘米
清宮舊藏

Sapphire vase with two beast-shaped handles hanging loose rings
Qing Dynasty
Overall height: 25.5cm
Diameter of mouth: 6.5 ×4.2cm
Qing Court collection

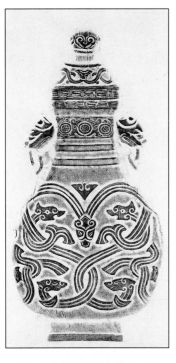

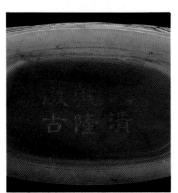

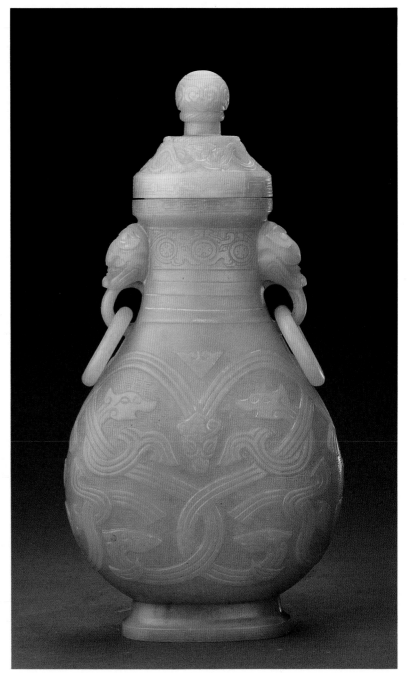

青玉。局部可見瑕斑,器呈扁形,屬仿古彝器。蓋為橢圓形,蓋面飾雷紋和龍紋。球形鈕,鈕上飾有四垂雲形紋飾。器口外撇,口沿處飾雷紋一周。器頸部飾渦紋及獸面紋,頸兩側各飾一圓雕獸頭形耳,並各套一活環。腹部雷紋地,飾互相纏繞的帶狀龍紋,橢圓形足,瓶底陰刻隸書"大清乾隆仿古"六字款。整個器物雕工講究,造型典雅古樸。

148

玉獸面紋瓶
清乾隆
高16.1厘米　口徑4.9×3.3厘米
足徑3.4×5厘米
清宮舊藏

**Yellow jade vase with animal
mask design**
Qianlong period, Qing Dynasty
Height: 16.1cm
Diameter of mouth: 4.9×3.3cm
Diameter of foot: 3.4×5cm
Qing Court collection

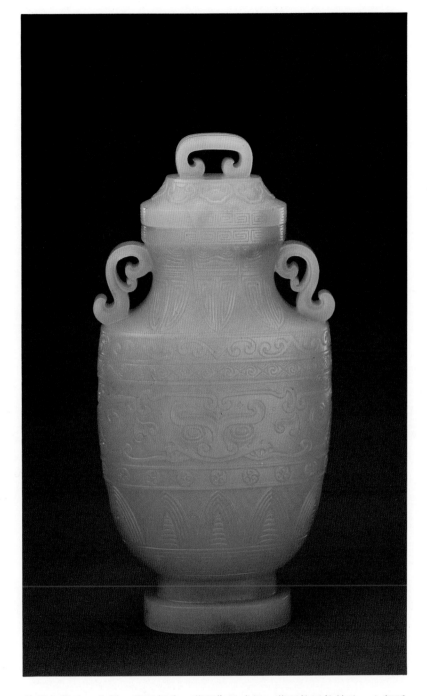

秋葵色黃玉。分器、蓋兩部分。蓋頂為几式鈕，蓋面飾回紋錦地，上部隱
起一周靈芝紋，蓋口外側均飾回紋。器頸部淺浮雕六個蟬紋，頸兩側透雕
夔式捲葉雙耳。腹部回紋襯底，上部兩周捲連帶紋，下部為蕉葉、回紋，
中間浮雕獸面紋和渦紋。整體紋飾規整對稱，線條流暢。外底中心琢篆書
"乾隆年製"四字款。

149

玉獸面紋仿古壺
清
寬14.5厘米　高32.5厘米
厚8.5厘米
清宮舊藏

Jade ewer with animal mask design
in antique style
Qing Dynasty
Width: 14.5cm　Height: 32.5cm
Thickness: 8.5cm
Qing Court collection

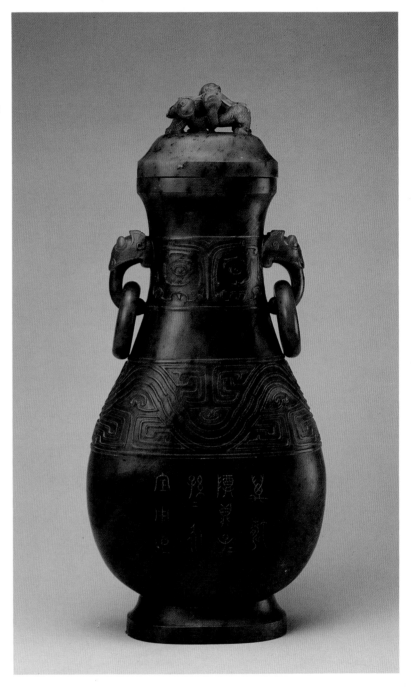

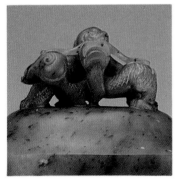

玉料呈碧綠色，局部略有花白色花斑，體呈棒槌形，壺口橢圓形。蓋面上陰刻回字紋，蓋頂上鏤雕一獸首。壺口微撇，頸略收，頸兩側各鏤雕一獸頭銜環，環可活動。壺腹扁圓，一面刻陰紋“萬壽尊鼎子孫永寶用之”，另一面刻獸面紋。壺底橢圓形圈足，底心陰刻篆書“大清乾隆年製”橫款。

玉獸面紋方壺

清嘉慶
通高25.3厘米　口徑7.9厘米
足徑8.6×8.9厘米
清宮舊藏

**Square jasper ewer with animal
mask design**

Jiaqing period, Qing Dynasty
Overall height: 25.3cm
Diameter of mouth: 7.9cm
Diameter of foot: 8.6 × 8.9cm
Qing Court collection

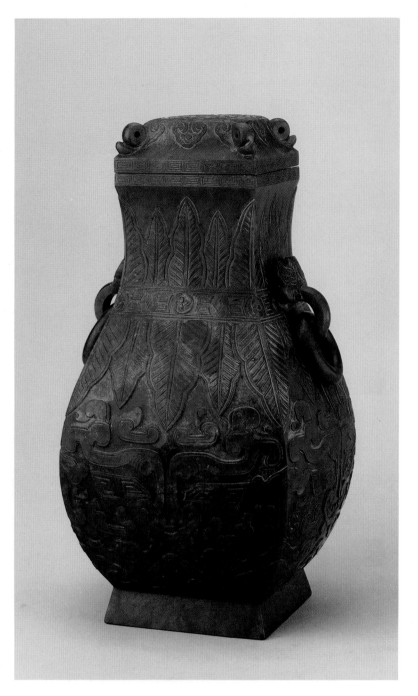

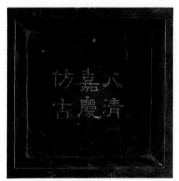

新疆上等碧玉。蓋飾對稱垂雲紋，四角琢帶孔圓角形飾。蓋口及器口外沿
飾回紋。頸部為帶式捆紮的俯仰蕉葉紋，兩側各獸耳形耳，並套活環。腹
部四面為獸面紋。外底中部陰刻隸書"大清嘉慶仿古"六字款。

此器仿古代青銅壺，是嘉慶時期仿古佳作。

玉鷹熊合卺杯
清乾隆
高22.5厘米　單口徑4.9厘米　底徑7.3×10.7厘米

Jasper nuptial cup with eagle and bear design in openwork
Qianlong period, Qing Dynasty
Height: 22.5cm　Single diameter of mouth: 4.9cm
Diameter of bottom: 7.3×10.7cm

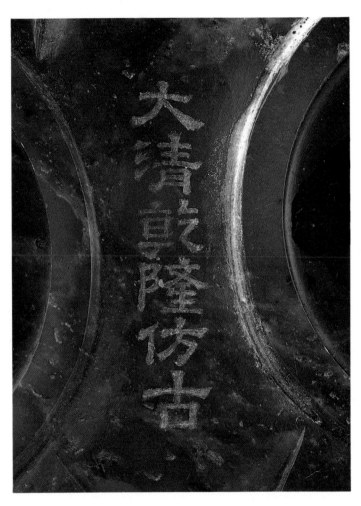

碧玉。此器舊名為雙孔蓋瓶，實應稱謂"合卺"杯。立體圓雕。蟠龍頂蓋。兩筒中間透雕鷹踏熊首紋。鷹喙套活環，兩翅各黏杯壁。鷹尾、熊尾和杯相連，中空，為此器之柄。杯體呈雙繩捆紮式，浮雕紋飾。杯口外沿陰刻回紋，上部為穀紋，中部為勾雲紋，下部仰雕蟬紋。器底在熊之腹部豎行陰刻"大清乾隆仿古"隸書款。

合卺杯在明代已流行，有的作品上還雕有"合卺杯"等字樣。清代合卺杯承明代樣式，工藝更加精緻。卺為瓢形器，可用來盛酒，古人稱大婚為合卺，合卺杯可用作婚禮中的酒器，此器為清乾隆仿商、戰國紋飾之標準器。

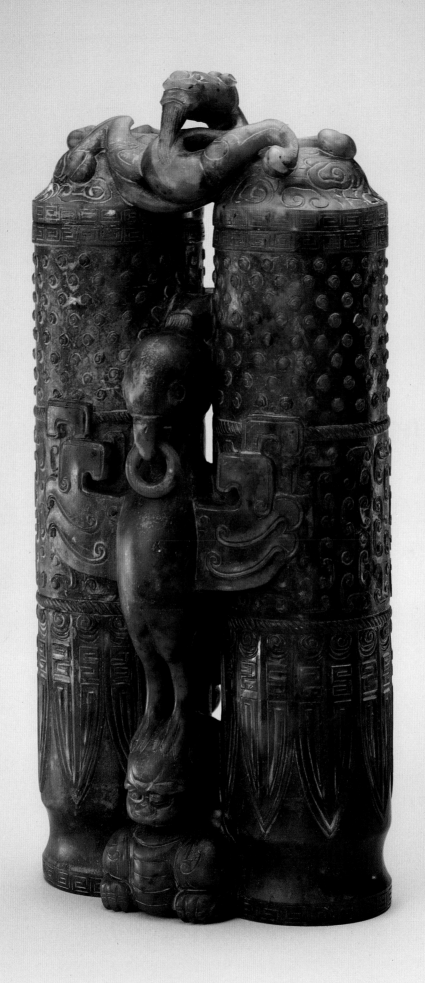

152

玉獸面紋提樑卣
清乾隆
通樑高22.3厘米
口徑2.8×3.9厘米
足徑4×5.2厘米

Sapphire You with a loop handle and carved with animal mask design
Qianlong period, Qing Dynasty
Overall height: 22.3cm
Diameter of mouth: 2.8×3.9cm
Diameter of foot: 4×5.2cm

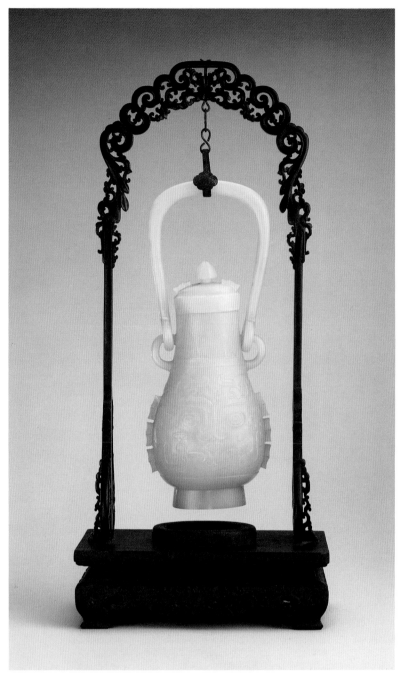

青玉。扁圓體。鼓腹，有蓋。橢圓形口、足。花蕾頂，兩側飾戟紋。頸部飾蕉葉紋，腹部淺浮雕獸面紋兩組。夔耳下琢戟紋。外底中心隸書"大清乾隆仿古"六字款。

器體與提樑為一塊玉石套聯而成。比例適度，線條優美秀巧，技藝精湛。顯示出清代的琢玉水準。

玉禽獸紋豆

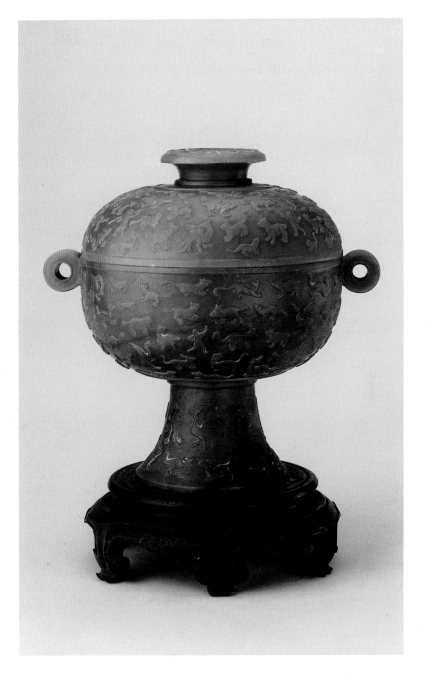

153

清乾隆
高20.9厘米　口徑15.5厘米
足徑10厘米
清宮舊藏

**Sapphire Dou (food container)
with birds and beasts design**
Qianlong period, Qing Dynasty
Overall height: 20.9cm
Diameter of mouth: 15.5cm
Diameter of foot: 10cm
Qing Court collection

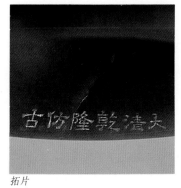

拓片

深色青玉。圓形，立體圓雕，淺浮雕紋飾。蓋頂環形，中心內凹。口外兩側為雙環形耳。蓋面、器外壁及足上部雕滿各種飛禽走獸以及捕獵的人。蓋裏有隸書乾隆御題："和闐綠玉中為豆，命工追琢成百獸。四足雙翼無不有，奇形詭狀難窮究。較之夏楬勝其質，等以商玉如其舊。式取西清周代圖，想廁邊左俎之右。意存復古去華囂，鄙哉時樣今猶富。"末署"乾隆丁未御題"並"古稀天子"（陰紋篆書）及"猶日孜孜"（陰紋篆書）二印。底裏邊陰刻隸書"大清乾隆仿古"六字款。

此器模仿《西清古鑑》所錄周代青銅百獸豆圖而琢成。造型古樸，鳥獸形態生動。是乾隆時期珍貴的仿古器。

187

玉夔紋簋
清
高17.1厘米　口徑23.1厘米
清宮舊藏

Jasper Gui (food container) with Kui-dragon design
Qing Dynasty
Overall height: 17.1cm　Diameter of mouth: 23.1cm
Qing Court collection

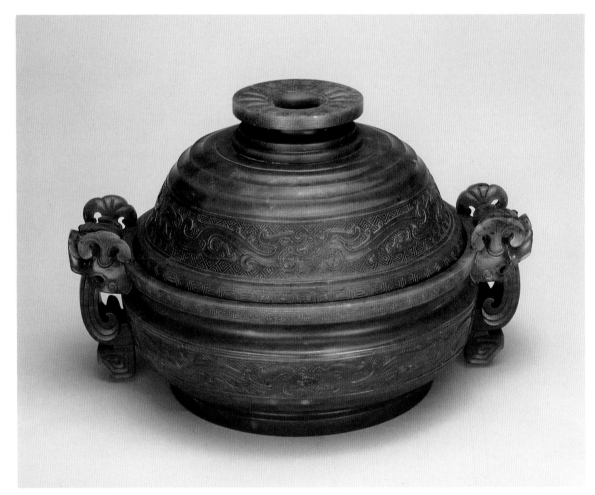

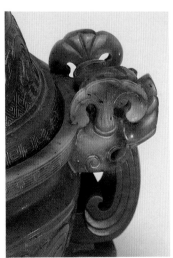

碧玉。玉呈深碧色，無瑕綹，表面光亮。圓形大口。蓋高大，其上有多道弦紋，中部淺浮雕一周夔紋。圓環形鈕，飾十二瓣蓮瓣紋。器身兩側飾一獸首吞夔式耳，凸腹，腹兩面琢錦地，並淺浮雕相對雙夔。

仿古玉簋在宋、明時期已出現，一般都不帶玉蓋。這件玉簋造型古樸，仿商周彝器，但所飾獸耳及夔紋與古器不同，有明顯的清代紋飾特點。

玉仿古召夫鼎

清乾隆
通耳高25.15厘米　口徑13.8×20.9厘米　足距長17.4厘米　寬11厘米
清宮舊藏

Sapphire Zhao Fu Ding modelled after an antique bronze style
Qianlong period, Qing Dynasty
Overall height: 25.15cm
Diameter of mouth: 13.8×20.9cm
Foot spacing: Length: 17.4cm　Width: 11cm
Qing Court collection

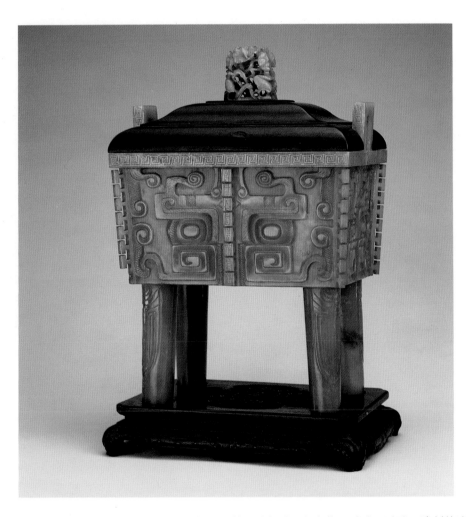

青玉。整塊青玉琢製。長方形，六出戟。浮雕、透雕、陰刻技法。耳及口
沿外側均刻陰線回紋。四面飾獸面紋。四柱形足，足外側雕蟬紋。外底中
心琢陰刻隸書"大清乾隆仿古"六字款。裏底滿刻隸書乾隆御題："和闐
貢玉來雖夥，博厚尺盈亦致艱。材擬召夫今作鼎，祥非王母昔貽環。亞形
還與摹銘款，疂彩寧當視等間。事不古師説聞匭，惄因賞並把吟間。"鼎
內一邊寬裏壁上陰刻銘文"召夫室父癸午刊。冊命"十字。

此器仿《西清古鑑》周代金銀錯青銅召夫鼎而造，並配以木座和玉頂木
蓋，是清代乾隆時期仿青銅器之佳作。

玉四足式爐
清
寬11.4厘米　高12.5厘米
厚7.1厘米
清宮舊藏

Sapphire incense burner with four legs
Qing Dynasty
Width: 11.4cm　Height: 12.5cm　Thickness: 7.1cm
Qing Court collection

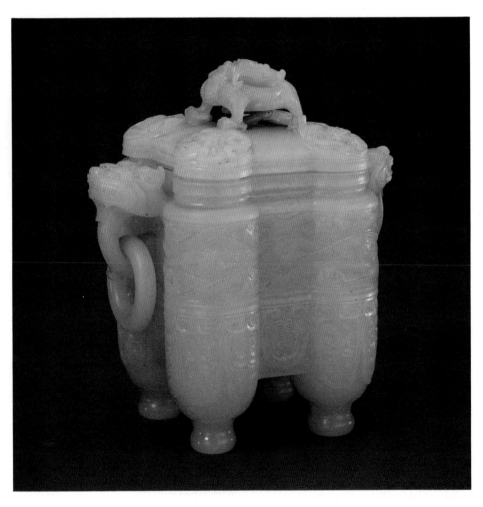

玉料呈青白色，局部有黑色星點狀斑沁，體呈方形。蓋上鏤雕趴伏狀螭龍，腳下為雲海紋，兩側有二螭首。爐體為四柱形，底足收斂。兩側耳為活環，四面均凸雕獸面紋和菱形紋。此器形體莊重，刻工精細，屬仿古器佳作。

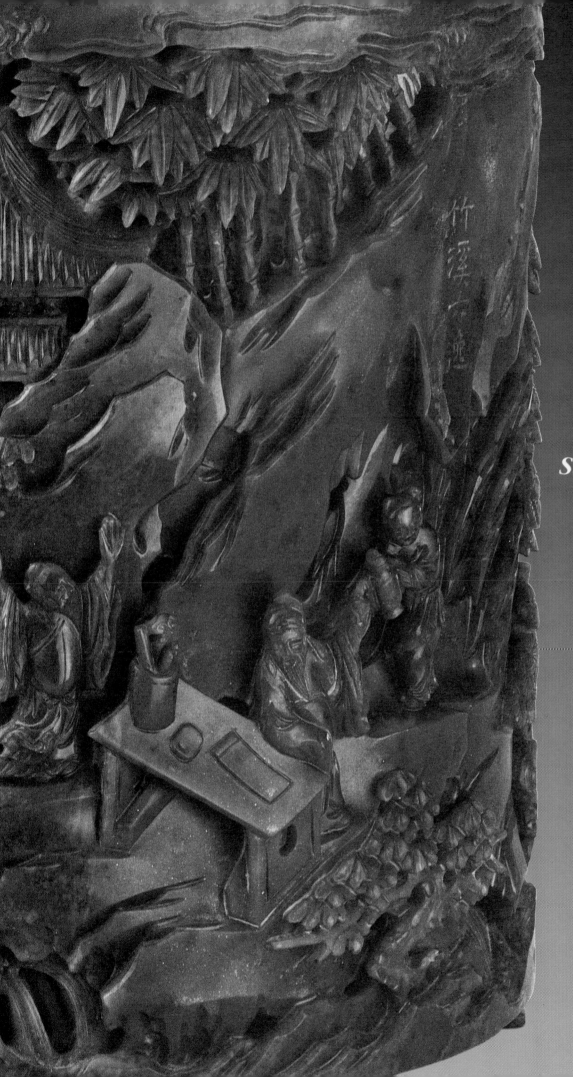

玉文具

Jade
Stationery

玉山水人物紋斗筆
清乾隆
長21.4厘米　直徑2.4厘米
清宮舊藏

Sapphire writing brush with landscape and figures design on its shaft
Qianlong period, Qing Dynasty
Length: 21.4cm　Diameter: 2.4cm
Qing Court collection

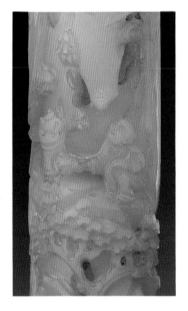

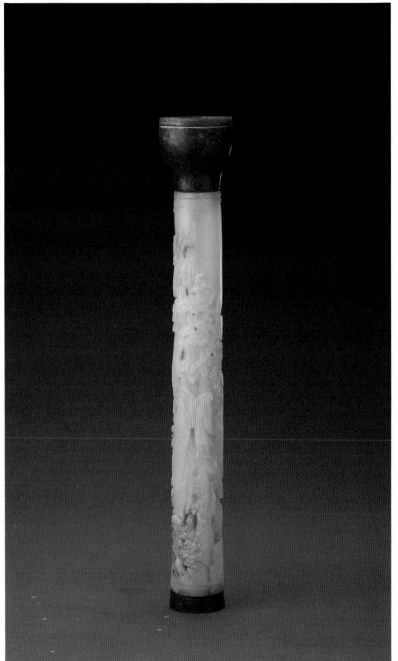

青玉。深雕加透琢技法。中空，一端嵌碧玉頂，一端嵌碧玉筆斗。筆管琢通景，景物連貫佳，一氣呵成，立體感極強。上部懸崖峭壁，飄雲飛鶴，古松奇草巧生宕縫。中部一老人遙指空中，觀鶴飛翔，欣賞美景。下部有山石、樹木、流泉，一小童正燒火煮茶。景物逼真，觀之如有親臨高山峻嶺之感。

清代筆桿品種很多，有漆、竹、木、象牙、琺瑯、玉筆等。這是玉雕中最精緻的文房用具之一。

158

玉綬帶牡丹紋臂閣
清初
長13.5厘米　寬5.6厘米
厚0.8厘米
清宮舊藏

White jade arm rest with design of peony and paradise flycatcher

In the early part of Qing Dynasty
Length: 13.5cm　Width: 5.6cm
Thickness: 0.8cm
Qing Court collection

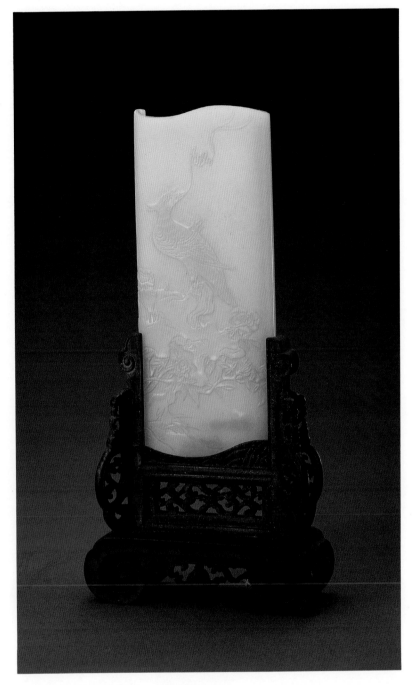

白玉。長片狀。書卷形。兩側長邊向後抿捲，上下端呈弧形。器面浮雕山石、牡丹。一隻綬帶鳥口銜長綬飄送上方，寓"富貴長壽"之意。背面陰刻行書詩文"瑞應翔鳴天下福，長垂壽帶祝無疆。"末署"松雪"及陰刻方章"子昂"。乾隆皇帝極為喜歡這件臂閣，特命工匠巧製木架承托，成為雅致的插屏。

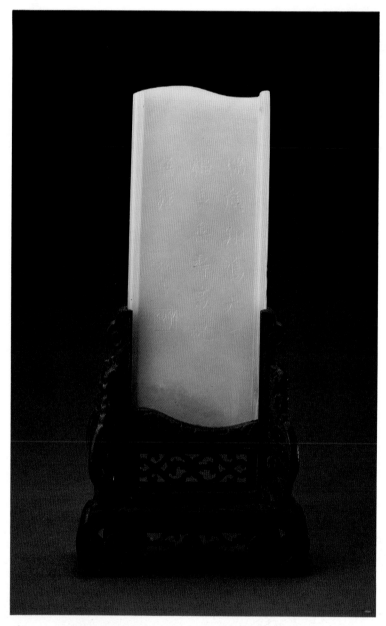

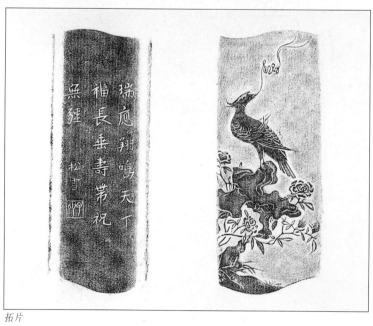

拓片

玉鏤雕橋形筆架
清
長22厘米　高7.3厘米
清宮舊藏

**Sapphire bridge-shaped brush
rest in openwork**
Qing Dynasty
Length: 22cm　Height: 7.3cm
Qing Court collection

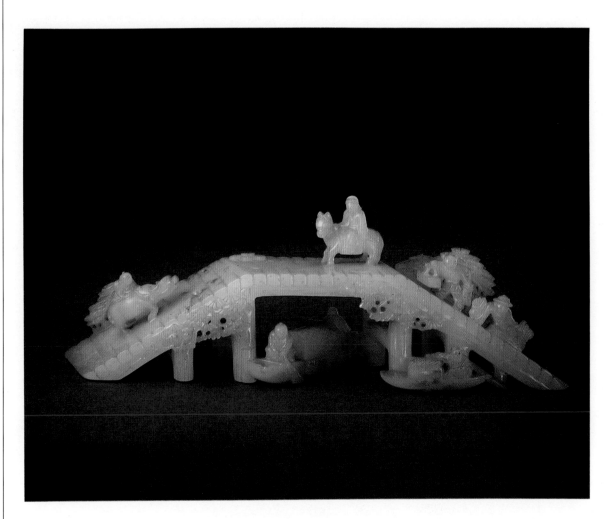

青玉。略有瑕斑。器鏤雕一梯形木橋。木橋兩端呈坡狀，橋面平直。橋上行人來往，或騎驢，或挑擔，又有牧童騎牛背上，悠然而行。橋側雕灌木數叢，一小船正穿越橋洞，船上二漁人，一人撒網，一人搖櫓，另一小船停泊橋椿邊小憩。

此器利用梯形木橋作支架，鏤雕凸起的人物、動物等，構成凸榫用來架筆，可謂設計巧妙，別具一格。堅固的木橋，茂盛的樹木，水中行駛的小船，以及各種形象生動、神態逼真的人物，都具有極其濃厚的生活氣息，呈現出一派美麗祥和的水鄉山村景色。

玉光素橢圓洗
清雍正
高5.8厘米　口徑14.5厘米×10厘米
足徑9.2厘米×5.7厘米

Oval sapphire plain brush washer
Yongzheng period, Qing Dynasty
Height: 5.8cm　Diameter of mouth: 14.5×10cm
Diameter of foot: 9.2×5.7cm

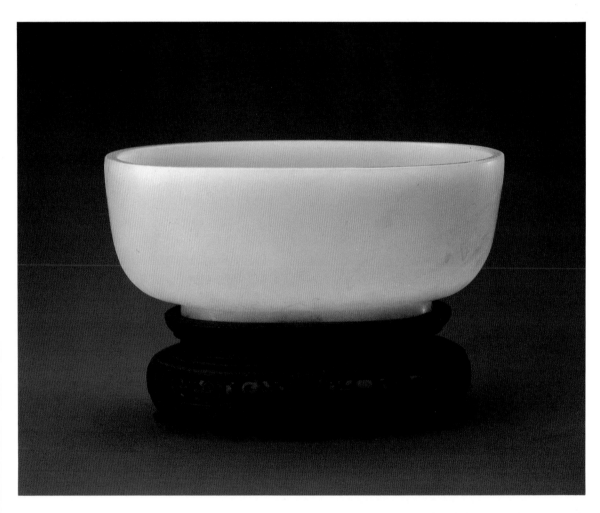

青玉。玉質佳，有光澤。全器呈橢圓形，光素無紋飾。足內自左至右琢有單行篆書體"雍正年製"四字款。造型簡潔明快，琢工打磨光亮。

此器造型，尺寸同清宮收藏的宋代鹿紋橢圓杯相似，是一件仿宋代玉杯造型器，同時說明雍正時期，這類宋、金時代的玉杯已為清宮收藏。

洗為清代文房用具之一。清代多出玉質洗，製造工藝多種多樣，大多設計複雜，造型也較別致，有些於器物表面還刻有不同的紋飾。本器屬造型簡練、規矩、光素一類的。

玉羊首洗
清中期
口寬9.5厘米　高5.5厘米
足徑7.8×6.2厘米

White jade brush washer with a ram-head-shaped handle
In the middle part of Qing Dynasty
Width of mouth: 9.5cm
Height: 5.5cm
Diameter of foot: 7.8×6.2cm

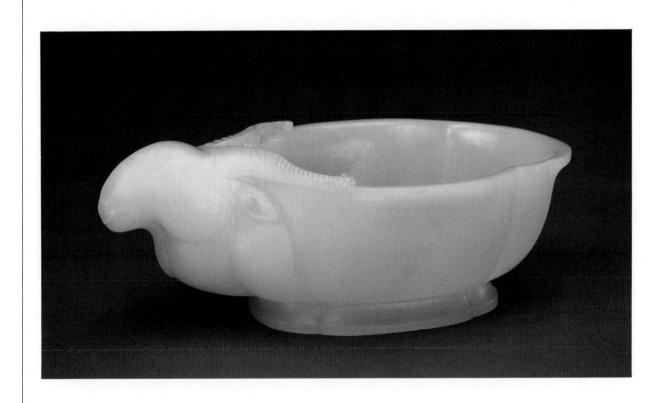

新疆羊脂白"籽玉"。通體光素，潔白瑩潤。海棠花式口、足。器一
側琢羊首為柄，其雙角和雙耳貼於口沿和器壁上。羊首神態溫馴，琢
磨精細。屬文房用具，也可作精美陳設品。

玉瓜式洗
清
高4.1厘米　口徑9.3×7.7厘米
清宮舊藏

Sapphire melon-shaped brush washer
Qing Dynasty
Height: 4.1cm　Diameter of mouth: 9.3×7.7cm
Qing Court collection

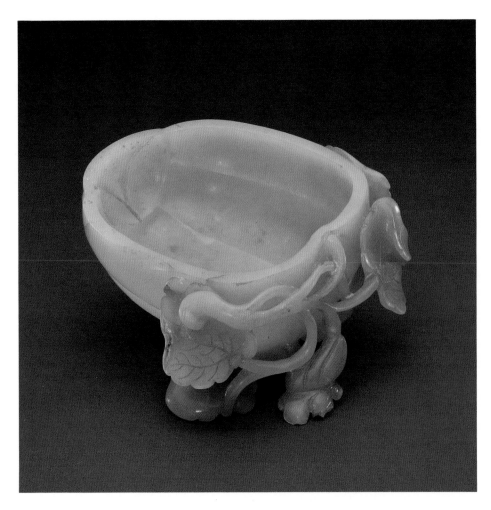

青玉。表面有光澤，局部稍有黃沁。器似剖開之瓜。一側鏤雕瓜藤為柄，藤上有瓜葉、瓜蔓和一小瓜。器底琢一完整瓜葉為足。構思巧妙，造型別致。

此洗造型是由古代吉祥圖案發展而來，寓意瓜瓞延綿，象徵子孫昌盛，事業興旺。

洗是文房用具，清代使用更加廣泛，造型、題材繁多，絕大多數作品講求精雕細刻，有較高的琢玉水準。這件玉洗可用來盛水，也可用作陳設欣賞，是清代玉洗中較精緻的一件。

玉雙嬰耳洗
清中期
高7.9厘米　口徑10.7厘米　足距2.3厘米

White jade brush washer with two boy-shaped handles
The middle Qing Dynasty
Height: 7.9cm Diameter of mouth: 10.7cm
Foot spacing: 2.3cm

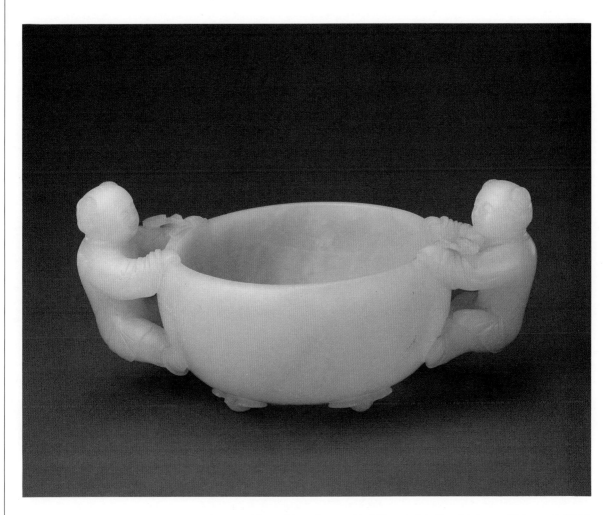

白玉。屬新疆"籽玉"。圓桃形體，光素無紋。深膛，口微收。兩側雙嬰
為耳。一童手握靈芝，一童手執菊花。二童對望，面露笑容，寓獻壽之
意。器裏光滑，底中琢一展翅翔蝠，喻"納福迎祥"。外底等距凸雕四
蝠，象徵福壽。

此圓潤光潔之玉洗，是珍貴的文房用具，也可作精美陳設品。

164

玉童耳四足洗
清
通耳高7.2厘米　口徑14.1厘米
足距11.5×10.4厘米
清宮舊藏

Sapphire brush washer with four legs
and two boy-shaped handles
Qing Dynasty
Overall height: 7.2cm Diameter of mouth: 14.1cm
Foot spacing: 11.5cm × 10.4cm
Qing Court collection

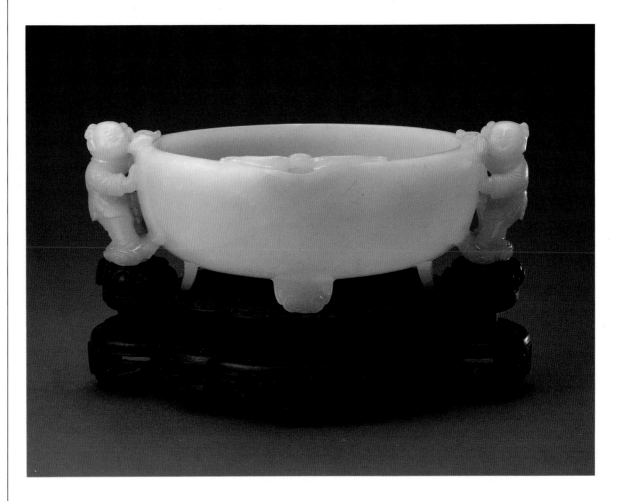

青玉。稍有瑕斑，有光澤。橢圓形，有流，流上方飾凸雕出廓蝙蝠，蝙蝠
雙翅展開。器身光素，兩側飾雙童耳，雙童面向流，其中一童右手持萬年
青，左手扶洗壁；另一童左手持靈芝，右手扶洗壁。雙童頭上梳有相同的
髮式，腳下踏祥雲，是為仙童。洗底四垂雲足，亦見輕巧。

本器造型設計上最大的特點是吉祥圖案的寓意。用蝙蝠諧音"福"，用萬
年青、靈芝、仙桃等寓人長生不老，以童子祈願多子多孫，以雲紋象徵高
升和如意。以上各種圖象在玉器及其他工藝品類中也是較為常見的。

玉雲龍洗

清
高8.3厘米　口徑8厘米　底徑10.5厘米
清宮舊藏

Sapphire brush washer with cloud and dragon design
Qing Dynasty
Height: 8.3cm　Diameter of mouth: 8cm
Diameter of bottom: 10.5cm
Qing Court collection

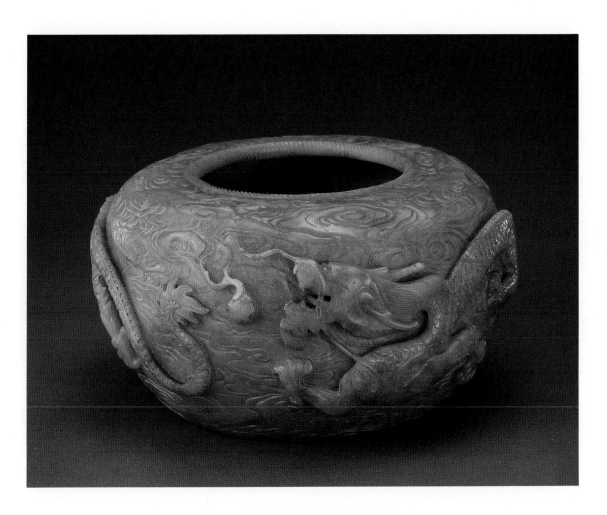

青玉。有褐色瑕斑。器為圓形，斂口，內光素無紋。外壁雲紋地，凸雕二
龍戲珠紋。口沿處飾繩紋，底稍內凹，無足。

玉器上的龍，角似鹿、頭似駝、項似蛇、鱗似魚、爪似鷹。特別是清中期
以後的龍，頭短見方，鋸齒形腮，尾部裝飾複雜。

此器雖為鉢形，但實為文房用具之筆洗。所雕之龍，其造型既不同於明
代，又不同於清中期以後，似應介於兩者之間。

玉嵌寶石八角菱花洗
清
高3.8厘米　口徑12.8厘米
清宮舊藏

**Sapphire water-chestnut-shaped brush washer
inlaid with gems**
Qing Dynasty
Height: 3.8cm　Diameter of mouth: 12.8cm
Qing Court collection

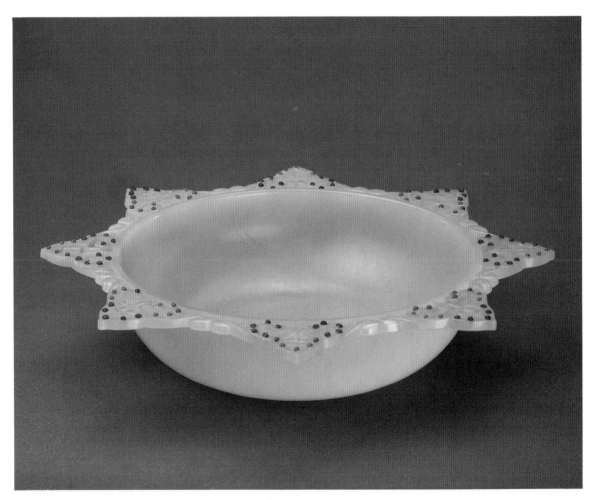

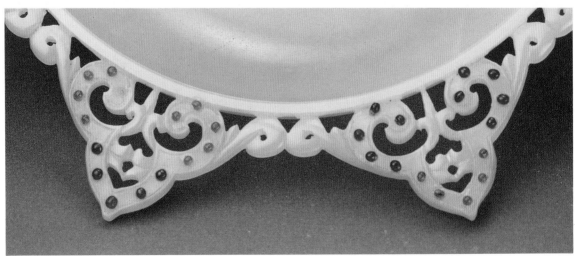

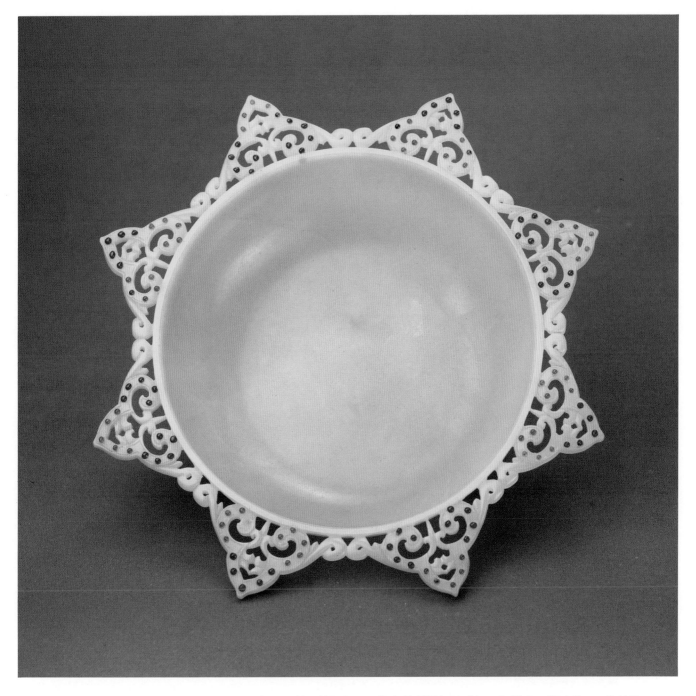

青玉。質地瑩潤無瑕，為上等優質新疆"籽玉"製成。器圓形，口沿外鏤空凸雕八角菱花形，上嵌紅綠石。內外壁皆光素無紋，無足，底稍內凹。

此器型較特殊，既不是清代宮廷玉器的形制，又不象痕都斯坦玉器的雕工，卻又有明顯的西方造型風格。玉色溫潤，質地極佳，器表打磨光滑，有清代宮廷玉器中極具代表性的蠟狀光澤，應該是清宮廷仿歐洲藝術風格的代表作品。

玉納涼圖筆筒
清
高13厘米　口徑11.9厘米　底徑11.8厘米

**White jade brush-pot with the scene of an old man
and a boy enjoying the cool**
Qing Dynasty
Height: 13cm　Diameter of mouth: 11.9cm
Diameter of bottom: 11.8cm

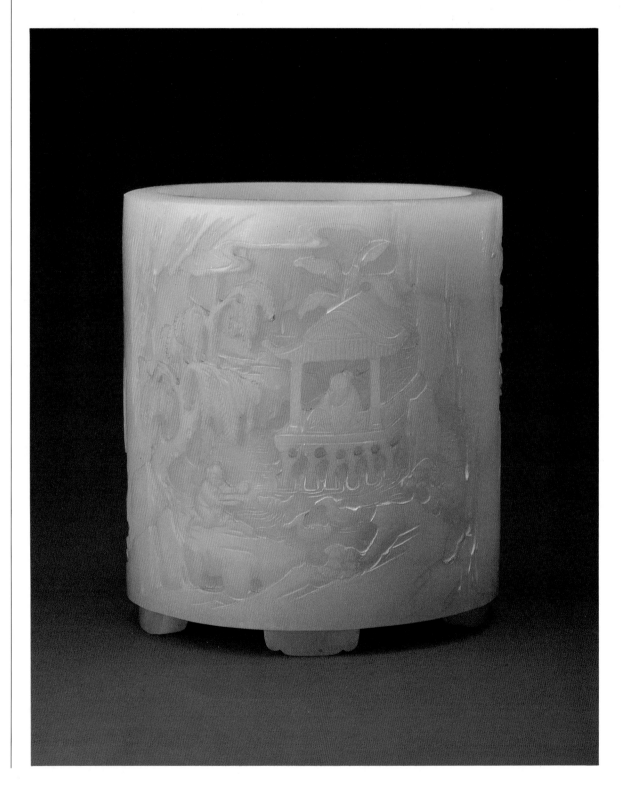

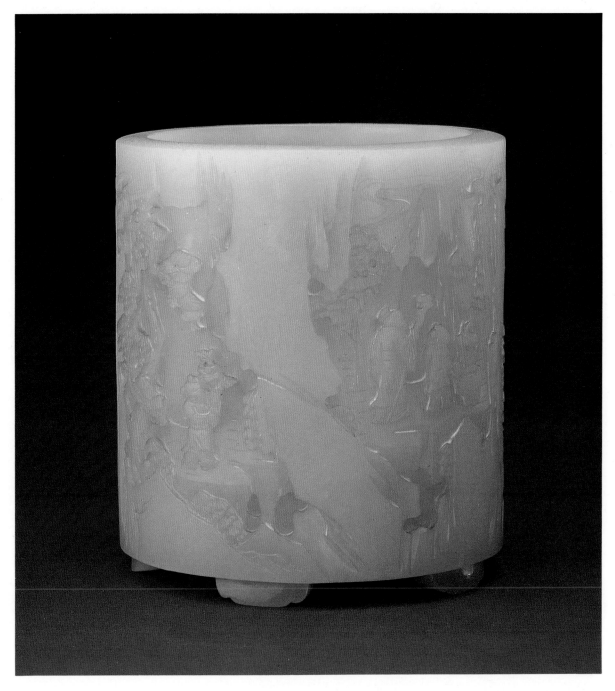

白玉。玉質青白色,質地佳,無雜質,有光澤。器呈圓筒狀,雕有五垂雲足。器表飾有三組畫面,分別表現納涼、策杖、嬰戲的內容。主體圖案為納涼圖,雕水中一閣,閣中一老人憑欄遠眺,水中鴛鴦一對,一童岸旁遊戲,似以食飼魚。畫面中雕有山水、樹木、小橋、房舍、人物等,景色幽美恬靜。畫面四周雕略微凸起的山石,使三組畫面相對下凹。

納涼、策杖、嬰戲等圖案皆為傳統工藝的裝飾題材,在明代已被大量使用。此筆筒所飾圖案,人物與景色相配,紋飾細緻,層次豐富,較明代作品更為生動自然。

玉西園雅集圖筆筒

清乾隆

高15.6厘米　口徑11.9厘米

足距3.5厘米

清宮舊藏

Jasper brush-pot with the scene of literati meeting in Xi Yuan

Qianlong period, Qing Dynasty

Height: 15.6cm

Diameter of mouth: 11.9cm

Foot spacing: 3.5cm

Qing Court collection

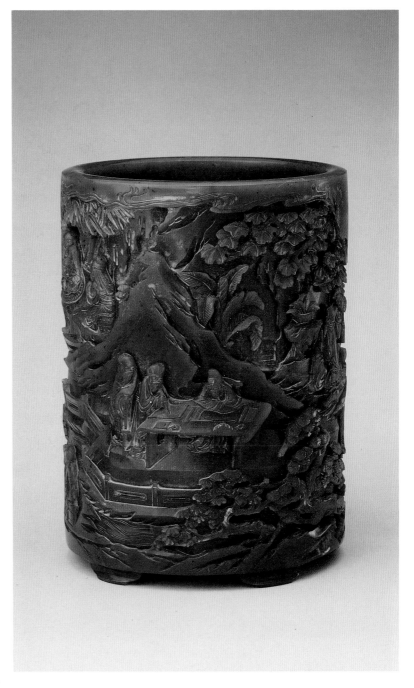

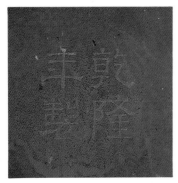

新疆最佳碧玉。通景。深雕加陰刻技法。上部雕山石、竹林、花草、人物；下部琢橋、水、松、欄杆、桌、椅、人物等。景中見十餘老者或寫字、作畫，或交談、觀景，或摩崖刻字。器底有等距的五枝矮足，中心琢陰文隸書“乾隆年製”四字款。

西園雅集屬歷史題材。西園為北宋時駙馬都尉王詵宅第，當時的文人墨客常雅集於此。神宗元豐初，王詵曾邀請蘇軾、蘇轍、黃庭堅、米芾、蔡肇、李之儀、李公麟、晁補之、張來、秦觀、劉涇、陳景元、王欽臣、鄭嘉會及日本籍的圓通大師十六人遊園。他們都是能文善畫、博古通今、雄才絕俗的人物。兩宋、明、清一些名畫家都有相同題材的畫作，流傳至今。

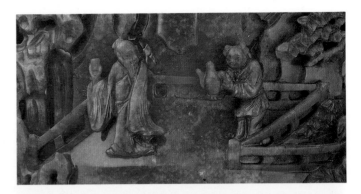

玉竹溪六逸圖筆筒
清乾隆
高19.5厘米　口徑19.7厘米　足距5.9厘米

Jasper brush-pot with the scene of six old men in Zhu Xi for a gathering
Qianlong period, Qing Dynasty
Height: 19.5cm　Diameter of mouth: 19.7cm
Foot spacing: 5.9cm

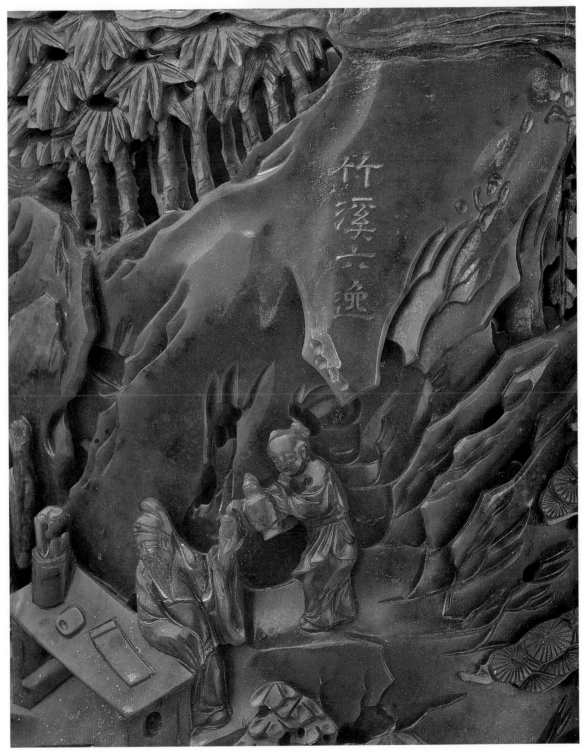

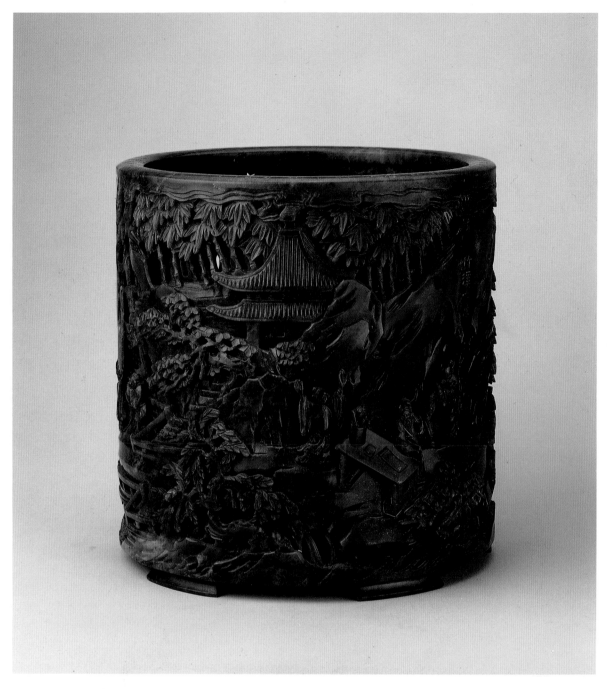

碧玉。粗高圓筒形，壁厚，圓口，底邊沿等距琢飾五個長條短足。器外壁以深雕、透琢和陰刻等技法琢飾山、樹、竹林、瀑布、亭台、人物等景。布局巧妙，比例適度，立體感強。六位老人姿態各異，或飲酒，或觀景，或吟詩。一塊山石上琢隸書"竹溪六逸"四字。器口上沿陰刻楷書乾隆御題："玉工祛俗祥，六逸繪傳唐。二客似曾識，四人則久忘。山林姿遊佚，詩酒樂相羊。五字詠玉器，八仙異杜章。"並"乾隆乙卯春御題"及"八徵耄念"（篆書）一印。

據文獻載：唐開元末，李白與孔巢父、韓準、裴政、張叔明、陶沔，居泰安府徂徠山下之竹溪，日縱酒酣歌，時號竹溪六逸。此為題材典故之出處。

玉竹林七賢圖筆筒

清乾隆

高18厘米　口徑19.5厘米　足距6厘米

清宮舊藏

Jasper brush-pot with the scene fo the Seven Wise Men of the Bamboo Grove

Qianlong period, Qing Dynasty

Height: 18cm　Diameter of mouth: 19.5cm

Foot spacing: 6cm

Qing Court collection

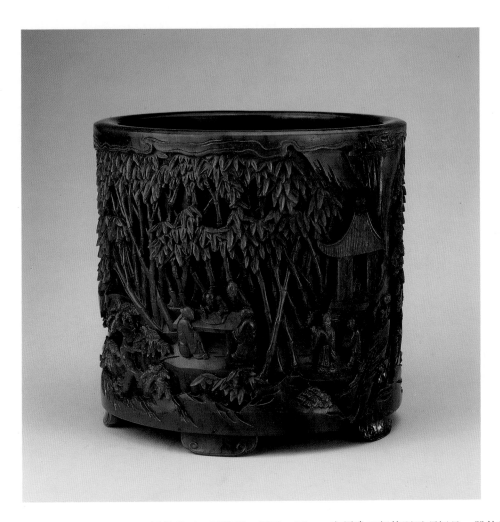

優等碧玉。圓筒形，厚重。圓口，底周邊五個等距雲頭短足。器外壁雕通景。以深雕技法琢山間一亭，亭前密竹成林，一老人亭畔攜童而行。竹林深處四人圍於石案，或立或坐，一人提筆下書，遠處有瀑自高山流下，二老於瀑上石間緩步而行，一童抱琴隨之於後。山間又有高樹樓閣，二童走在樓側山路上，似在攜書途中。浮雲、山石、瀑布、樹木、竹林、山亭、人物等景物皆依勢就形。人、景逼真，鋪陳有序，技藝精湛。

據記載：三國魏末阮籍、嵇康、山濤、向秀、阮咸、王戎、劉伶等七人相與友善，常宴集於竹林之下，時人號為竹林七賢。

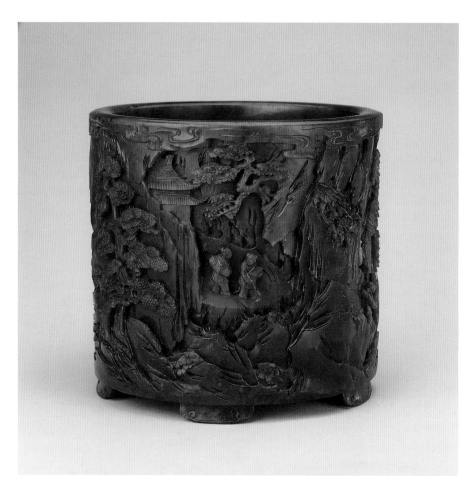

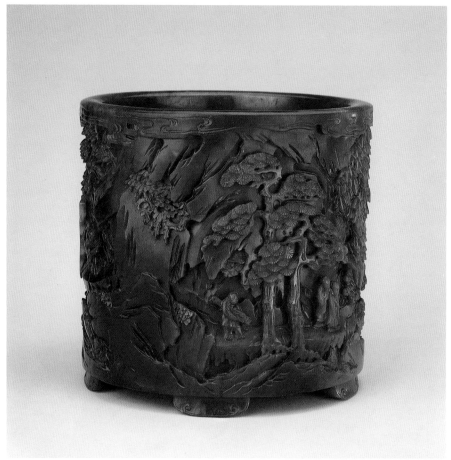

171

玉寒月迴文鎮紙
清
圓徑8.6厘米　厚2厘米
清宮舊藏

Sapphire paper weight with characters "Han Yue Hui Wen"
Qing Dynasty
Diameter: 8.6cm　Thickness: 2cm
Qing Court collection

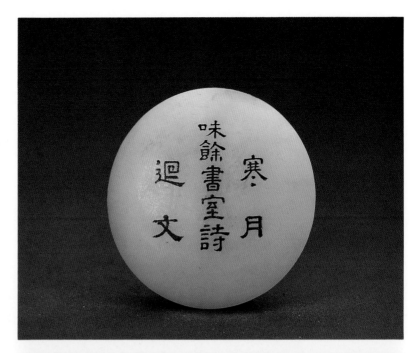

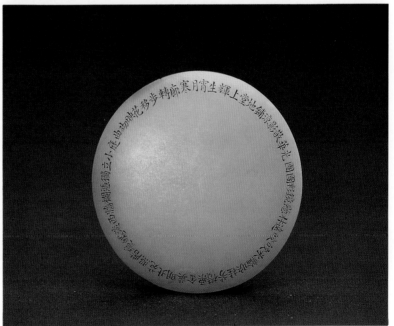

青玉。新疆"籽玉"，玉質瑩潤，無瑕斑。圓形，厚片狀，邊沿稍薄。正面填漆楷書"寒月迴文"、"味餘書室詩"九字。背面周邊陰刻首尾相接楷體詩："寒月宵生輝上堂，地鋪涼影散華光。團團彩鏡懸林遠，皎皎冰輪映桂芳。欖栗金英明北苑，照階瑶魄淡西牆。欄憑獨立小庭曲，砌映花移步轉廊。"

"寒月"為圓月、滿月之意。此器恰如滿月形。迴文是一種詩歌體裁，往返皆能成詩。此詩正讀與倒讀，是兩首不同的詠月七律詩，堪可賞玩。是一件難能可貴的工藝品。

玉天然形鎮紙
清
長8.2厘米　寬5.2厘米
最厚1.9厘米
清宮舊藏

White jade paper weight in natural form
Qing Dynasty
Length: 8.2cm　Width: 5.2cm　Maximum thickness: 1.9cm
Qing Court collection

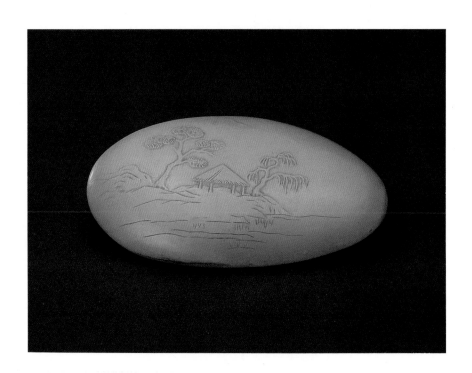

白玉。白玉質地，略有沁斑。器為天然扁橢圓形"籽玉"，一面淺浮雕山水、亭榭，亭兩側有松、柳各一。另一面琢七言詩一首："平堤一片淨無沙，山色空濛樹影遮，兩日不來亭子上，滿湖開遍白蘋花。"

新疆的和闐、葉爾羌生產玉石，有河玉、山玉兩種。河玉，亦稱"籽玉"，是玉石中的上品，色白如脂，溫潤無比，清宮中又稱為暖手。此籽玉雖為天然石外形，但質地極佳，稍加打磨後，琢寫意山水，質樸中又見美感。

玉螭紋條形鎮紙

清
長27.8厘米　寬3.2厘米
清宮舊藏

Elongate sapphire paper weight with hydras design
Qing Dynasty
Length: 27.8cm　Width: 3.2cm

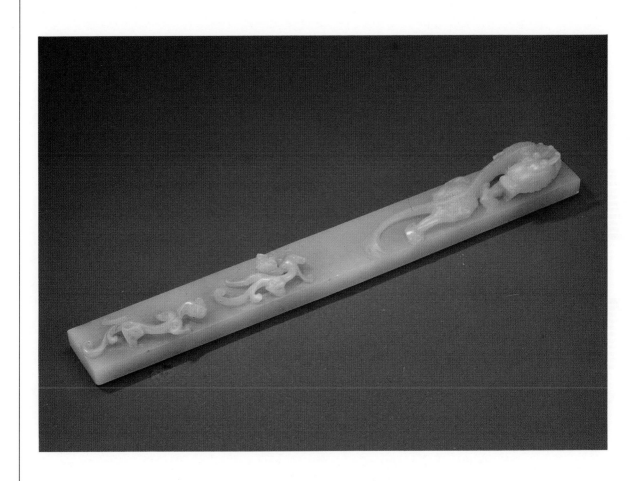

青玉。玉質呈淡青色。器為長方條形，用高浮雕手法在器的一端凸雕雙
螭，另一端凸雕一回首狀龍。造型工整簡潔，但在局部上又見雕工細膩的
特點。

鎮紙為文房用具，常用來壓書卷等物，是實用品。明代玉鎮紙多為獸形，
較短小。這件鎮紙長而細，帶書卷氣，較明以前的玉鎮紙為實用，且無綹
裂，是用大塊優質玉料裁剪而成。這種在器表雕有龍螭紋的鎮紙，在清宮
藏玉中並不少見。

玉條紋墨床
清
長9.3厘米　寬4.4厘米　高2.2厘米
清宮舊藏

Yellow jade ink stand with stripe design
Qing Dynasty
Length: 9.3cm　Width: 4.4cm　Height: 2.2cm
Qing Court collection

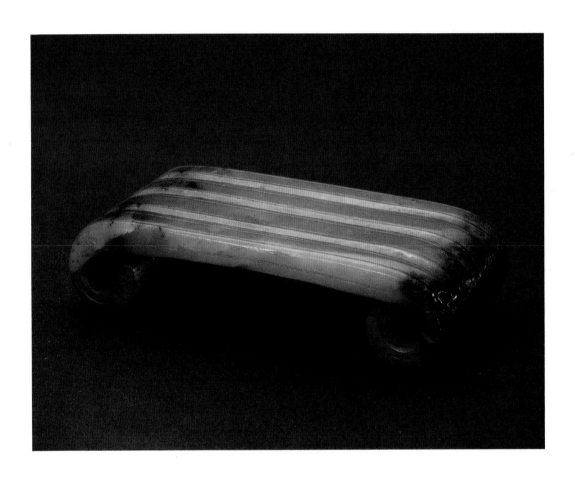

黃玉。局部有皮色及褐色沁。墨床為長條形，兩側向下向內翻捲形成足，
几式。面上琢直形條紋。

此黃玉墨床，在清宮文具中也較少見。

玉雙螭墨床
清
長8厘米　寬4.5厘米　高1.5厘米
清宮舊藏

White jade ink stand with double-hydra design
Qing Dynasty
Length: 8cm　Width: 4.5cm　Height: 1.5cm
Qing Court collection

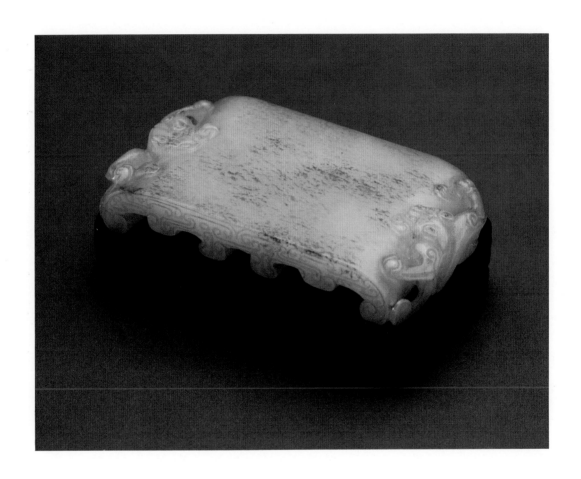

白玉。玉質佳，墨床表面可見一層黃褐皮色。器呈長方拱橋形，兩腿相向
內捲。兩端雕有兩隻相對的螭，螭口各銜一靈芝。器的前後兩側下邊出牙
且刻有方夔紋。全器造型玲瓏別致，雕工細膩。

墨床為清代盛行的文房用具。古人把螭與夔視為神物，寓意祥瑞，所以螭
紋及夔紋在清代運用較廣，尤其在玉雕作品上更是常見。

玉几式墨床
清
長7.2厘米　寬3.3厘米　高1.6厘米
清宮舊藏

Sapphire table-shaped ink stand
Qing Dynasty
Length: 7.2cm　Width: 3.3cm　Height: 1.6cm
Qing Court collection

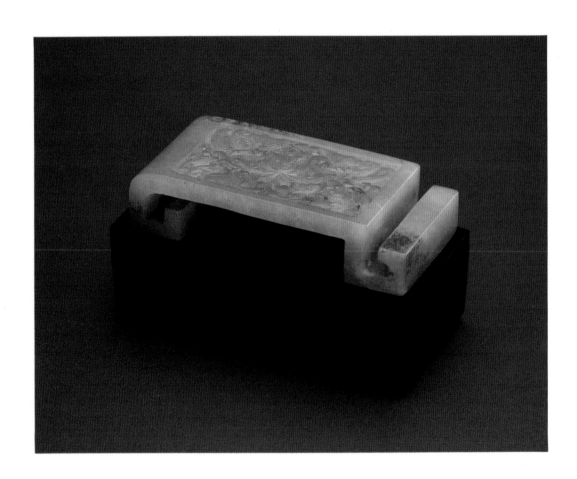

青玉。局部可見黃皮色，稍有瑕斑。器呈几形，兩腿作順向捲曲。墨床上面中心部位，鏤雕四蝠及一勾蓮花紋。造型精巧，構思新穎。

佛教傳入中國，蓮花便成為佛教的標誌，代表"淨土"，象徵純潔、吉祥，從南北朝以後歷代均盛行。蝠諧音福，也是吉祥圖案。刻上吉祥圖紋的几形器物，在清代玉器中也頗盛行。

玉三羊雙池水丞
清中期
高4.8厘米　口徑3.5×6.5厘米/2.6×5.9厘米　底長19.4厘米
清宮舊藏

Sapphire water conatiner with double-well carved with three sheep
In the middle part of Qing Dynasty
Height: 4.8cm　Diameter of mouths: 3.5×6.5cm and 2.6×5.9cm
Length of bottom: 19.4cm
Qing Court collection

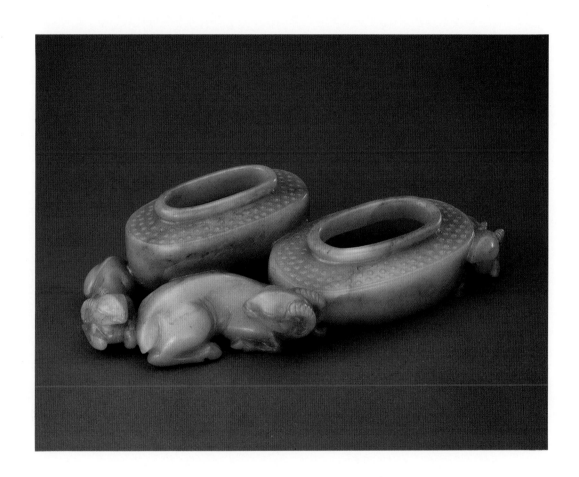

青玉。兩水池前後相連，橢圓形口，平足。池肩琢穀紋，兩端凸雕三臥
羊，伏於池側，前後顧盼，互相呼應，點綴成趣。寓"三羊開泰"之意。
屬文房用具。

玉龍鳳雙孔水丞
清乾隆
高10.2厘米　口徑1.5×2.1厘米　底寬10.1厘米
清宮舊藏

Sapphire water conatiner with two holes carved with dragon and phoenix
Qianlong period, Qing Dynasty
Width of bottom: 10.1cm
Height: 10.2cm　Diameter of mouth: 1.5×2.1cm
Qing Court collection

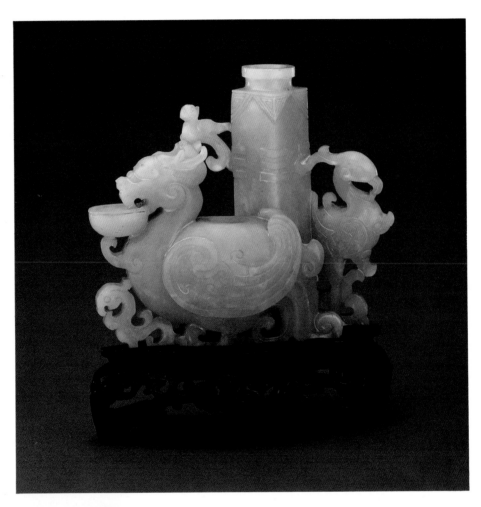

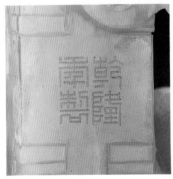

青玉。晶瑩光潤。琢帶飛翼的鳥身神龍，口銜一水池，背部一圓孔，深膛內可貯水。尾側立一琮式瓶，膛內可插筆，後側琢篆書"乾隆年製"四字款。一隻秀鳳貯立瓶側，一隻小鳳翔於瓶及龍首之間。器底飾捲雲。造型生動，雕琢精美。是同類文房用具中之佼佼者。

179

玉硯盒
清初
長6.9厘米　寬6.1厘米　高1.8厘米
清宮舊藏

Sapphire inkstone box
The early Qing Dynasty
Length: 6.9cm　Width: 6.1cm　Height: 1.8cm
Qing Court collection

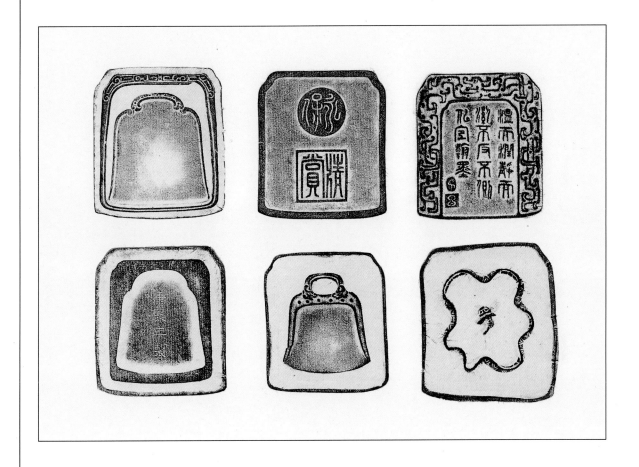

青玉。此器分蓋、底、硯三部分，玉雕部分構成盒蓋與底。蓋面左右及上部均減地淺浮雕拐子龍紋，中間三豎行篆書陽文"溫而潤，靜而潔，不僅不側，以宜翰墨"十四字。末署篆書"子"、"昂"二字款。盒蓋裏面凸琢翻捲荷葉，中間棲一隻三足蟾，盒底背面上為圓章陰文篆書"永保"，下為方章陽文篆書"清賞"。底裏凸起一古鐘形硯托。硯為松花石琢製。正面硯廓內凸琢古鐘形，背面凹雕古鐘形，並豎行陰刻隸書"康熙年製"四字款。

此器設計與雕工都極其精巧。三者均以陰陽槽榫接合，硯置其中絲毫不差，天衣無縫。為清代初期的珍貴工藝品。

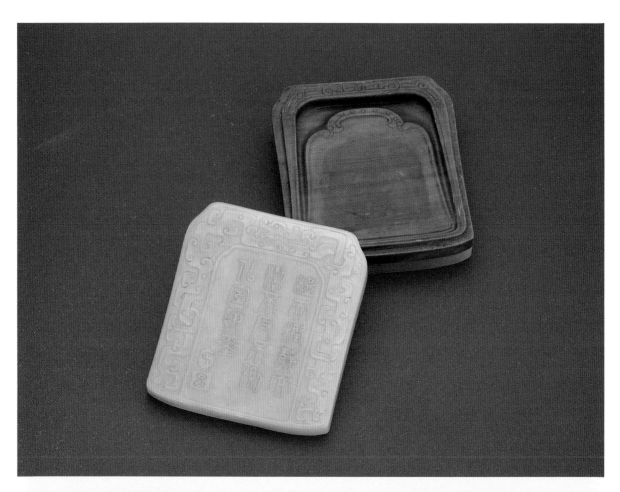

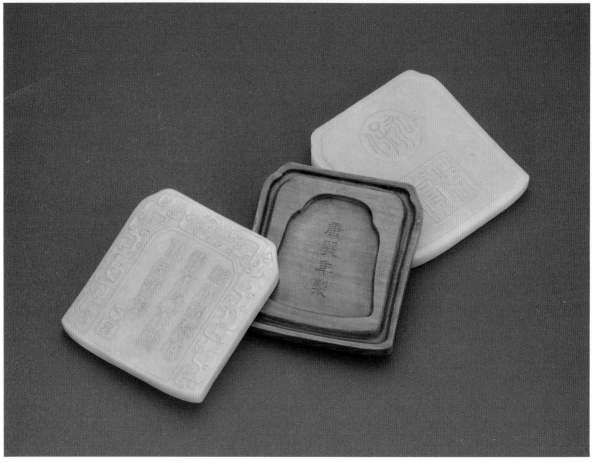

玉螭鳳紋硯

180

清嘉慶
長13.3厘米　寬9.7厘米　高2.7厘米
清宮舊藏

Sapphire inkstone with hydra and phoenix design
Jiaqing period, Qing Dynasty
Length: 13.3cm　Width: 9.7cm　Height: 2.7cm
Qing Court collection

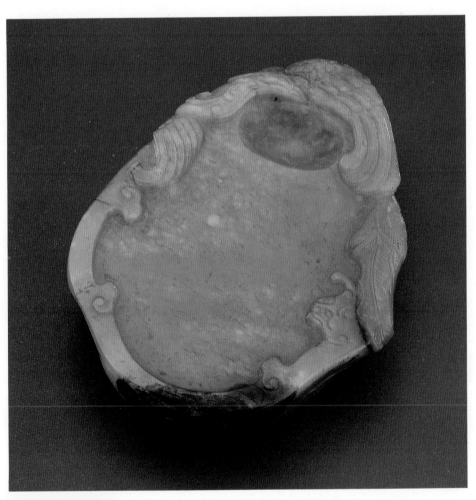

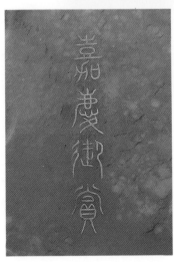

青玉。人為着色，古樸雅致。硯上面琢一長尾展翅鳳，其下雕一長身螭
紋，螭頭從鳳尾處露出。一左一右互相呼應，寓意龍鳳呈祥。硯底中心陰
琢豎行篆書"嘉慶御賞"四字款。

玉雙童鈕印章
清
寬1.9厘米　高6厘米　厚1.1厘米
清宮舊藏

Sapphire seal with double-boy-shaped knob
Qing Dynasty
Width: 1.9cm　Height: 6cm　Thickness: 1.1cm
Qing Court collection

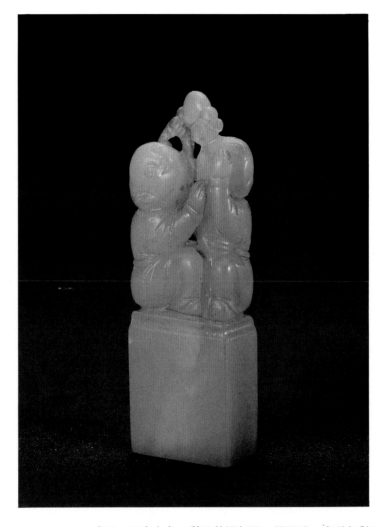

青玉。玉青白色，質地瑩潤無瑕。器圓雕二童子相對而坐，雙手高舉。頭頂上有祥雲托日。下部一長方形章料。

此玉章質地甚佳，所雕童子面露笑容，活潑有趣，圖案中的祥雲托日寓意"蒸蒸日上"、"指日高升"。

玉八徵耄念之寶　玉古稀天子之寶

清乾隆

古稀天子之寶　長12.8厘米　寬12.8厘米　高11厘米
八徵耄念之寶　長12.8厘米　寬12.8厘米　高11厘米

**Two sapphire seals respectively inscribed with the characters
"Ba Zheng Mao Nian Zhi Bao" and "Gu Xi Tian Zi Zhi Bao"**
Qianlong period, Qing Dynasty
Both: Length: 12.8cm　Width: 12.8cm　Height: 11cm

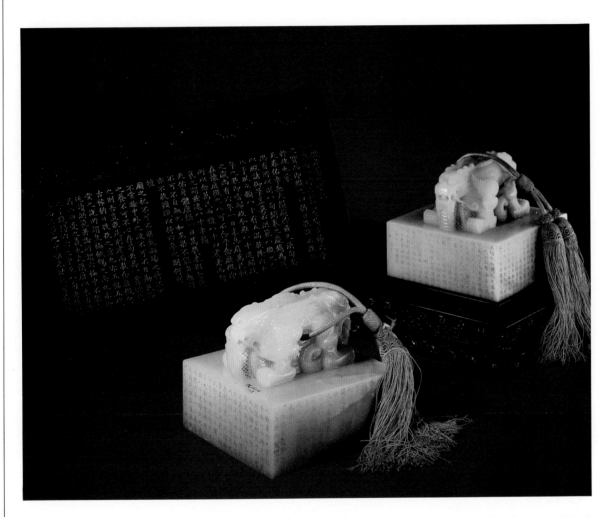

青玉。乾隆四十五年，弘曆七旬生日時，刻"古稀天子之寶，並撰"古稀
說"。十年後，弘曆八旬生日時，又刻"八徵耄念之寶"，撰"八徵耄念
之寶記"。此二方印寶皆為方形，雙龍鈕，鈕左右兩邊均見龍首，身相
連，兩側中心貫孔，有縧帶穿過。造型莊嚴隆重，雕工精巧。四面分別刻
"古稀說"、"八徵耄念之寶記"，同置一紫檀木匣內。

玉嵌石喜鵲盒（一對）
清
高8.2厘米　口徑7.5×4.4厘米
清宮舊藏

A pair of sapphire magpie-shaped boxes inlaid with stones
Qing Dynasty
Height: 8.2cm　Diameter of mouth: 7.5×4.4cm
Qing Court collection

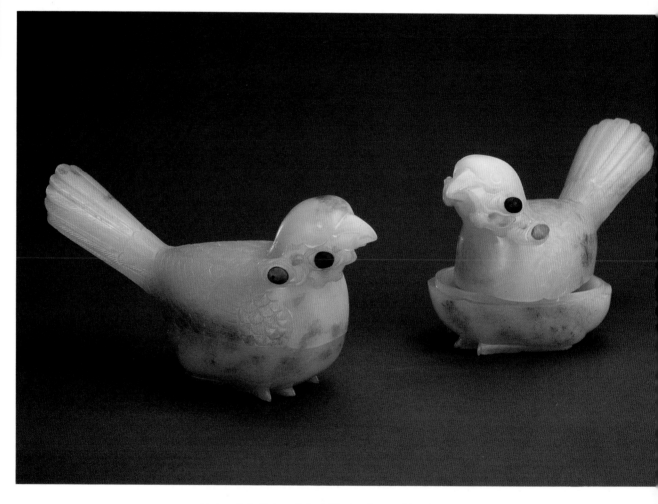

青玉。人為着色。盒為喜鵲形，分器、蓋兩部分。可盛小妝飾品。喜鵲昂首，口銜靈芝，其上各嵌紫石二、綠石一。羽毛雕琢極為精細，是難得的動物形盒。

喜鵲，是傳統吉祥紋樣。《禽經》：靈鵲兆喜。《開元天寶遺事》：時人之家，聞鵲聲皆以為喜兆，故為喜鵲報喜。由此而知，古人視喜鵲為喜的象徵。

玉八卦十二章紋印色池

清
高7厘米　口徑10.6厘米　底徑11.65厘米
清宮舊藏

Jasper seal vermilion box with design of the Eight Diagrams
and the Twelve Ornaments
Qing Dynasty
Height: 7cm　Diameter of mouth: 10.6cm
Diameter of bottom: 11.65cm
Qing Court collection

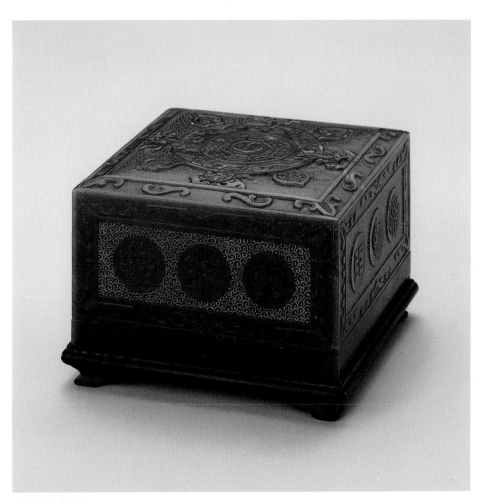

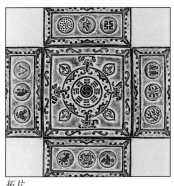

拓片

碧玉。正方形。蓋面陰刻細蠶紋地，主紋為四怪獸及四出戟八卦太極紋，週邊飾勾形紋。蓋四面各凸雕三個章紋符號，分別有日、月、星辰、山、龍、華蟲、宗彝、藻、火、粉米、黼、黻等十二種圖案。

十二章紋本是繡在帝王公卿冕服或朝服上的花紋。周代把日、月、星辰畫在旌旗上，而冕服只用九章。戰國以後，此制度逐漸廢棄。到了東漢又恢復了此種紋飾，並規定帝王用十二章，三公諸侯等用日、月、星辰以下的九章，九卿用華蟲以下的七章。以後歷代相沿不改，直到清末。這種吉祥紋樣，只用於統治階層，平民百姓不能用。清代把這種紋飾用於玉器上，也取吉祥之意。

玉團壽字雙層印盒

清中期
高10.2厘米　圓盒徑6.4厘米　方盒徑7.7厘米　足徑7.2厘米
清宮舊藏

Double-decker jasper seal box with a round character "Shou"
In the middle part of Qing Dynasty
Height: 10.2cm　Diameter of round box: 6.4cm
Diameter of square box: 7.7cm
Diameter of foot: 7.2cm
Qing Court collection

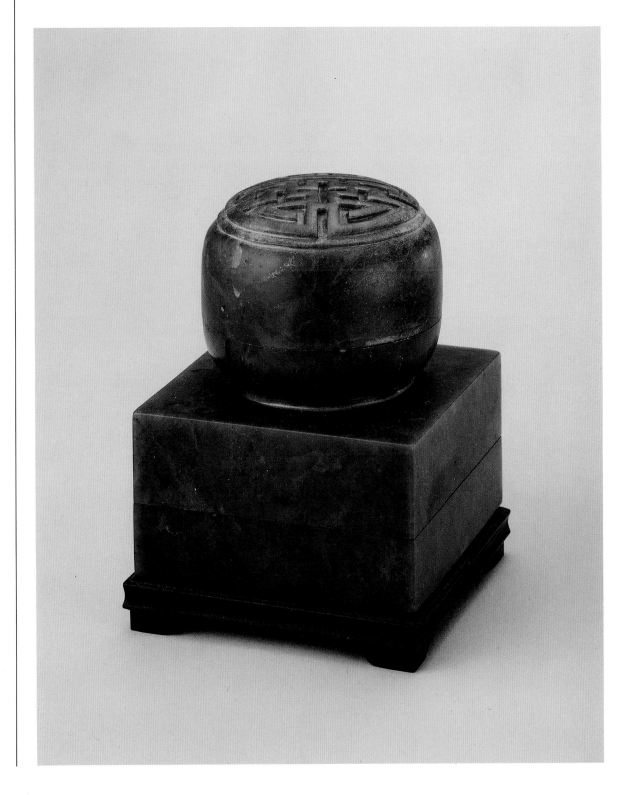

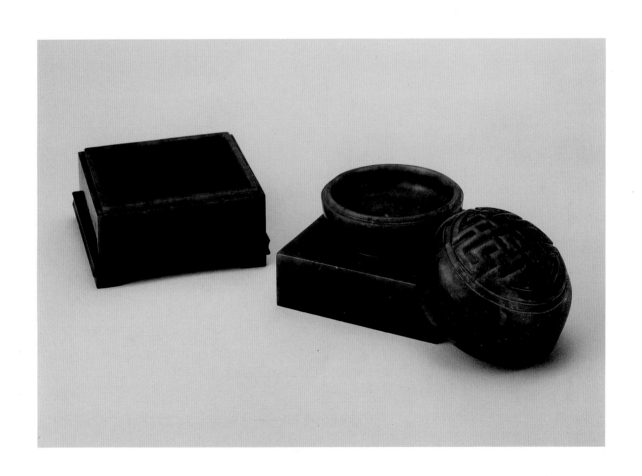

碧玉。圓盒蓋與方盒屬兩塊玉料。圓盒蓋面上凸琢團"壽"字,器身光素。下方上圓的雙層盒,為天圓地方,天地交泰之意。圓與方的意念,在古代玉器如玉琮之中亦有所見,而類似此器的造型組合,卻是清代新品類,屬文房用具。

玉用具

Jade
Utensils

玉搬指
清嘉慶
高2.5厘米　徑3厘米
清宮舊藏

Sapphire archer's ring
Jiaqing period, Qing Dynasty
Height: 2.5cm Diameter: 3cm
Qing Court collection

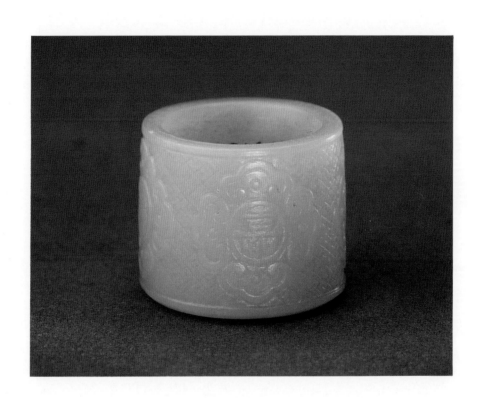

青玉。無瑕。搬指為圓筒狀。器琢"卍"字形錦地，上淺浮雕四組邊框，邊框由四如意雲組成，框內分別琢凸起的篆書"嘉慶年製"四字。

搬指是由古代的韘演變而來。古代人射箭時將韘套在拇指上用以勾弦，那時的韘與清代的搬指有一定的區別，清代的玉搬指已不再有這種實際用途而成為純裝飾品。

玉狩獵圖搬指　玉樓閣圖搬指　玉人物圖搬指

清
狩獵圖搬指　高2.35厘米　徑3.1厘米
樓閣圖搬指　高2.25厘米　徑3.35厘米
人物圖搬指　高2.25厘米　徑3.3厘米
清宮舊藏

Three white jade archer's rings carved with hunting scenes, pavilions and figures
Qing Dynasty
A. Height: 2.35cm　Diameter: 3.1cm
B. Height: 2.25cm　Diameter: 3.35cm
C. Height: 2.25cm　Diameter: 3.3cm
Qing Court collection

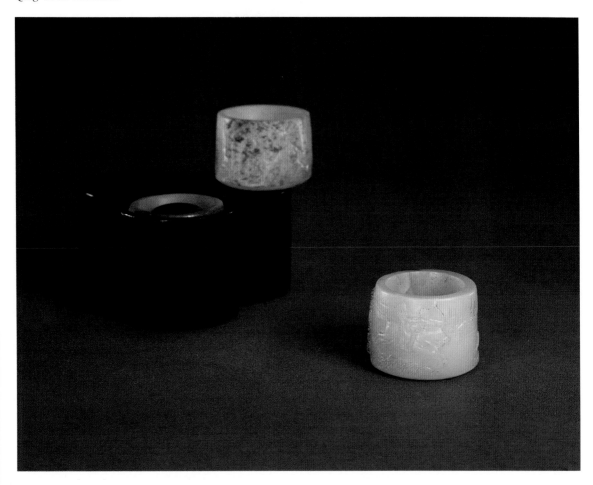

白玉。可見皮色，玉質佳。皆呈圓筒狀，外壁橢形。搬指上琢有不同紋飾圖案及乾隆題詩，構思獨特嚴謹，雕琢精細。

狩獵圖搬指上隱起雕刻陽文隸書乾隆御題詩："快馬飛生耳後風，浮麋數肋中無空。漫言刻玉占佳兆、發羽抨弦屢此同。"末署"乾隆丙戌春日御題"及一圓一方閑章式"乾"、"隆"印銘。壁淺浮雕一人騎馬射鹿圖。

樓閣圖搬指上陰刻楷書乾隆七言詩："玉人巧意事雕鏤，寫出歐陽聲賦秋。着手無他多歡息，木蘭喜聽鹿呦呦。"末署"乾隆御題"及一圓形閑章式印。外壁

琢人物、樓閣、樹木等紋飾。

人物圖搬指外壁陰刻楷書乾隆五言詩："山邊復水邊，忽見一枝妍。人訝弄珠是，泉猶瀑布懸。風流香足鄙，跌岩格堪傳。春信來何似，無殊矢在弦。"末署"壬午春御題"及陰刻篆字一圓一方閑章。此器在皮色上琢刻人物、樹木、懸石、瀑布等紋飾。

扳指或搬指又稱玉韘，在清代非常盛行。多琢成兩端平齊的圓筒形，大部分飾有紋飾和詩句。所用材料分別為青玉、碧玉、白玉、翠等。這三件搬指為一套，紋飾圖案及雕工都很精美別致，是清代同類器型的優秀作品。

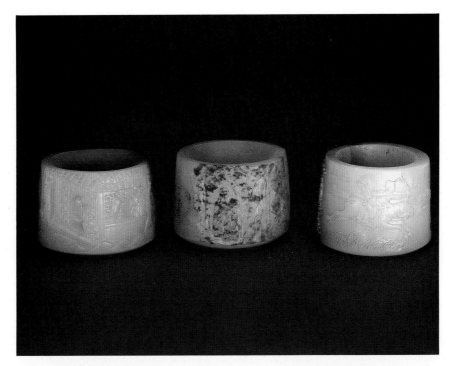

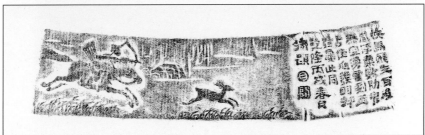

拓片

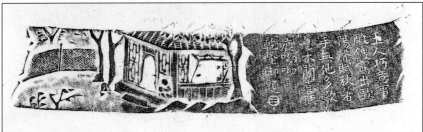

拓片

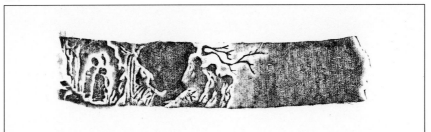

拓片

188

玉瓜式煙壺
清
通蓋高6.4厘米 口徑0.8厘米
清宮舊藏

White jade melon-shaped snuff bottle
Qing Dynasty
Overall height (with cover): 6.4cm
Diameter of mouth: 0.8cm
Qing Court collection

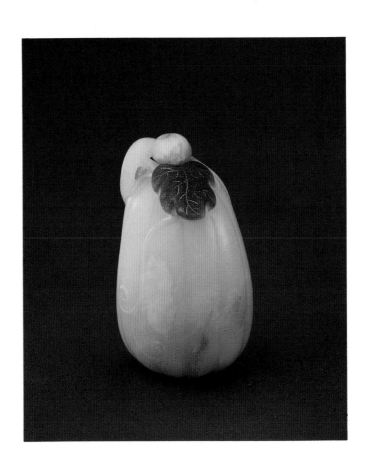

白玉。玉質有光澤，局部稍有瑕斑。器呈長圓瓜形，琢有十瓣瓜棱。蓋與器身相稱也作瓜形，下連牙匙。繞器口外雕一周葉莖，其中莖為鏤雕，兩葉凸雕並着黃褐皮色，器底部也稍做皮色，並陰刻篆書"乾隆年製"四字款。白瓜獨綴黃葉，猶見雅趣。

鼻烟壺的製作到了清代，達到鼎盛時期。各種材料增多，款式亦增多。由最初用玻璃製作發展為用玉石、雕漆、金屬、陶瓷、竹木等各種材料。玉石製品中又有白玉、青玉、碧玉、翠玉、瑪瑙、水晶、琥珀、密蠟、青金石、綠松石等，製工極為精巧。

玉石類煙壺，是從乾隆時才真正發展起來，而以植物或瓜式為題材的煙壺，在宮中也並不少見。

189

玉玉蘭花式煙壺

清

通蓋高6.2厘米　口徑0.8厘米

清宮舊藏

White jade magnolia-flower-shaped snuff bottle

Qing Dynasty

Overall height (with cover): 6.2cm

Diameter of mouth: 0.8cm

Qing Court collection

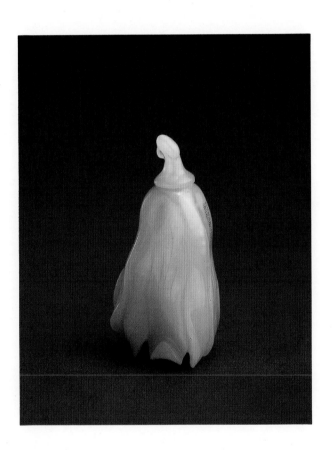

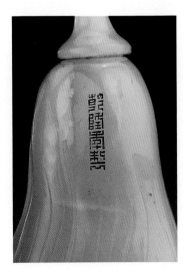

白玉。無瑕斑。器製作成玉蘭花形，以蘭花把為蓋，蓋上帶有銅鍍金匙一把。口外有陰刻"乾隆年製"篆書單行四字款。

玉簸籮紋煙壺
清
通蓋高5.7厘米　口徑1.7厘米　足徑最寬2.5厘米
清宮舊藏

White jade snuff bottle with shallow basket design
Qing Dynasty
Overall height (with cover): 5.7cm
Diameter of mouth: 1.7cm
Maximum diameter of foot: 2.5cm
Qing Court collection

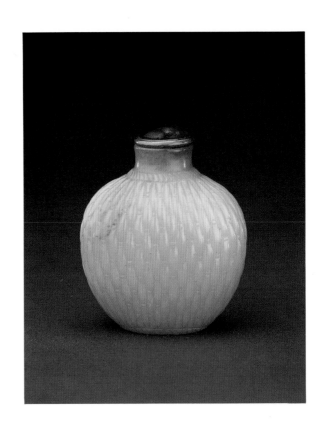

羊脂白玉。器呈扁圓形。有蓋，蓋鈕為紫寶石，下連牙匙。器身除口、頸及足沿各飾一周繩紋外，餘皆飾以簸籮紋。琢製精巧，紋飾古樸。

鼻煙壺自康熙時進入宮中，但其時極少有玉質的。雍正時的玉煙壺，也只有白玉、翠玉等幾個品種，造型、紋飾都較簡單，直至乾隆以後，鼻煙壺的品類才越來越多，裝飾內容也更趨繁雜，僅玉質煙壺上常見的就有動物、植物、吉祥圖案和傳說故事等內容。似本器古拙樸素的繩紋、簸籮紋並不多見。

玉雙螭抱瓶式煙壺

191

清乾隆
高3.7厘米　口最寬1.2厘米
足最寬1.5厘米
清宮舊藏

Sapphire snuff bottle with two Chi-shaped handles
Qianlong period, Qing Dynasty
Height: 3.7cm Maximum width of mouth: 1.2cm
Maximum width of foot: 1.5cm
Qing Court collection

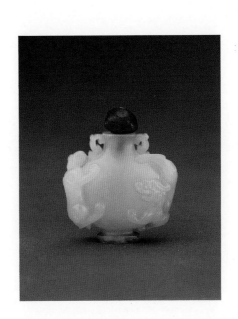

青玉。器呈扁瓶狀，頸兩側鏤雕雙螭為耳。瓶腹部兩側凸雕曲身雙螭。紅
寶石蓋，下連牙匙。長圓圈形足，足內陰刻 "乾隆年製" 篆書四字款。雕
磨細膩圓潤，造型典雅古樸。

此器以螭紋為主要題材，一螭伏上，一螭彎身向下，互相呼應，不規整中
又見對稱，構思較為獨特，是一件實用品，也是精巧別致的工藝品。

玉太平車
清
通長11.1厘米
清宮舊藏

**White jade Tai Ping cart
(appliance for massage)**
Qing Dynasty
Overall length: 11.1cm
Qing Court collection

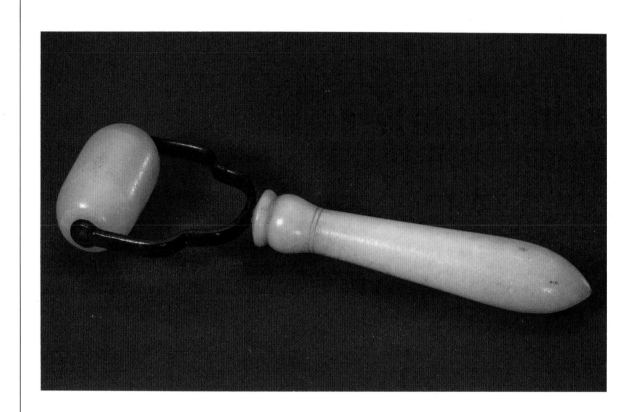

白色"籽玉"。玉質潔白瑩潤，器身光素無紋。玉柄近前端有陰弦紋兩周。推輪橢圓形，中心一貫孔，用銀質樑架連結器體。

此為按摩器，又稱太平車，用來撫按身體，以暢經活絡，舒通血脈。器型較大的，前端推輪有三至六個之多。質地有玉、瑪瑙、水晶等。

玉竹節紋燭台（一對）
清
通阡高26.5厘米
清宮舊藏

A pair of jasper candle holders in the shape of bamboo-joint
Qing Dynasty
Overall height: 26.5cm
Qing Court collection

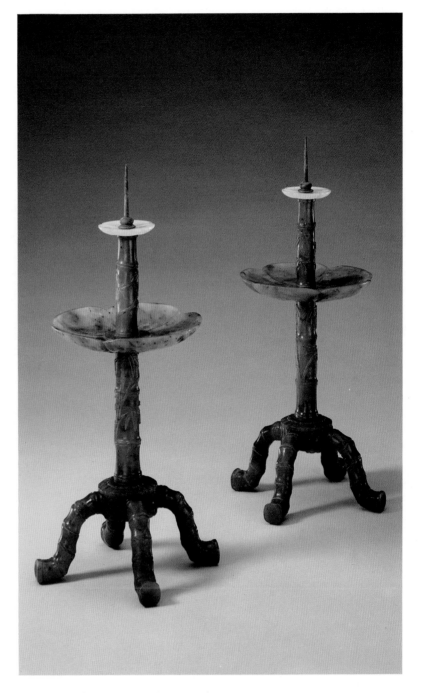

碧玉。竹節式。兩件造型相同。頂端小盤為青玉質，呈五瓣梅花形，大盤亦為梅花形。柱為兩節玉連接而成，上琢有嫩枝和竹葉。四足為竹根式，與上部圓形菊蕾處相接。

此對竹節式燭台，紋飾新穎，造型別致，為清代僅有者。可做供器和生活用品。

玉龍紋奓斗
清初
高9.1厘米　口徑8.1厘米
足徑4.7厘米
清宮舊藏

White jade Zha Dou (refuse vessel) with dragon design
In the early part of Qing Dynasty
Height: 9.1cm　Diameter of mouth: 8.1cm
Diameter of foot: 4.7cm
Qing Court collection

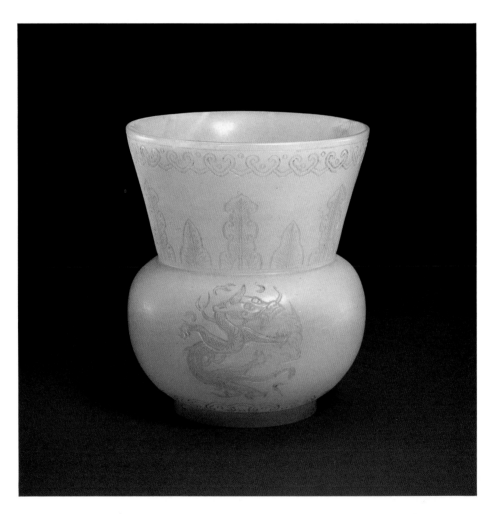

白玉。質地潔白無瑕。圓口，束頸，鼓腹，圈足，隱起紋飾，口外沿飾垂
雲紋一周，頸部飾葉紋，腹部等距三組舞龍紋，足飾仰式垂雲一周。龍首
瘦長，豎髮。身琢網格式鱗紋和火紋。頹尾。每爪四趾。呈跳躍舞爪狀。

清代初期，龍首多為瘦長馬首狀，乾隆以後多為短而寬厚。此器造型規
矩，琢磨圓潤，外底微鼓。根據龍形判斷，製造年代定為清初較適宜。

清代宮廷所用奓斗有瓷器、玻璃、漆器、玉器等，其中玉奓斗數量可觀。

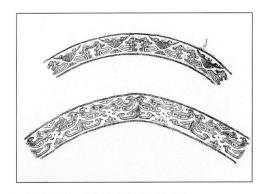

嘉慶御用玉夔紋夎斗

清
高9.1厘米　口徑9厘米
足徑5.7厘米
清宮舊藏

Sapphire Zha Dou with Kui-dragon design
used by Jiaqing emperor
Qing Dynasty
Height: 9.1cm　Diameter of mouth: 9cm
Diameter of foot: 5.7cm
Qing Court collection

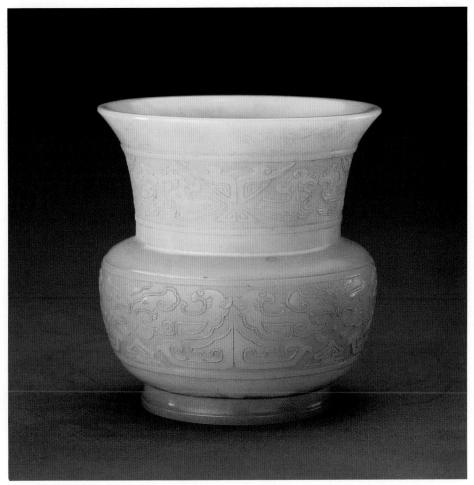

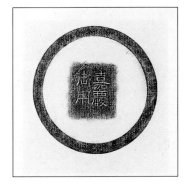

青玉。局部稍有瑕斑。圓形，撇口，長頸，圈足，腹部外凸。頸部、腹部各雕隱起夔紋四組，其餘光素。器底部刻有"嘉慶御用"隸書四字款。全器雕刻精細，造型簡潔靈巧。

夎斗即唾盂，是清代常見的器物，一般多為實用，有的也用於室內陳設。

此器形為清代特有，刻有仿古紋飾，工藝與玉質都有明顯的清代特徵，是清代同類玉器的代表作品。

玉團花蓋罐
清
高15.2厘米　口徑12.9厘米
足徑6.7厘米
清宮舊藏

Jade covered jar with posy design
Qing Dynasty
Height: 15.2cm　Diameter of mouth: 12.9cm
Diameter of foot: 6.7cm
Qing Court collection

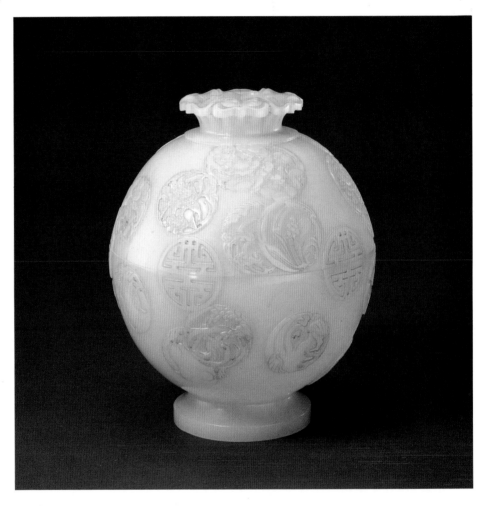

白玉。無瑕斑。器圓形，罐狀。中部分開，一剖為二，上部為蓋，頂部凸雕蓮花式鈕。蓋面及下部凸雕各式圓形團花，圖案有蝙蝠銜磬、“卐”字、靈芝、桃實等，以及有萬年青、竹枝、葡萄、蝴蝶、團“壽”字和各種花卉瓜果。底為圓形圈足。

此白玉罐原為一對，玉質，形制及圖案內容基本一致，寓意吉祥、長壽、多子、富貴、喜慶等。玉質極佳，做工精緻，為標準清中期製品。

玉吉祥如意奩

清
高14.5厘米　口徑14厘米
清宮舊藏

197

**White jade Lian (dressing case) with characters "Ji Xiang Ru Yi"
(good luck and satisfaction)**
Qing Dynasty
Height: 14.5cm　Diameter of mouth: 14cm
Qing Court collection

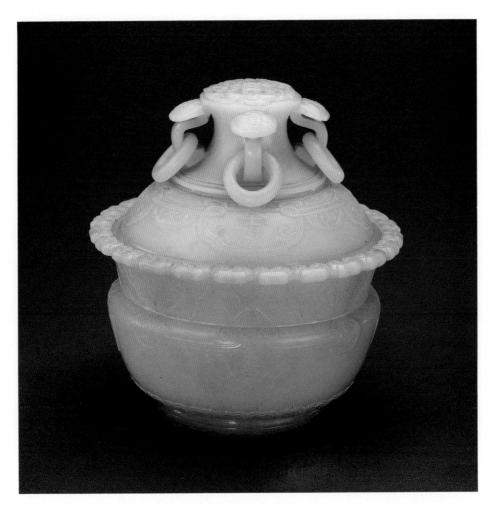

白玉。無瑕綹。圓形，有蓋。蓋四面各有一如意形開光，開光內分別琢有
"吉、祥、如、意"四字。蓋中心有一柱形鈕，柱外飾四個小如意，如意
柄上各套一活環。柱頂有圓形開光，內雕團身龍紋。奩為圓口，口外飾一
周如意頭紋，奩腹四面各有一如意形開光，也分別飾"吉、祥、如、意"
四字。奩底部雕一周蓮瓣紋。奩為古代婦女盛梳粧用具之器。清代宮廷使
用的奩盒多為木製，其上雕花嵌玉，奩內有容鏡及其他梳粧用具。此器的
鈕、蓋、口沿，腹部皆飾如意紋，以突出吉祥如意的主題。

玉奩
清
通高11.7厘米　口徑13.8厘米
足徑8.2厘米

White jade Lian
Qing Dynasty
Overall length: 11.7cm
Diameter of mouth: 13.8cm
Diameter of foot: 8.2cm

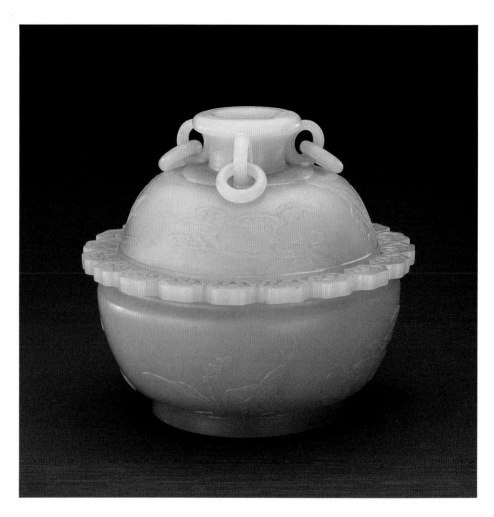

新疆白色籽玉琢製。球形,圓口,圈足。蓋頂為環式,其側等距透雕三個
環形飾,並各套一活環。蓋面隱起萬年青和靈芝紋。器深膛,口沿凸雕二
十個如意頭式靈芝紋。外壁淺浮雕萬年青、如意式靈芝紋各兩組。其紋飾
寓"萬年如意"。

這件玉奩與其他奩盒不同,上有鈕,下有足,更富裝飾性,體積也較一般
奩盒為大,既可盛物,又可做室內陳設。

199

玉光素大盤
清乾隆
高9.8—10.3厘米　口徑66.6厘米
足徑27.4厘米　重21.25公斤
清宮舊藏

Jasper plain plate
Qianlong period, Qing Dynasty
Height: 9.8—10.3cm　Diameter of mouth: 66.6cm
Diameter of foot: 27.4cm　Weight: 21.25kg
Qing Court collection

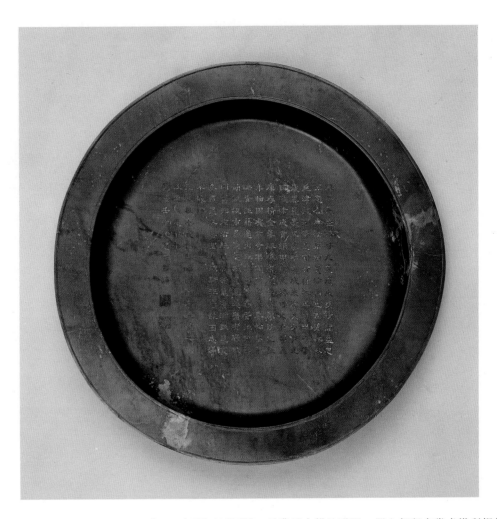

碧玉。新疆工匠琢製，是農民在耕地發現，器上仍留有幾處鐵犁損傷痕。
乾隆深知此盤的歷史價值，因此對其特別重視，命玉匠在盤裏刻琢題詩，
末署"乾隆壬午御題疊前韻"並篆書"乾隆震翰"（陽文）及"得象外
意"（陰文）二印。

此件玉盤埋於田野，未及盜走而被發現，詩文亦紀其事。若失而復得，彌
足珍貴。

玉葵花盤

200

清
高4厘米　口徑16.7厘米
足徑10.5厘米
清宮舊藏

Sapphire jade plate with mallow design
Qing Dynasty
Height: 4cm Diameter of mouth: 16.7cm
Diameter of foot: 10.5cm
Qing Court collection

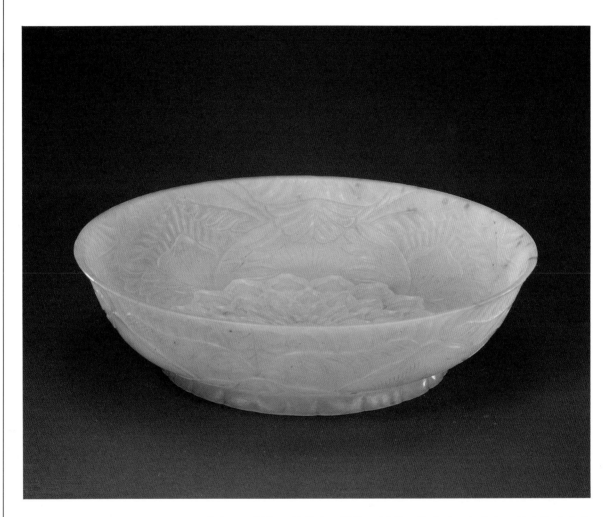

青白玉。局部可見黃斑。器物呈圓形，花形足。盤內底、外底均雕葵花紋。盤內壁、外壁飾以花葉紋。全器琢磨精細，造型簡潔明快。

乾隆對痕都斯坦玉器非常偏愛，除了收藏痕器，還命工匠按痕器特徵仿造，有的仿工極其精細，幾至以假亂真。有的則局部仿製，如只取紋飾或造型。但無論仿工如何精細，細察玉質、薄厚、器型和紋飾都有與痕器不同之處。

此器為清代仿痕都斯坦風格的玉器，説明外來文化對清代玉器製造產生了深刻的影響。

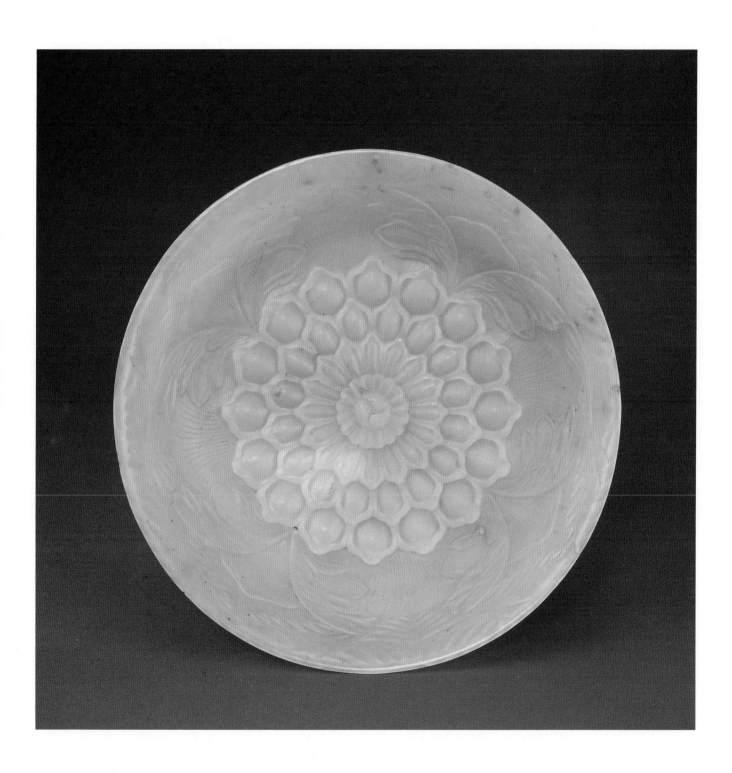

玉菊瓣盤
清
高3厘米　口徑25.4厘米
足徑17.6厘米

Jasper chrysanthemum petal plate
Qing Dynasty
Height: 3cm　Diameter of mouth: 25.4cm
Diameter of foot: 17.6cm

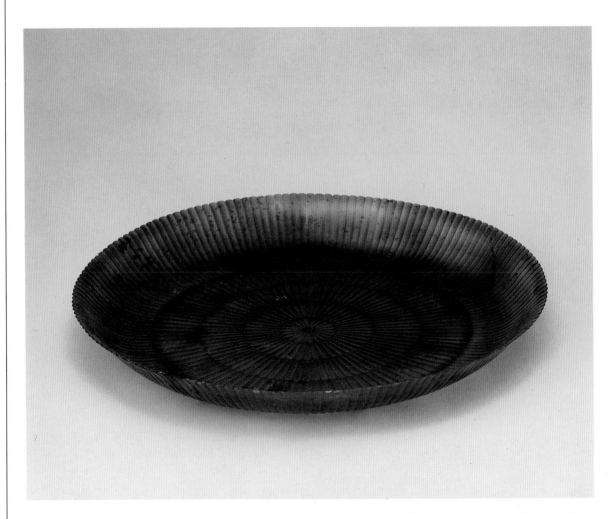

碧玉。局部略有黑斑。體肩平圓形，器身琢五層疊壓的菊瓣，如漣漪外散。底為四層，盤壁為一層。

菊瓣盤邊壁細薄如紙，幾可透光，雕工極巧，是清代製玉工藝中的代表作品。

玉雙嬰耳杯
清初
通耳高5.4厘米　口徑6.4厘米
足徑3厘米
清宮舊藏

White jade cup with two boy-shaped handles
In the early part of Qing Dynasty
Overall height (with handle): 5.4cm
Diameter of mouth: 6.4cm
Diameter of foot: 3cm
Qing Court collection

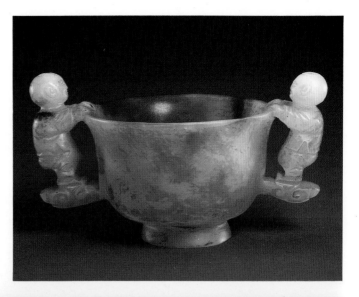

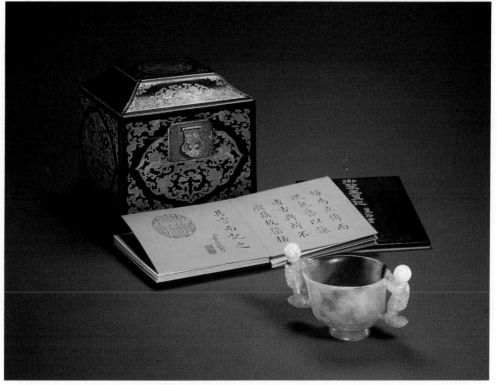

白玉。立體圓雕。圓撇口，圈足。通體光素無紋，兩側各透雕雙嬰踏雲耳。器表面施人為褐色沁，愈顯典雅古樸。

乾隆很喜愛這件玉杯，認為是"炎劉以上物品"，特為此杯配以黑漆描金匣和檀香木托，並附有御製玉杯記冊。從玉杯記上得知，此杯及杯上的着色是玉工姚宗仁的祖父所造。玉器着色方法，是在質地不太好的部位或用細金鋼鑽在玉器表面上打成細密的小麻點，塗上琥珀，用微火燒烤多日而成。姚宗仁是乾隆時的宮廷玉匠，其祖為清初人，目前有記載可考的清初玉器非常少，這件玉器所附冊頁上記有玉杯的製造經過，因而非常珍貴。

玉雙耳杯
清雍正
長9.5厘米　寬6.5厘米
高4.4厘米
清宮舊藏

White jade cup with two handles
Yongzheng period, Qing Dynasty
Length: 9.5cm　Width: 6.5cm
Height: 4.4cm
Qing Court collection

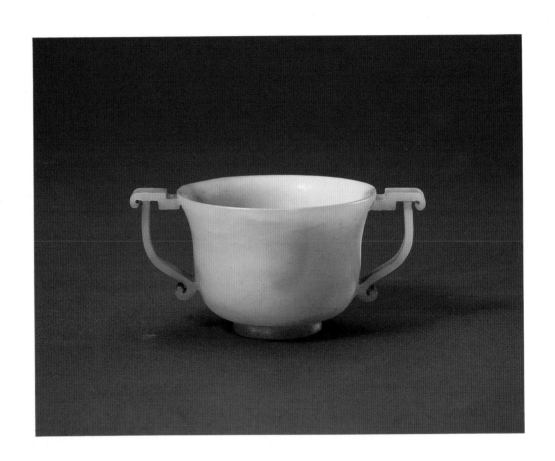

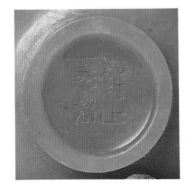

白玉。玉料呈青白色，局部有淺黃色斑沁，杯體呈花盤形，底為圈足。兩耳外撇，呈回鉤狀。杯口呈喇叭形，器身光素無紋。底圈足內刻篆書"雍正年製"四字款。

雍正對玉不是特別喜愛，故流傳下來的玉器屈指可數，此件是其中之一。

玉鏤雕嬰戲杯
清
高6厘米　口徑7.5厘米
足徑3.7厘米
清宮舊藏

White jade cup with design of children at play in openwork
Qing Dynasty
Height: 6cm Diameter of mouth: 7.5cm
Diameter of foot: 3.7cm
Qing Court collection

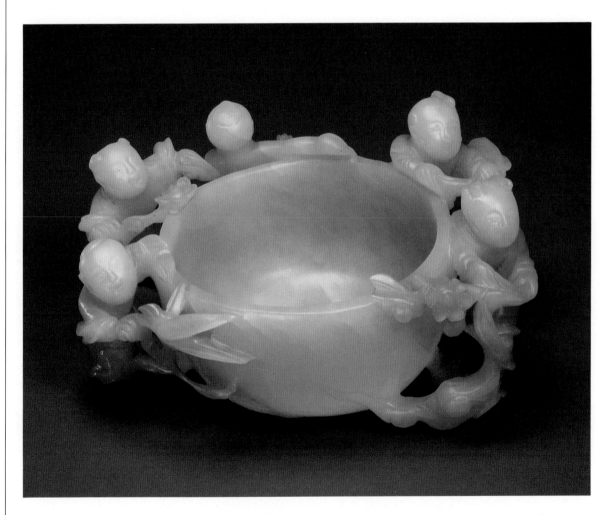

白玉。玉質青色中泛白，局部有褐色沁。洗為圓形，內壁光素無紋，繞洗一周鏤雕五童子，童子皆腳踏祥雲，分別持桃、竹、梅、靈芝等各種花枝，姿態各異。

此器製作精緻，亦洗亦杯，與其他光素杯或洗相比，外壁增加了五個天真活潑的小童子。童真童趣，活靈活現，為此器增色添彩，寓意五子登科。

玉鹿耳折角杯盤

清

杯高6.4厘米　口徑5.6厘米　足徑3.6厘米
盤高1.7厘米　口徑9.6/12.6厘米　足距2.5厘米

清宮舊藏

Octagonal sapphire cup (with a saucer) with two deer-shaped handles

Qing Dynasty

Cup: Height: 6.4cm Diameter of mouth: 5.6cm Diameter of foot: 3.6cm

Saucer: Height: 1.7cm Diameter of mouths: 9.6cm and 12.6cm Foot spacing: 2.5cm

Qing Court collection

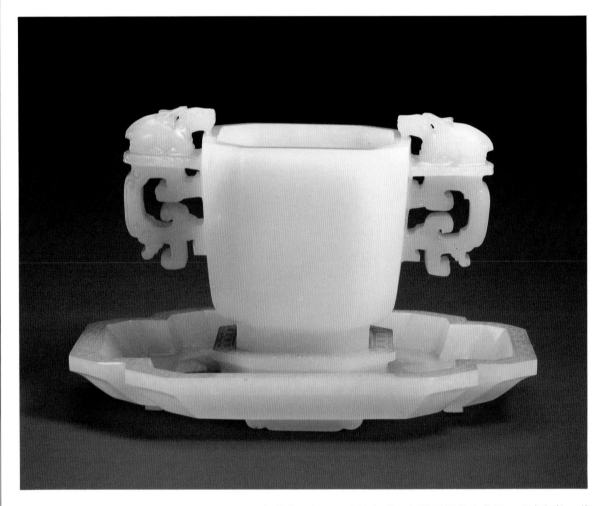

青玉。新疆優質青白籽玉。光潔無瑕。杯體呈折角八角形，光素無紋。夔式雙耳，耳上凸雕相對臥鹿。盤為長方委角形，沿上陰刻回紋。中部凸起折角形杯托，杯中心隱起篆書"壽"字，托沿飾蓮瓣紋。外底為四短柱式矮足。

自商周以來，以鹿為題材的工藝品很多，明清時期更為盛行。有時以"鹿"寓"祿"，或伴以"福"、"壽"同時出現。

玉托杯

清
寬11.7厘米　杯高6.4厘米　口徑6.6厘米
盤長15厘米　寬10厘米　高2.2厘米
清宮舊藏

White jade cup with a saucer
Qing Dynasty
Cup:　Width: 11.7cm　Height: 6.4cm　Diameter: 6.6cm
Saucer: Length: 15cm　Width: 10cm　Height: 2.2cm
Qing Court collection

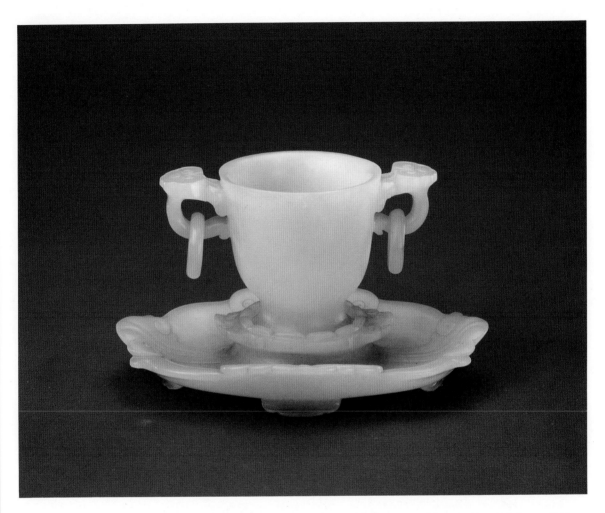

杯、盤皆用上等白玉製成。杯為圓形，口外撇。杯身光素無紋，兩側各一夔式耳。耳上部為如意形，如意中心雕有團形壽字，耳下各有一活環。盤為四瓣海棠花形，前後兩瓣略上翹。盤中心有一高台，台上有口沿一周，可嵌杯足。自盤心向四面各雕一靈芝紋。

帶托之杯在宋代已很流行，宋時杯托小而高。明代改杯托為盤形，盤大而形狀單一。清代作品注重托盤的樣式變化，美觀精巧而實用。

207

玉龍紋杯、盤

清乾隆

杯高3.8厘米　口徑6.3厘米　足徑3.3厘米

盤高2.5厘米　口徑11.9×17厘米　足徑9×13.8厘米

清宮舊藏

Jasper cup (with a saucer) with design of dragon

Qing Dynasty

Cup: Height: 3.8cm　Diameter of mouth: 11.9×17cm　Diameter of foot: 3.3cm

Saucer: Length: 2.5cm　Diameter of mouth: 11.9×17cm

Diameter of foot: 9×13.8cm

Qing Court collection

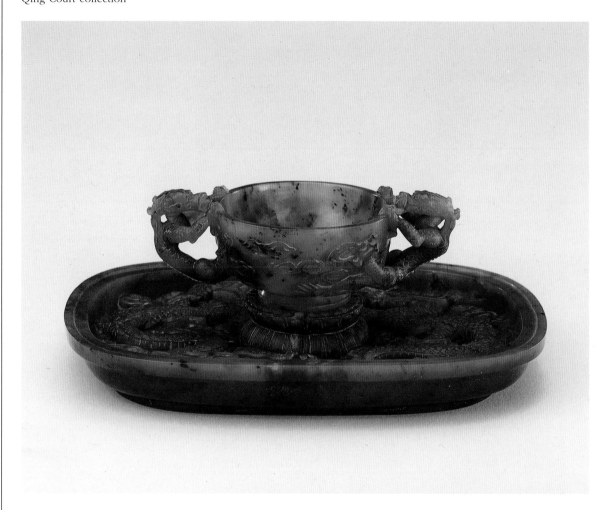

新疆碧玉琢製。全器分杯、盤兩部分。杯圓口，圈足。外壁淺浮雕雲紋，兩側透雕雙龍為耳。外底中心陰刻隸書"乾隆御用"四字款。

盤橢圓形。盤內浮雕雙龍戲珠紋，中心為蓮瓣紋高台，可承杯。外底中心琢隸書"乾隆御用"四字款。

清代乾隆時期，玉器杯盤為數不少。此器為玉質、紋飾較精者。

玉菊瓣紋碗
清
高6.1厘米　口徑13.9厘米
足徑6.8厘米
清宮舊藏

Sapphire bowl with chrysanthemum petal design
Qing Dynasty
Height: 6.1cm　Diameter of mouth: 13.9cm
Diameter of foot: 6.8cm
Qing Court collection

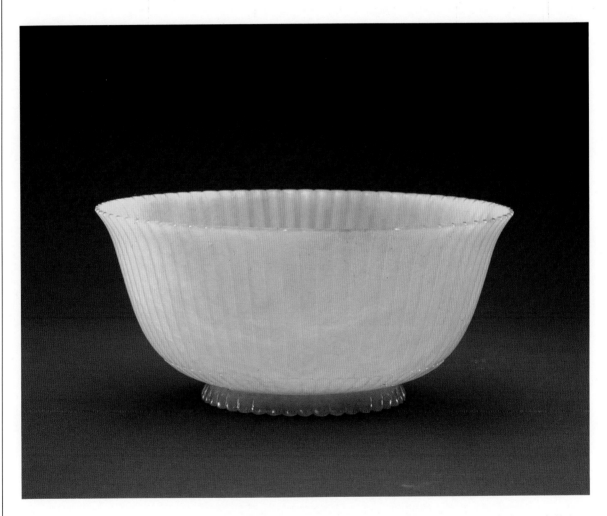

青玉。圓形，薄胎，微透明。深膛，圓撇口，圈足。器裏外壁、裏外底及足通雕菊瓣紋。

玉雕花形碗在宋代已開始流行，明代大量使用，作品多有鏤雕枝葉，造型不規整。清代工藝品中大量出現菊瓣碗，造型同真正的菊花有別。格式統一而簡練，具有較高的工藝水準，且便於使用，一般都成組製造。

菊花是中國傳統花卉之一，在清代極為盛行。這件玉碗，應是清代乾隆時期作品。

玉刻詩碗

清乾隆
碗高4.4厘米　口徑13厘米　足徑5.5厘米
玉托直徑11.6厘米　孔徑5.7厘米　孔高1.9厘米
清宮舊藏

Sapphire bowl (with a saucer) inscribed with a poem
Qianlong period, Qing Dynasty
Bowl: Height: 4.4cm　Diameter of mouth: 13cm　Diameter of foot: 5.5cm
Saucer: Diameter: 11.6cm　Diameter of hole: 5.7cm
Height of hole: 1.9cm
Qing Court collection

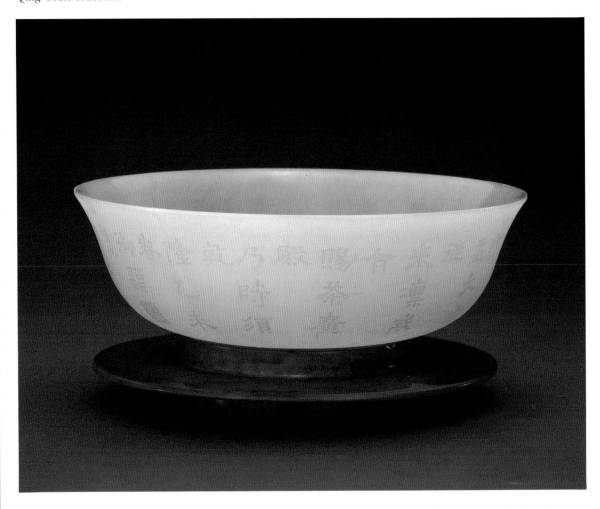

青玉。新疆和闐優質玉料。半透明，瑩潤光亮。圓撇口，淺腔，圈足，通體光素無紋。外壁刻隸書乾隆詩文：“崑岡孕瑞產精瑜，歲以為常貢外區。作器真看凝素液，宜人惟是發華腴。撫辰用惕民猶水，取象宛呈震仰盂。大白從來凜戒旨，賜茶廣殿乃時須。”末署“乾隆乙未春御題”並篆書“德充符”朱文閒章。足底陰刻篆書“乾隆御用”四字款。

托為商代玉環，也叫乳環。此器玉托為圓形，沿孔凸起一周邊棱，寬邊滿刻楷書乾隆御製詩：“托子猶存炎漢名，所承東北喪朋成。為金為玉器難考，有合有離理易明。難辨何時出邛卓，徒教此日補豐城。由來玩物誠奚益，望古惟增弔古情。”

此環是佩飾的一種，宋代碗托同其類似，乾隆誤認此環為碗托，所鑒有誤。

玉花卉紋花瓣碗
清乾隆
高7厘米　口徑15厘米
足徑6.7厘米
清宮舊藏

White jade petal-shaped bowl with floral design
Qianlong period, Qing Dynasty
Height: 7cm　Diameter of mouth: 15cm
Diameter of foot: 6.7cm
Qing Court collection

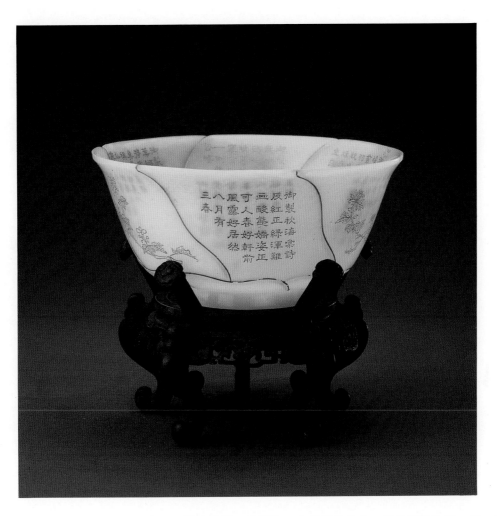

白玉。質地瑩潤。整器為一朵盛開的花朵。碗外壁與內壁一樣，琢六花瓣，三瓣上雕花卉，三瓣上雕與花卉相對應的御製菊花詩、秋海棠詩、老少年詩。花瓣上陰刻共九種花，另有詩句刻字，皆填金。碗內底部六花瓣上分別刻花卉一株，枝葉齊全。內壁刻花與碗底刻花相對應，琢隸書御製剪秋羅詩、雞冠詩、萬壽菊詩、牽牛花詩、玉簪詩、藍菊詩六首。碗底為圓形矮足。

碗原為一對，此為其中一件。玉質上乘，作工精緻，為清乾隆時期佳品。

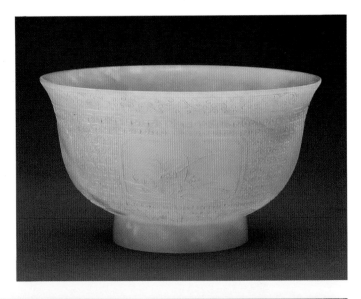

玉花卉紋碗

211

清
高6.7厘米　口徑11.3厘米
足徑5.5厘米
清宮舊藏

Sapphire bowl with floral design
Qing Dynasty
Height: 6.7cm　Diameter of mouth: 11.3cm
Diameter of foot: 5.5cm
Qing Court collection

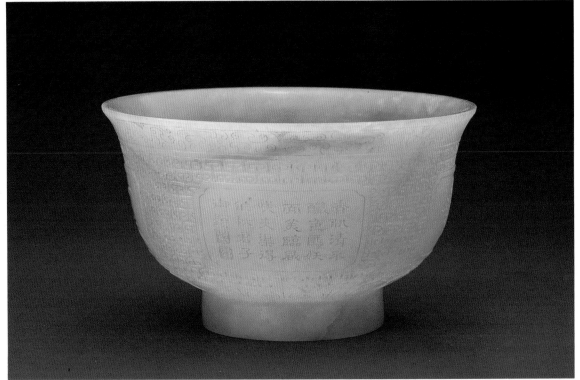

青玉。玉呈青白色，略有瑕斑。碗為圓形口，足與內壁光素，外壁口沿下陰刻仿古勾連雲紋及網狀紋一周。腹部雲紋錦地，淺浮雕四委角開光，內琢菊、蘭各一，並有相對應的乾隆御題詩："鞠本瀟洒姿，陶潛託幽好。卻被人傳説，東籬轉厭鬧。御題。"下識"乾"、"隆"二白文方章。另一首為："香以清不釀，色匪妖而美。臨風笑夫渠，得作秋君子。御題。"下識"乾"、"隆"二方章。

此玉碗形制規整，做工極精，仿照古代紋飾之外，又加上帶筆意的花卉及清高宗御題詩句，融古於今，別具一格。

玉六瓣執壺

清雍正
通高11.5厘米　外口徑8.1厘米
內口徑7.4厘米　足徑7.7厘米
清宮舊藏

White jade six-lobed ewer
Yongzheng period, Qing Dynasty
Overall height: 11.5cm　Outer diameter of mouth: 8.1cm
Inner diameter of mouth: 7.4cm　Diameter of foot: 7.7cm
Qing Court collection

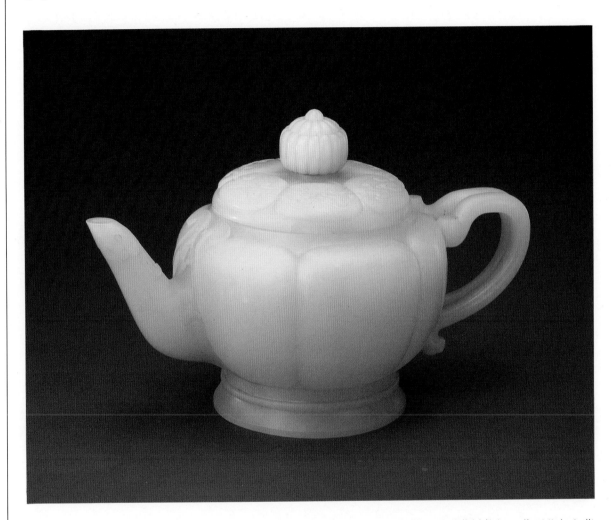

白玉。有光澤，質佳無雜染。壺蓋稍拱，圓形菊瓣紋鈕，蓋面凸起六蓮瓣，瓣上浮雕靈芝形花卉紋。壺身為六瓣造型，獸首流。雙夔式柄，柄中部雙體並成，兩端分開，柄端平面處雕團壽字。圈足稍外撇，上飾一弦紋。此器構思巧妙，雕琢講究，器外器內六瓣隨形雕琢。外凸，則內凹；外凹，則內凸，立體感極強。足外所飾弦紋，有明代玉雕遺風。此器內外均作雕琢，加工難度大，在清代玉執壺中也是少見的。

玉光素執壺
清
通蓋高11厘米
口徑8.5厘米　足徑7.6厘米
清宮舊藏

Sapphire plain ewer
Qing Dynasty
Overall height (with cover): 11cm
Diameter of mouth: 8.5cm　Diameter of foot: 7.6cm
Qing Court collection

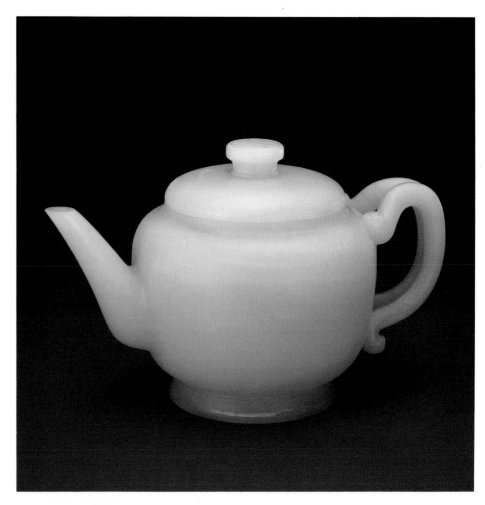

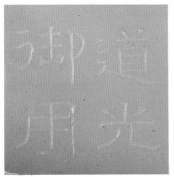

白玉。無瑕斑，質地極佳。圓形口足，有蓋。蓋面光素，中部凸雕圓形鈕，鈕頂部雕有團"壽"字紋。壺身光素無紋，一側有一直流，另一側凸雕把手。底足內陰刻隸書"道光御用"四字款。

清中期是玉器雕刻的鼎盛時期，自高宗乾隆時期直到仁宗嘉慶十七年間，玉器生產由宮廷壟斷，貢玉數量亦非常可觀。嘉慶十七年以後至道光、咸豐時，貢玉減少，玉雕業也開始走向衰落。此器為道光年間製品，由上好的籽玉製成，玉白如凝脂，雖然光素無紋，但打磨光滑如鏡，工藝技術極高，在玉雕業的低潮時期出此作，屬極為稀有的珍寶。

玉雲龍執壺
清
高8.7厘米　口徑5.8厘米
足徑6.5厘米
清宮舊藏

Sapphire ewer with cloud and dragon design
Qing Dynasty
Height: 8.7cm　Diameter of mouth: 5.8cm
Diameter of foot: 6.5cm
Qing Court collection

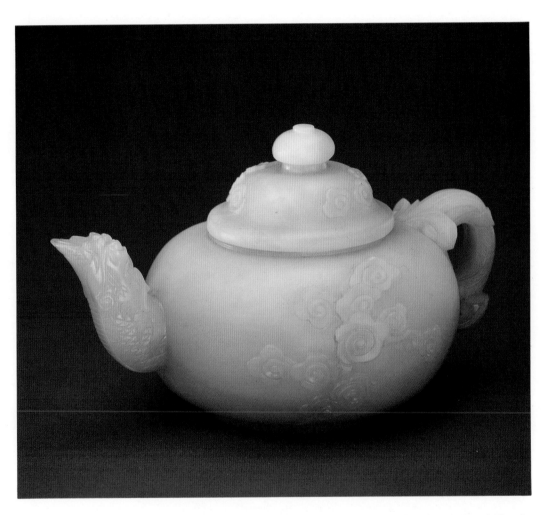

青玉。淡青色，局部可見淺褐色沁。有光澤，質佳。全器由蓋及壺體兩部
分組成。半球形蓋，圓形鈕。壺體呈矮圓形，柄為捲葉形。流外周飾龍
紋，圓形口。矮圈足。蓋及壺體局部飾雲紋。此器打磨光亮，雕刻精細，
是同類器型中較別致的一件。

清代玉執壺的使用量大，也是重要的玉陳設品，故數量較多。

玉花卉鳳柄執壺

清
高22.1厘米　腹寬8.8厘米
口徑5.8×4.8厘米
足徑4.5×5.4厘米
清宮舊藏

Sapphire ewer with phoenix-shaped handle and floral design
Qing Dynasty
Height: 22.1cm　Width of belly: 8.8cm
Diameter of mouth: 5.8×4.8cm
Diameter of foot: 4.5×5.4cm
Qing Court collection

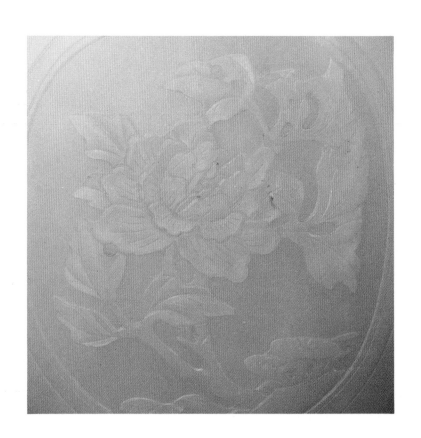

青玉。顯蛋青色，質地較純，光澤強。器呈扁圓形，由蓋、壺體兩部分組
成。蓋略高，頂部為鏤空如意形鈕並套二活環，蓋面飾一周蓮瓣紋。橢圓
形口，頸部兩面各有一朵花束紋。腹部開光內凸雕牡丹、山石、靈芝。足
為橢圓形。柄作鏤雕鳳鳥，回首，套有一活環。獸引頸銜吞式流，流與頸
之間雕陰陽太極紋，下托祥雲。構思新穎，磨研精細。

此器本屬飲食器，但未見使用痕，在使用中似偏重於陳設把玩，故也可歸
陳設品一類。

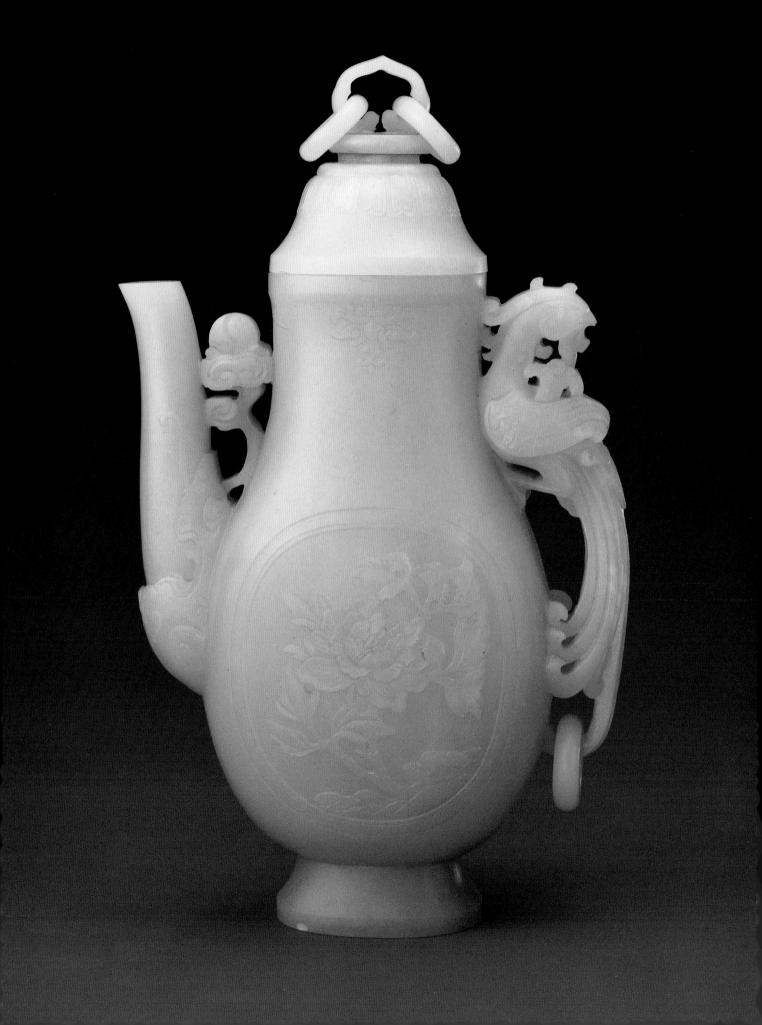

玉羊首提樑壺
清嘉慶
高10.1厘米　通樑高16.8厘米
口徑8.9厘米　足徑6.8厘米
清宮舊藏

White jade teapot with ram-head spout and loop handle
Jiaqing period, Qing Dynasty
Height: 10.1cm　Overall height: 16.8cm
Diameter of mouth: 8.9cm　Diameter of foot: 6.8cm
Qing Court collection

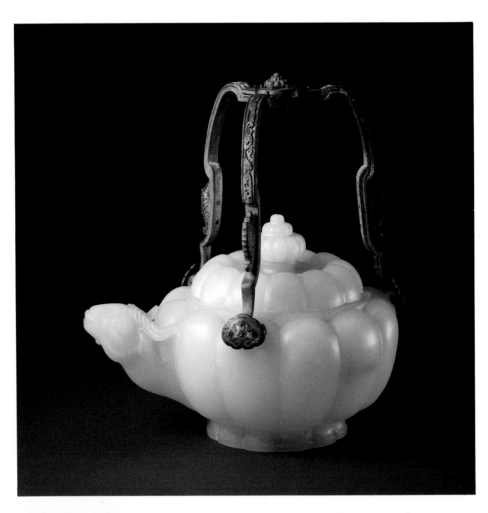

羊脂白玉。圓體，通雕成瓜棱形。圓口，圈足。瓜式蓋頂，羊首式流。在肩部等距三系鈕上，鑲以如意形琺瑯提樑。外底中央陰刻雙行"嘉慶御用"四字隸書款。

玉執壺流行於明清時期，明代有圓形、方形、長頸等樣式，還出現了竹節壺，蓮瓣壺等植物造型。清代執壺樣式更加複雜，動物造型也更多出現，其中多賦以吉祥義。這件玉壺以羊首為流，以瓜為壺體，有吉祥、豐收、福運長久之意。此器捨壺柄而執以提樑，配搭精巧，造型新穎別致。

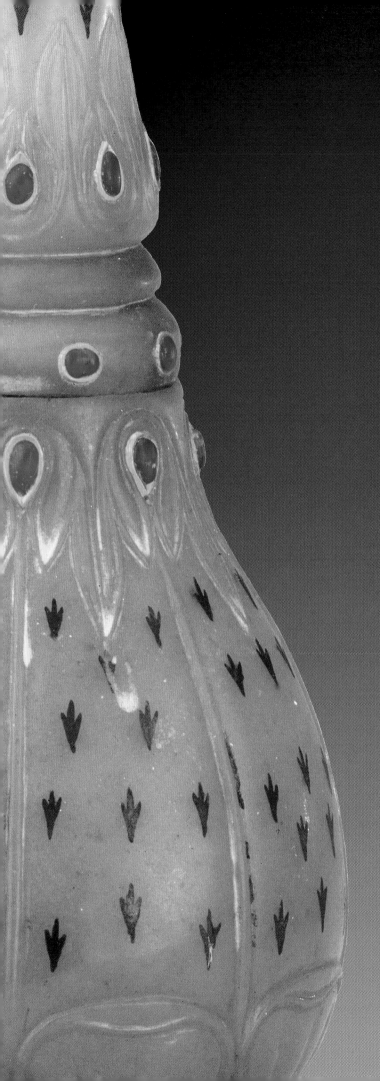

痕都斯坦玉器

Hindustani Jadeware

217

玉刀把
清　痕都斯坦玉器
最長14厘米　最寬8.1厘米
清宮舊藏

Jade handle of knife
Qing Dynasty, Hindustani
jadeware
Maximum length: 14cm
Maximum width: 8.1cm
Qing Court collection

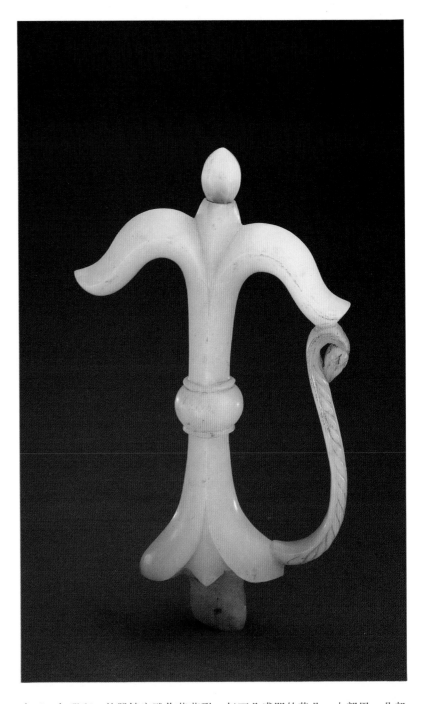

白玉。無瑕斑。整器鏤空雕作花葉形，似兩朵盛開的花朵，中部用一凸起的圓形鼓式箍束住。花葉對稱，並向兩邊翻捲，一側一片長而彎捲的莨苕花葉連接上下兩花葉。把頂端有一凸榫，上有一孔，可嵌入刀身。

在痕都斯坦玉器中，劍把屬雜器。清代宮廷藏有不少刀把，造型和造工變化多端。特別此把上所飾的莨苕花葉，翻捲的葉片，下垂的花蕾，是痕都斯坦玉器的主要紋飾，也為器物增加了活潑的生氣。

玉刀把
清　痕都斯坦玉器
最長13.2厘米　最寬5.6厘米
清宮舊藏

Sapphire handle of knife
Qing Dynasty, Hindustani
jadeware
Maximum length: 13.2cm
Maximum width: 5.6cm
Qing Court collection

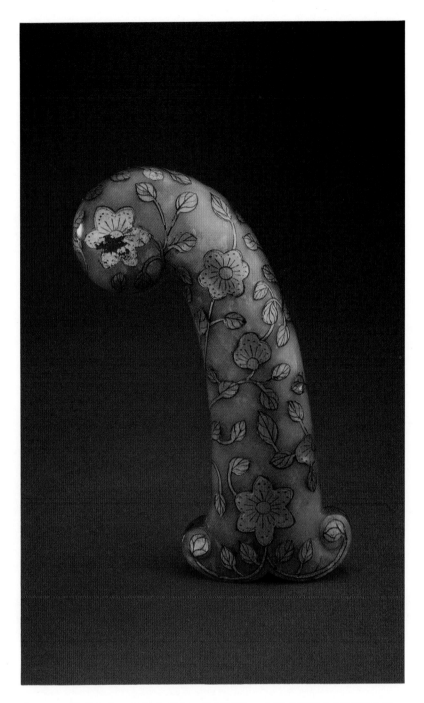

青玉。玉呈青灰色，內微有瑕斑。整器厚重，上端成對稱向兩側稍翻捲，
端口處有凹槽，可嵌插。下部略彎曲回捲。全器滿飾描金花卉。

痕都斯坦玉器的另一種風格，是在器物上描繪金花葉，及嵌金、銀絲和銀
片，或嵌紅、綠等各色寶石，也有在白玉上嵌綠碧玉或在綠碧玉上嵌白
玉。此器較厚重，端口凹槽可插嵌銅或鐵器，用作刀把或劍把。

219

玉四連小盒
清　痕都斯坦玉器
高3.5厘米　口徑（每個）3.4厘米
足徑（每個）1.4厘米
清宮舊藏

Jade quadri-box
Qing Dynasty, Hiṅdustani jadeware
Height: 3.5cm　Diameter of mouth (each): 3.4cm
Diameter of foot (each): 1.4cm
Qing Court collection

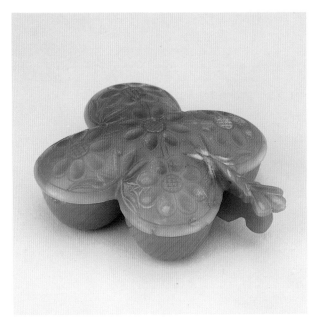

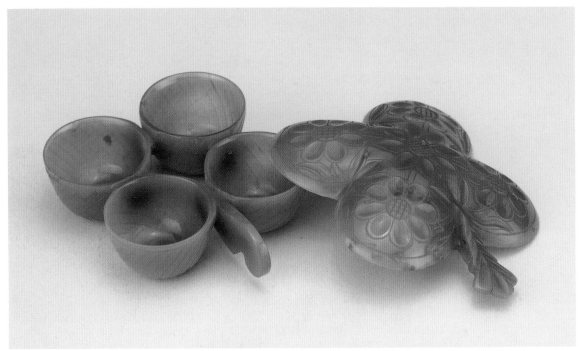

青玉。玉質青色閃淡綠，光澤瑩潤。盒由蓋和器組成，蓋隆起並有柄，蓋
面對稱雕琢五朵八瓣形花，花蕊處陰刻網格紋。器身由四圓形池相連組
成，並且琢一鈎形柄。各池外壁均陰刻絞形脈紋。造型別致新穎，為標準
的痕都斯坦玉器。

玉萱花四格盒

清　痕都斯坦玉器
通蓋頂高3.8厘米　通柄長9.2厘米　底4.1厘米　口徑7.6厘米
清宮舊藏

Sapphire four-lobed box with day Lily design
Qing Dynasty, Hindustani jadeware
Overall height (with cover): 3.8cm
Overall length (with handle): 9.2cm
Diameter of bottom: 4.1cm　Diameter of mouth: 7.6cm
Qing Court collection

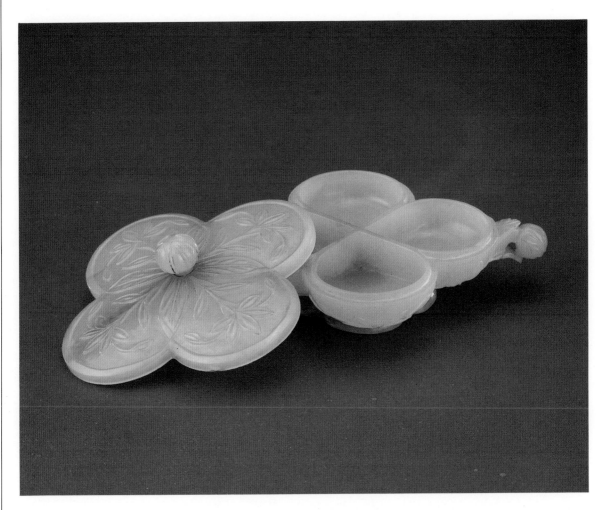

青玉。玉質青色。整個盒為四瓣花形，蓋面及盒外壁通體凸雕萱草花紋，蓋頂及柄皆作花蕾形。盒內分四格，足內凹，作四瓣花式。

類似此器樣式的花瓣形盒，在痕都斯坦玉器中多有發現，有雕成葉形、心形、桃形、瓜形等，還有的嵌金絲或紅、綠石，雕琢精巧玲瓏，質美工精。

玉葉式盒
清　痕都斯坦玉器
通蓋頂高8厘米
口徑9.2×16.2厘米　足徑5.2×2厘米
清宮舊藏

Sapphire leaf-shaped box
Qing Dynasty, Hindustani jadeware
Overall height (with cover): 8cm
Diameter of mouth: 9.2×16.2cm
Diameter of foot: 5.2cm×2cm
Qing Court collection

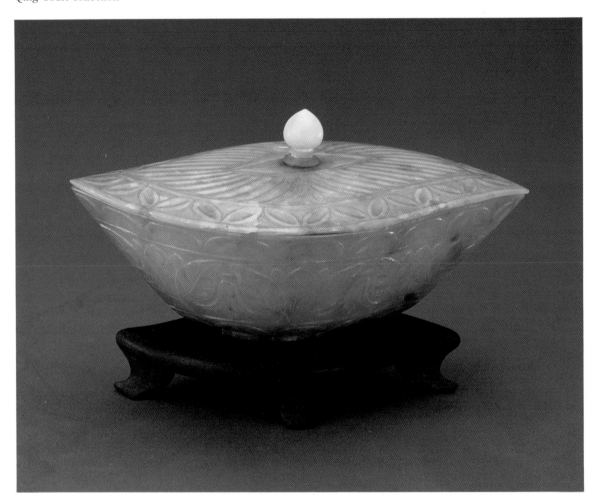

青玉。有瑕斑。整器口、足、蓋均雕成葉形。壁極薄，內壁光素，外壁滿飾花葉紋。小足。蓋面雕花葉紋，上有一圓形鈕，似後黏貼。

此葉形盒造工別致，器型特殊，壁薄如紙，可見工藝之精，別出心裁，為典型痕都斯坦玉器。

玉錯金嵌寶小盒
清　痕都斯坦玉器
高2厘米　口徑5.7×5厘米
清宮舊藏

Small jade box inlaid with gold and gem
Qing Dynasty, Hindustani jadeware
Height: 2cm　Diameter of mouth: 5.7×5cm
Qing Court collection

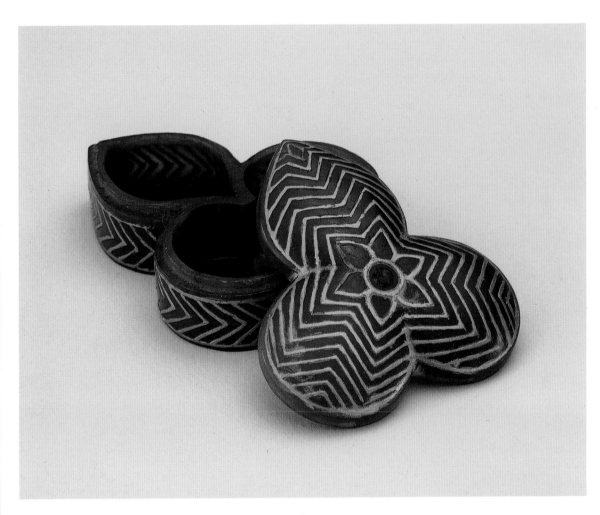

青玉。葉形。蓋隆起。器內隨形琢成三格，可儲物。蓋面中心飾有六瓣花一朵，沿花邊有細線層層圍繞，組成圖案。器身外壁刻重複人字紋，與花邊圖案互相呼應。施工過程是先琢陰槽，後嵌金絲。蓋頂中心嵌紅色石一塊作為點綴。

玉匙
清　痕都斯坦玉器
長24厘米　最寬處5.4厘米
清宮舊藏

Sapphire spoon
Qing Dynasty, Hindustani jadeware
Length: 24cm　Maximum width: 5.4cm
Qing Court collection

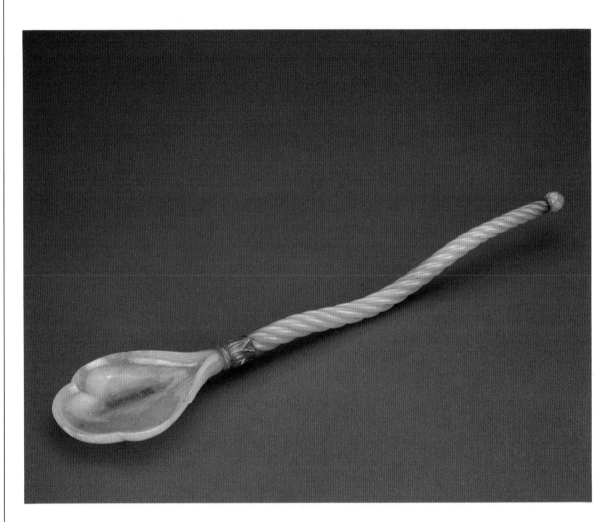

青玉器地。匙作花瓣形,壁薄近於透明,近柄處有淺浮雕的莨苕花葉。長柄,略有彎曲,作繩紋,其上有嵌金絲的花蕾。柄端雕花蕾苞,花蕊金絲托嵌紅石一。

玉製匙最早見於新石器晚期淩家灘出土的一件。至後代出土物中少見,唐代有匙,為傳世品。到清代,玉匙雖有,但為數不多。此痕都斯坦玉匙,造型奇特,雕工精緻,具有典型的波斯風格,更為珍貴。

玉花瓣形嵌金碟
清　痕都斯坦玉器
高1.1厘米　口徑14.1厘米　足徑12.1厘米
清宮舊藏

Sapphire petal-shaped dish inlaid with gold
Qing Dynasty, Hindustani jadeware
Height: 1.1cm　Diameter of mouth: 14.1cm
Diameter of foot: 12.1cm
Qing Court collection

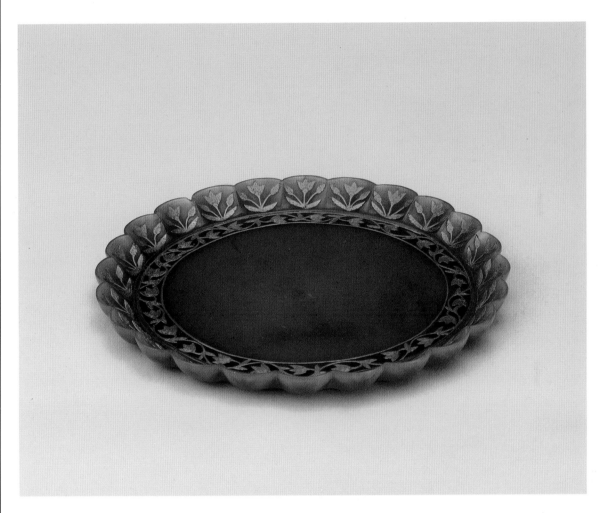

青玉。瑩潤光滑。體圓形，淺膛。花瓣形圓口，圓平足。每一花瓣內側各嵌一金質折枝花朵枝葉紋。裏底周沿嵌金質纏連花葉紋一周。痕器紋飾一般圖案繁密，幾何規律也較明顯，襯以金箔裝飾更顯富麗堂皇。

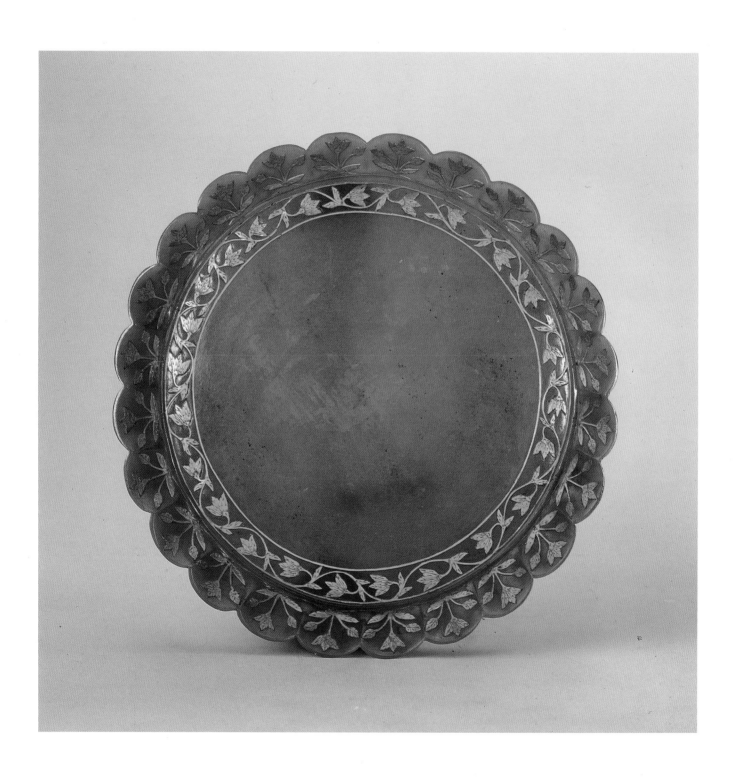

玉海棠式描金嵌石盤

清　痕都斯坦玉器
高2.4厘米　口徑15.3×19.5厘米
足徑7.3×8.9厘米
清宮舊藏

Sapphire begonia-flower-shaped plate traced in gold
and inlaid with gems
Qing Dynasty, Hindustani jadeware
Height: 2.4cm   Diameter of mouth: 15.3×19.5cm
Diameter of foot: 7.3×8.9cm
Qing Court collection

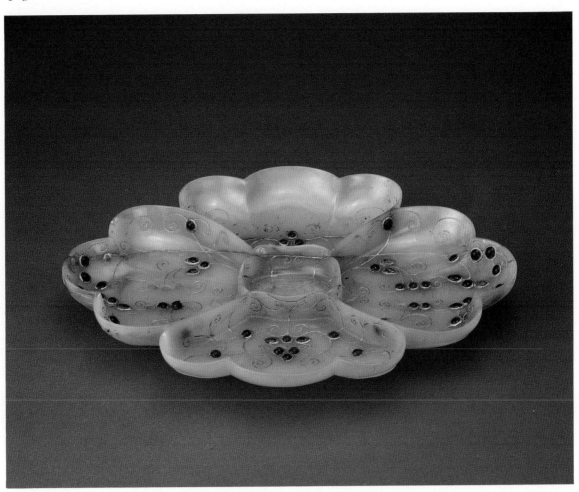

青玉。海棠花式。連花蕊處共琢五池。池內琢勾連凹槽以示花枝，槽內描
金，花葉以紅綠石飾之，嵌石不全。足為黏飾雙層花形。造型巧，雕工精
細。

玉橄欖式杯
清　痕都斯坦玉器
高5.3厘米　口徑11.3×15.5厘米　足徑7×3.4厘米
清宮舊藏

Sapphire olive-shaped cup
Qing Dynasty, Hindustani jadeware
Height: 5.3cm　Diameter of mouth: 11.3×15.5cm
Diameter of foot: 7×3.4cm
Qing Court collection

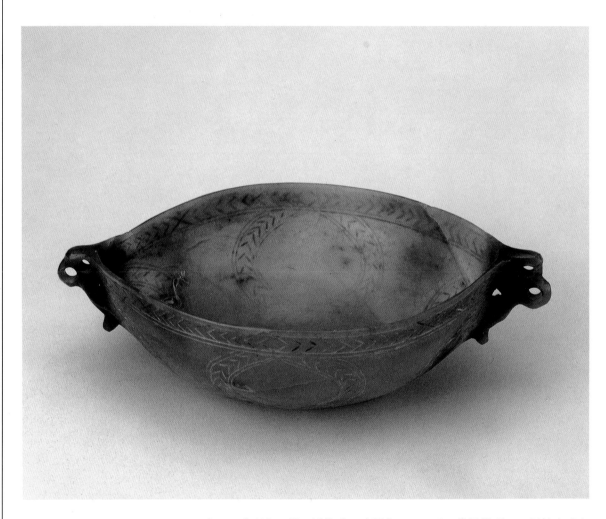

青玉。有瑕斑。器呈橄欖形，壁極薄。口、足又作橄欖形，兩側鏤空雕出雙耳。外壁口沿及近足處陰琢角形紋一周，腹部琢四橢圓形環，上刻角形紋。內壁兩側錯金兩隻鳳鳥銜蜻蜓。

此器整體風格粗獷、簡括，不似一般痕都斯坦玉器精巧細膩，但器"薄如蟬翼"，甚至"撫外影瞻內"，幾若透明，不似清宮玉匠所為，又可能屬痕都斯坦玉器中的另一種流派。清代所謂痕都斯坦玉器範圍廣泛，包括了各地區、各流派玉器，有的玉器以雕琢細膩，紋飾複雜為特點。此杯紋飾簡練，風格粗獷。

玉葵花式碗
清　痕都斯坦玉器
高8厘米　口徑17.4厘米　足徑6.8厘米
清宮舊藏

Sapphire mallow-shaped bowl
Qing Dynasty, Hindustani jadeware
Height: 8cm　Diameter of mouth: 17.4cm
Diameter of foot: 6.8cm
Qing Court collection

227

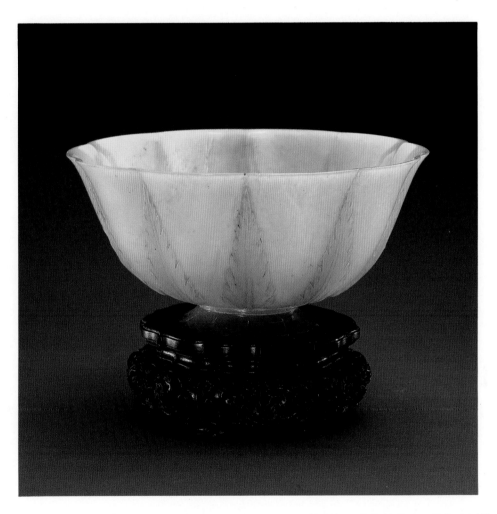

青玉。有瑕斑。圓形口、足。整器似一盛開的花朵，分為十瓣等距的花瓣。外部每花瓣之間淺浮雕莨苕花葉，花瓣邊緣有凸起的鼓棱，內部光素。底為雙層花形足，花瓣與上部對稱為十瓣，花蕊網格狀。

痕都斯坦玉器中，玉碗較多見，於乾隆二十一年（1756年），由新疆南部的大小和卓木遣使貢進的第一件痕器就是玉碗，這也就是清代具有阿拉伯藝術風格的玉器首次進入內廷。到了乾隆二十四年（1759年），出兵平定了回部動亂之後，宮廷藏痕都斯坦玉器才逐年增多。

清代所謂痕都斯坦玉器包括了各地區，各流派玉器。有的玉器以雕琢細膩，紋飾複雜為特點，此杯紋飾簡練，風格粗獷。

玉描金花碗
清　痕都斯坦玉器
高8厘米　口徑16.5厘米
足徑6.9厘米
清宮舊藏

Sapphire bowl with floral design traced in gold
Qing Dynasty, Hindustani jadeware
Height: 8cm　Diameter of mouth: 16.5cm
Diameter of foot: 6.9cm
Qing Court collection

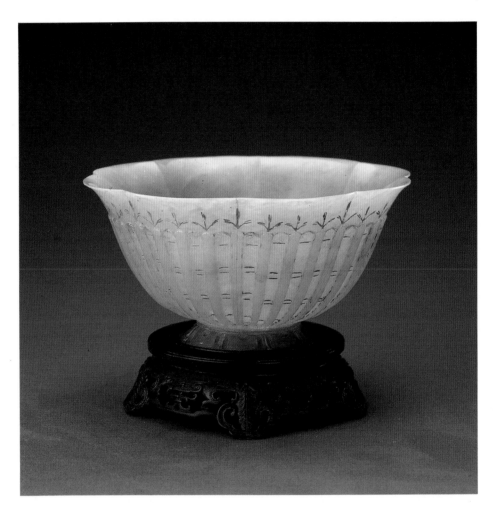

青玉。花瓣形口、足。內壁光素。外壁琢豎條紋，口飾描金花葉紋。足底部琢楷書"大清乾隆年製"款。

此碗具有濃厚的西域藝術特質，與清代宮廷玉器的風格截然不同，深得乾隆喜好，並命玉工在碗底鐫刻他的年號及製款。此碗的製作方法與工藝皆與清代宮廷玉器不同，或不是宮廷所製。是典型的痕都斯坦玉器則屬無疑。

玉花耳菊瓣碗

清 痕都斯坦玉器

高8厘米 口徑19.2厘米

足徑8.2厘米

清宮舊藏

Sapphire chrysanthemum-petal bowl with two flower-shaped handles

Qing Dynasty, Hindustani jadeware

Height: 8cm Diameter of mouth: 19.2cm

Diameter of foot: 8.2cm

Qing Court collection

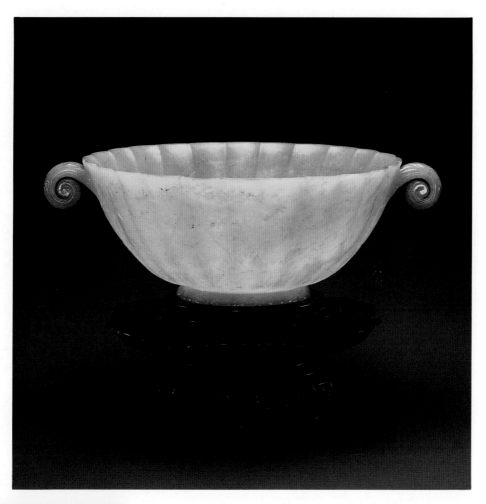

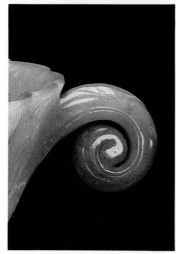

青玉。玉質呈青灰色,有黑色斑點。碗形似一朵盛開的菊花,內外壁雕片片花瓣,排列整齊。外壁近足處淺浮雕一周莨苕花葉,兩側鏤雕莨苕花葉為耳,葉片向下翻捲。足為花形,三層花瓣皆向內翻捲。碗壁一側琢有阿拉伯文符號。

痕都斯坦玉器,一般器壁薄,多作花耳、花足。但在碗壁上琢刻符號者則不多見。此碗器型雖大,做工卻極精緻,為痕玉中之珍品。

玉雙耳花足碗

清　痕都斯坦玉器
通耳高9.2厘米　口徑15.3厘米　足徑5.7厘米
清宮舊藏

Sapphire bowl with two handles and flower-shaped foot
Qing Dynasty, Hindustani jadeware
Overall height (with handle): 9.2cm
Diameter of mouth: 15.3cm
Diameter of foot: 5.7cm
Qing Court collection

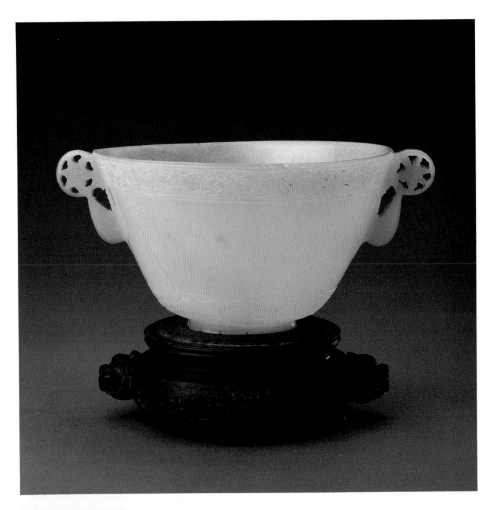

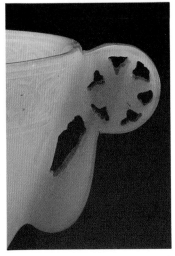

玉雙耳花足碗

青玉。玉質青灰色，有瑕斑。圓形口，壁薄且直，內壁光素無紋，外壁口沿下及近足處淺浮雕花草紋一周。兩側凸雕兩輪狀耳。足部內凹，為花形。

此碗帶有濃厚的外來風格特質，但與一般痕都斯坦玉碗有所不同。此器壁極薄，又深又直，兩耳更不是慣用的莨苕花葉翻捲或花蕾式下垂形耳，而是鏤空雕出兩個輪狀耳。可能是從西亞進貢的玉器。

玉雙耳碗
清　痕都斯坦玉器
高6.6厘米　口徑14.2厘米
足徑5.2厘米
清宮舊藏

Sapphire bowl with two handles
Qing Dynasty, Hindustani jadeware
Height: 6.6cm　Diameter of mouth: 14.2cm
Diameter of foot: 5.2cm
Qing Court collection

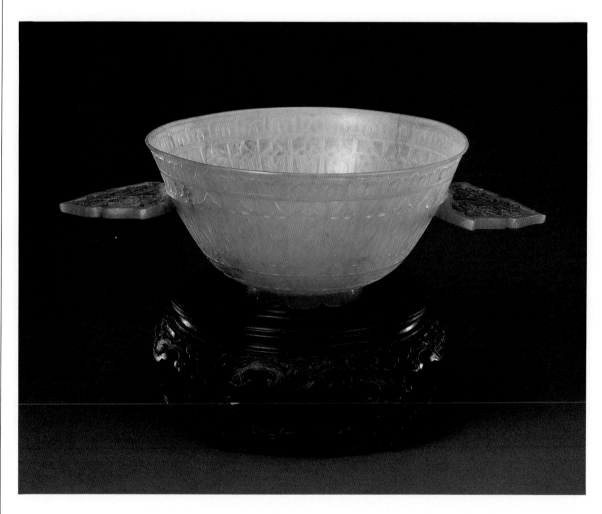

淡綠色青玉。有光澤，局部稍有斑點。圓口稍撇，器兩側凸雕平行鏤空花
卉雙耳。器胎極薄，內壁光素，外壁剔雕整齊的花葉圖案。造型典雅，雕
琢極為精湛。

玉桃式單柄洗
清　痕都斯坦玉器
高8厘米　口徑16.6×19厘米　足徑6.8×9.2厘米

Sapphire peach-shaped brush washer with a handle
Qing Dynasty, Hindustani jadeware
Height: 8cm　Diameter of mouth: 16.6×19cm
Diameter of foot: 6.8×9.2cm

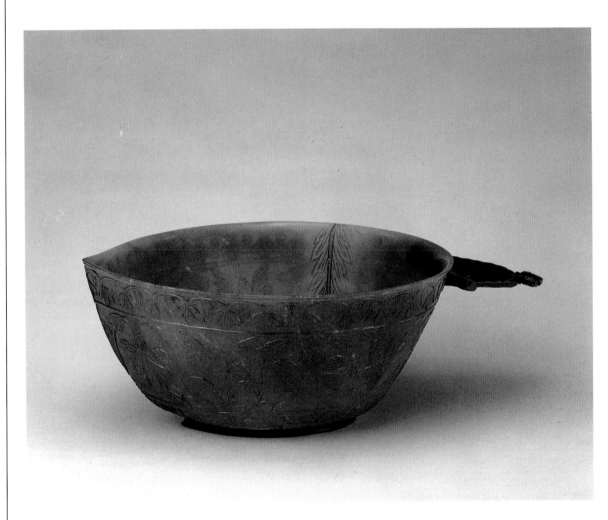

青玉。有瑕斑。洗為桃形，深膛，一側凸雕莨苕花蕾及葉為柄。外壁淺浮雕花葉紋，枝葉纏繞勾連。內壁琢二葉紋。底出矮足。

此器型較大，但器壁很薄，所用玉料及形制、做工當屬痕都斯坦玉器無疑。只是器柄較一般痕都斯坦玉器特殊，匠心獨運，新穎別致。

玉茄式洗
清　痕都斯坦玉器
高4.4厘米　口徑13×9.6厘米
足徑5.5厘米
清宮舊藏

Sapphire egg plant-shaped brush washer
Qing Dynasty, Hindustani jadeware
Height: 4.4cm　Diameter of mouth: 13×9.6cm
Diameter of foot: 5.5cm
Qing Court collection

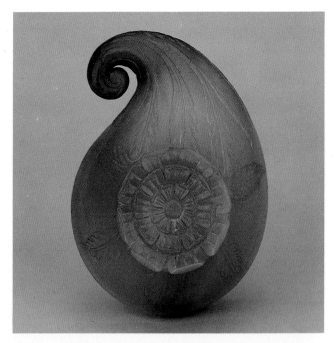

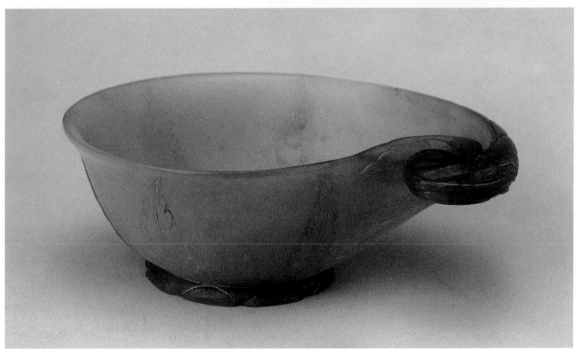

青玉。略有瑕斑。器呈半個剖開的茄型，口部微撇。內壁光素無紋，外壁淺浮雕莨苕花葉紋。器向一側收攏並向內彎轉至茄蒂，成為器柄，底為三層花形足。

痕都斯坦玉器的製作難度較大，雕塑感強，器型與圖案裝飾新穎別致，多以寫實的花卉果實作題材，作品生動有趣，正如乾隆詩中描寫的"玉瓢一握如瓜瓣，有蒂有葉還有花。"

玉海棠式盂
清　痕都斯坦玉器
高5.8厘米　口徑22.2×17.3厘米
足徑8厘米
清宮舊藏

Sapphire begonia-shaped basin
Qing Dynasty, Hindustani jadeware
Height: 5.8cm　Diameter of mouth: 22.2×17.3cm
Diameter of foot: 8cm
Qing Court collection

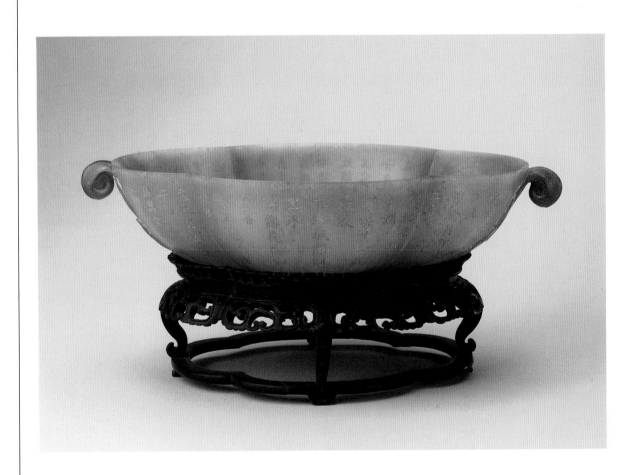

青玉。質地潤澤。器圓雕成四瓣花形口，內壁除有四凸起的鼓棱外，餘皆光素。外壁兩側淺浮雕兩片莨苕花葉，葉片貼器壁向上翻而後又向下捲成雙耳。外壁陰琢乾隆御題七言詩二首。其一側面刻：“詠痕都斯坦玉盂：制出月邦貢來葱，嶺撫碧琳之溫潤。搴芳艾之葳蕤腴，琢連城闐圓宜承。晞露花開四照善，卷正艷秋陽惟置。盂取義乎益安而，銘器寓懷於非寶。”另一面刻：“四出形如秋海棠，葉翻雙耳執承漿。瓊英那許熏池守，垂草當生敖岸陽。冷語譁囂漫致消，溫容沕穆自含光。泰西制豈能知古，喻水休論圓與方。”末署：“壬辰春御題”及“乾隆”二篆書款。

此類器型在痕都斯坦玉器中多有發現，但器型如此大，做工如此精的則不多，且有乾隆御題詩及款，當為清代宮廷藏痕都斯坦玉器中之珍品。

玉雙花耳蓋罐
清　痕都斯坦玉器
高11.7厘米　口徑6.6厘米
足徑5.1厘米
清宮舊藏

Sapphire covered jar with two handles
Qing Dynasty, Hindustani jadeware
Height: 11.7cm　Diameter of mouth: 6.6cm
Diameter of foot: 5.1cm
Qing Court collection

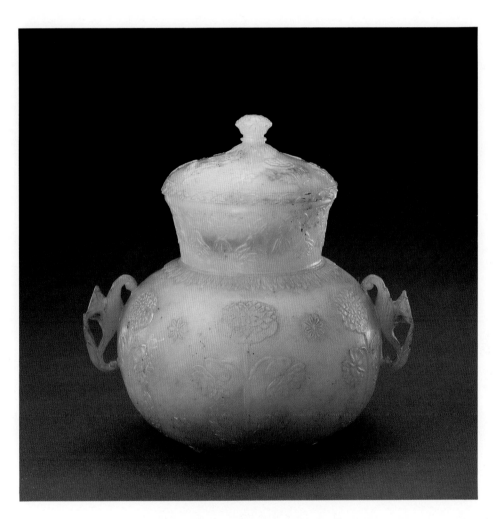

玉質呈青色，間有黑色斑點。器薄胎，有蓋，短頸，圓腹。蓋上飾葉紋和
莨苕花葉紋，蓋頂上有凸起花形鈕。器頸圓形，頸口微侈，飾有葉紋及一
周莨苕花葉紋。腹部雕有六組莨苕花葉紋，間飾有小花。雙耳為鏤雕捲葉
莨苕花葉，器底為平展的八瓣花形。

玉雕花蓋罐
清　痕都斯坦玉器
通蓋高12厘米　口徑5.2厘米
足徑4.7厘米
清宮舊藏

Sapphire covered jar with floral design
Qing Dynasty, Hindustani jadeware
Overall height (with cover): 12cm
Diameter of mouth: 5.2cm　Diameter of foot: 4.7cm
Qing Court collection

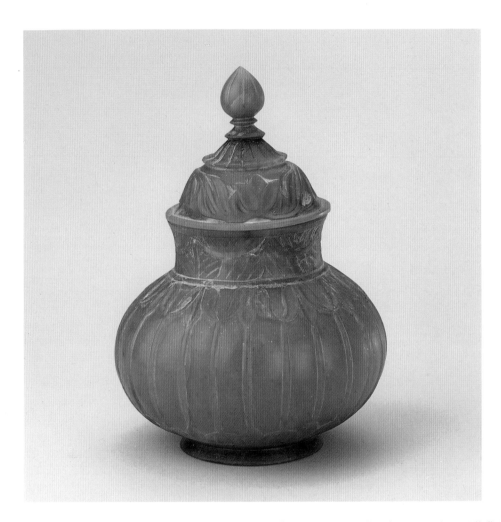

青玉。玉料呈青灰色。器為罐狀，蓋面飾花草紋，中間有圓形花蕾鈕。罐束頸，頸部陰刻花草紋。腹鼓呈扁圓形，凸雕花葉及莖紋。底有圓形花式矮足。通身所雕的花瓣均呈覆陷狀。

痕都斯坦玉器主要分食器與雜器兩大類。食器有碗、盤、杯、瓢、壺等，雜器有瓶、罐、盒、劍把、火藥筒等。此器為蓋罐，應屬雜器，實際用途不詳。

237

玉花卉蕾耳罐
清　痕都斯坦玉器
高7.9厘米　腹徑10.1厘米　口徑6.7厘米
足徑5.9厘米
清宮舊藏

Sapphire jar with two bud-shaped handles and decorated with floral design
Qing Dynasty, Hindustani jadeware
Height: 7.9cm　Diameter of belly: 10.1cm
Diameter of mouth: 6.7cm
Diameter of foot: 5.9cm
Qing Court collection

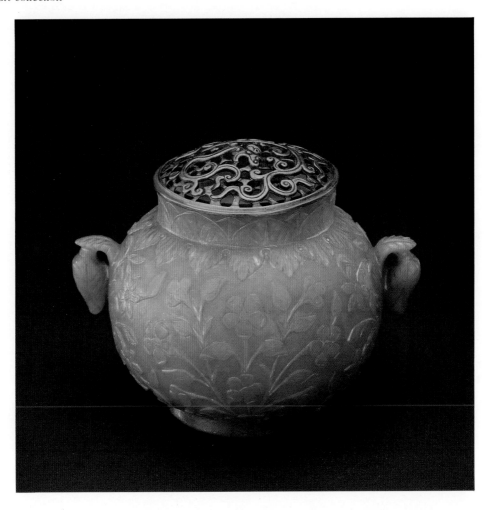

青白玉。圓口,深膛,有蓋,平圈足。外壁滿琢花葉紋。頸、肩及足上部
各飾葉紋一周。腹部滿飾花朵枝葉紋。底部琢成盛開的大麗花形。腹兩側
各透雕一含苞欲放的花蕾為耳。蓋銅鍍金螭紋。全器裝飾繁茂,雕工細
密,質感豐富。罐內可儲香料,香味可從空隙中散溢。

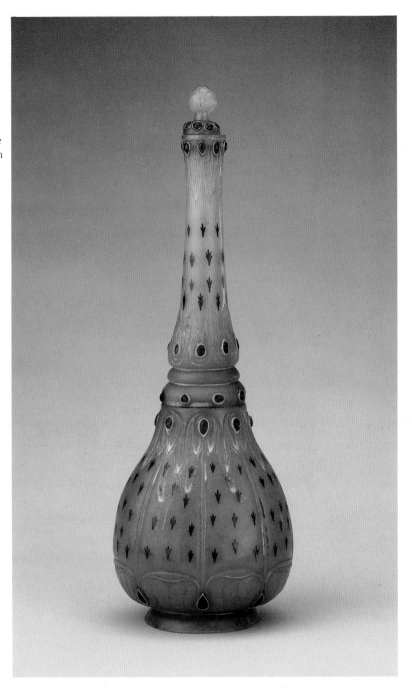

玉嵌彩石瓶

238

清　痕都斯坦玉器
通蓋高20.1厘米　口徑1.7厘米
足徑4.5厘米
清宮舊藏

Sapphire vase inlaid with colored stones
Qing Dynasty, Hindustani jadeware
Overall height (with cover): 20.1cm
Diameter of mouth: 1.7cm
Diameter of foot: 4.5cm
Qing Court collection

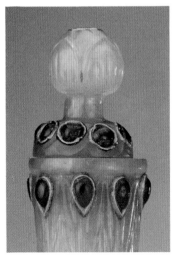

青玉。玉呈青灰色。器由頸、腹兩部分黏接而成。器頂有蓋，瓶蓋有金絲圍邊框嵌紅石八塊，中間凸起花蕾鈕，鈕頂一金絲邊框嵌綠石。頸部細長，高約佔全器二分之一，淺浮雕俯仰莨苕花葉紋各一周，中間部分飾嵌銀質小草片四周，頸口沿處及頸與腹黏接處各用金絲圍邊框嵌紅石共四周，每周為八個。腹部呈扁圓形，亦淺浮雕莨苕花葉及莖，上面滿飾嵌銀質小草形片。近足處在凸雕的花瓣間，有金絲圍邊框嵌碧玉八塊。底為圓形花足，花蕊網狀。

此類器所採用的工藝及嵌石、嵌寶、嵌銀等手法，都是典型的波斯風格。

玉嵌金纏枝瓶
清　痕都斯坦玉器
通蓋高18.5厘米　口徑2.6厘米
足徑3.6厘米
清宮舊藏

**Sapphire vase inlaid with gold and
decorated with design of
interlocking flowers**
Qing Dynasty, Hindustani jadeware
Overall height: 18.5cm
Diameter of mouth: 2.6cm
Diameter of foot: 3.6cm
Qing Court collection

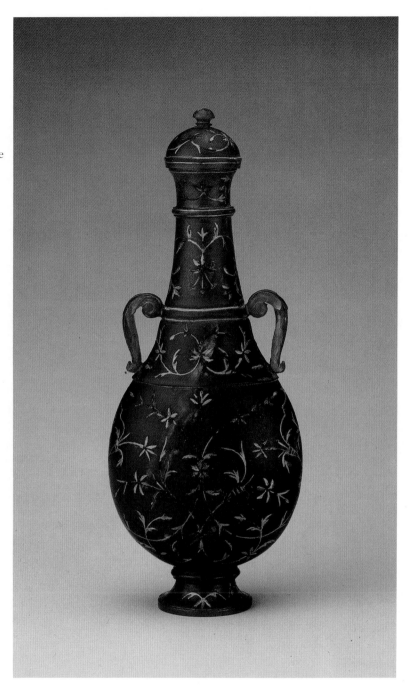

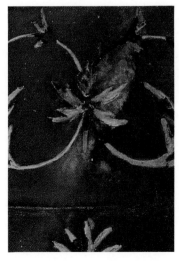

玉嵌金纏枝瓶
清　痕都斯坦玉器

深綠色青玉。器呈立式圓筒狀，有蓋，長頸，闊腹，飾雙耳，圓形足。蓋頂中央凸雕一花形圓鈕，周圍飾有四組嵌金花葉紋。全器頸、肩、足部均飾有凸起的弦紋，身飾有嵌金絲幾何花葉紋，雙耳為浮雕嵌金莨苕葉狀。

以花卉圖案為主要題材是痕都斯坦玉器的一大特點，其中用金、銀絲線及寶石鑲嵌的玉器也很常見，明顯屬異域風格。

240

玉葉紋雙耳瓶
清　痕都斯坦玉器
通高16.8厘米　口徑3.1厘米
足徑3.4×4.3厘米
清宮舊藏

Sapphire vase with two handles and design of leaves
Qing Dynasty, Hindustani jadeware
Overall height: 16.8cm
Diameter of mouth: 3.1cm
Diameter of foot: 3.4×4.3cm
Qing Court collection

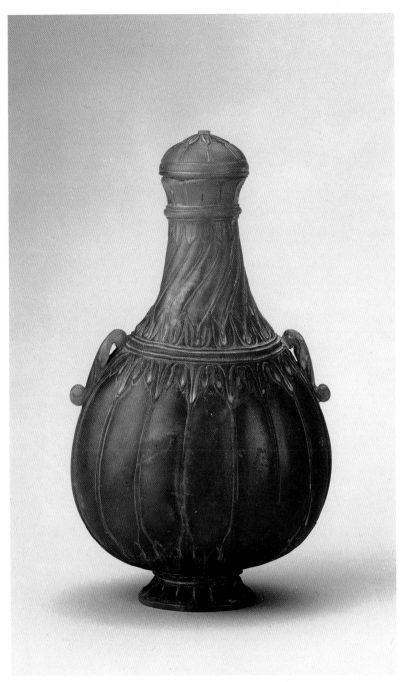

青玉。玉質青灰色，光澤瑩潤。體扁圓，深腔，圓口，圓腹，橢圓足。瓶
蓋為俯式八瓣花形。口外壁飾凸弦紋，弦紋上下雕長花瓣紋。頸部隱起絞
形脈紋。肩部凸弦紋，兩側透雕雙葉為耳。腹部及圈足飾俯仰葉紋。葉面
覆陷，葉邊起棱。

玉鑲白玉紅石花澆

清　痕都斯坦玉器

通蓋高10厘米　口徑7厘米　足徑6.9厘米

清宮舊藏

Jasper watering pot inlaid with white jade and red stones

Qing Dynasty, Hindustani jadeware

Overall height (with cover): 10cm

Diameter of mouth: 7cm   Diameter of foot: 6.9cm

Qing Court collection

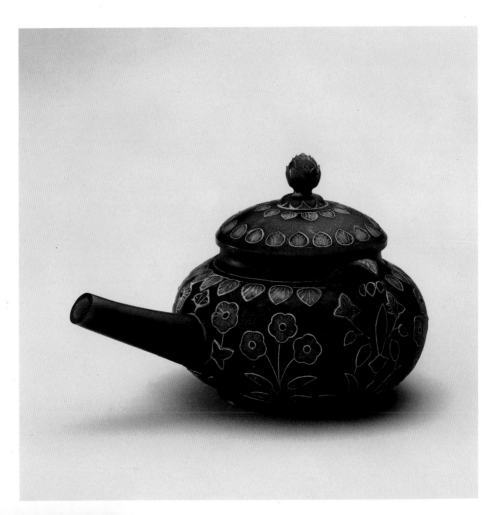

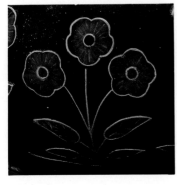

碧玉。深碧色，其上鑲嵌白玉紅石。器呈扁圓形。圓形蓋，蓋中間凸雕花蕾鈕。器壁與蓋面滿鑲白玉製成的花及葉，花葉邊框圍銅鍍金絲，花蕊皆嵌紅石。器身一側有一直流，兩側鏤雕花蕾耳。底為圓形矮花足，足底亦嵌白玉花葉。

此器原名執壺，但無把柄。現暫定名為花澆，即澆花所用之器。因器型、造工與清代玉不甚相同，特別是所雕的直式流、花蕾耳、花形足以及所嵌金絲、白玉和紅石等，具典型的外來風格特質，應定為痕都斯坦玉器。

玉葉螭柄花澆

清　痕都斯坦玉器
高13.3厘米　口徑8.1厘米
足徑7厘米
清宮舊藏

Jasper watering pot with a hydra-shaped handle and leaves design
Qing Dynasty, Hindustani jadeware
Height: 13.3cm　Diameter of mouth: 8.1cm
Diameter of foot: 7cm
Qing Court collection

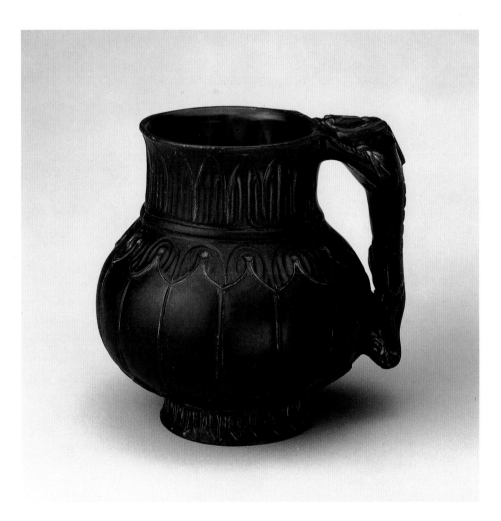

碧玉。深膛，壁厚，圓口，鼓腹，圈足。圓腹外壁隱起數道豎瓜棱紋。
頸、肩、腹下及足外側均淺浮雕葉紋一周。器一側透雕一螭龍柄。

此器型略異於痕都斯坦玉器風格。痕玉柄部多作花葉形，玉飾螭紋。而此
器柄所雕螭紋亦似有別於中原風格，或受外來影響所致。

玉蓮花式唾盂
清　痕都斯坦玉器
高6.1厘米　外口徑10.6厘米
足徑3.7厘米
清宮舊藏

Sapphire lotus-shaped spittoon
Qing Dynasty, Hindustani jadeware
Height: 6.1cm　Outer diameter of mouth: 10.6cm
Diameter of foot: 3.7cm
Qing Court collection

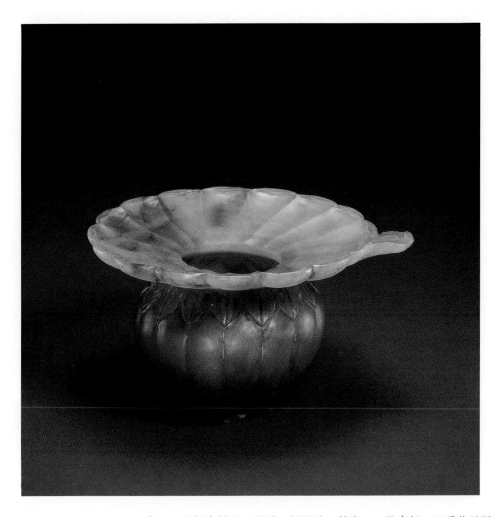

青玉。局部有墨斑。圓雕，深圓膛，鼓腹。口沿寬斜，呈碟狀平張，小圓
內口，琢成十六瓣盛開的蓮花形。頸部及足飾俯仰葉紋。外口一側琢一長
葉形柄。俯式花形足。器體上部誇張，造型新穎別致，雕工精細。為生活
中實用器具，也可當小陳設品。

玉花卉紋薰爐

清 痕都斯坦玉器
通高10厘米 口徑10厘米
腹徑10.6厘米 足徑6.5厘米
清宮舊藏

Sapphire sandalwood burner with floral design
Qing Dynasty, Hindustani jadeware
Overall height: 10cm Diameter of mouth: 10cm
Diameter of belly: 10.6cm Diameter of foot: 6.5cm
Qing Court collection

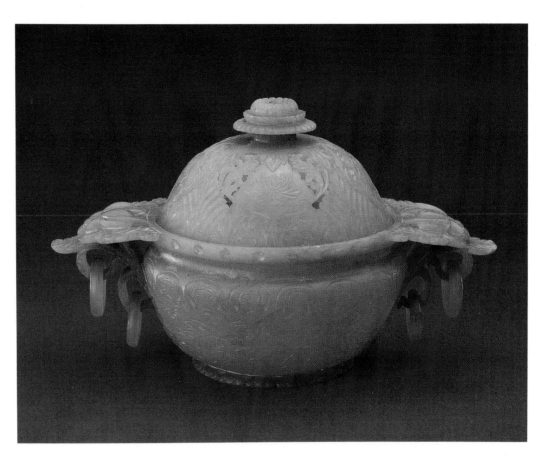

青玉。圓形，薄胎，通雕花卉紋。圓口，四層蓮花足。蓋頂為開放的菊花紋，頂心缺嵌，蓋面花葉處鏤空。器口外沿缺嵌石，腹部滿雕纏枝花卉紋。口兩側鏤雕蓮花紋枝葉形耳，其下各套重環。造型厚重中見刁巧，紋飾繁茂周密，琢技精湛。

此器可藏香料，香氣從鏤空處散溢。也可當陳設品。